全面推进乡村振兴的理论与实践

王小林　张晓颖　等◎著

习近平新时代中国特色社会主义思想研究工程（二期）

上海人民出版社

目 录

导　论

中国是一个以小农户为主的农业大国。如何开展乡村建设和治理，如何把农民组织起来，推动农业全面升级、农村全面进步、农民全面发展，始终是中国现代化进程中的核心议题。在本书开篇之前，首先对新中国成立前的乡村建设、社会主义革命和建设时期的乡村振兴、改革开放和社会主义现代化建设新时期的乡村振兴，作一简要回顾。

新中国成立前的乡村振兴理论以探讨如何开展乡村建设为主。乡村建设是实现“民族再造”和“国家强大”的必由之路。李景汉、梁漱溟都认为，“农村社会是中国社会的重心，欲解决中国整个社会问题，必先解决中国农村问题”，梁漱溟还提出乡村建设的“总与分”，“总是政府统一计划，行政推动；分则是零零碎碎的实验区”。许仕廉则从社区理论出发，认为农村是一个复杂的社会，也是“整个的”，而社会问题也是“整个的”。因此，农村建设是“整个的”，而且在建设程序上任何片面的办法都不能取得完满结果。[1]晏阳初认为，中国乡村的问题在于“愚、穷、弱、私”四大疾病，其“中华平民教育促进会”从“识字运动”着手乡村建设。费孝通批评晏阳初《开发民力建设乡村》一文，单向度地把中国乡村问题的责任归咎于农民自身的“不是”的思维方式，以“传教精神”去教育别人[2]。美国芝加哥学派社会学奠基人罗伯特·E. 帕克（Robert E. Park）认为，都市是西方社会学的实验室，而农村则是东方社会学的实验室。受到西方社会学的影响，中国社会学亦应随之将研究重心置于农村[3]。梁漱溟、晏阳初、杨开道、陈翰笙等纷纷倡导乡村建设运动，试图通过乡村建设，实现“民族再造”和“国家强大”。

新中国成立后，在社会主义革命和建设时期的乡村振兴理论以研究如何发展乡村集体经济为主。1949—1978 年，从人均国民收入来看，中国是世界上最不发达的国家之一。寻找一条适合中国国情的社会主义建设道路、恢复国民经济是摆在国家与人民面前的首要任务。从政治建设的视角，新中国成立后，中国共产党继续领导了农村土地改革。1950 年 6 月 30 日，《中华人民共和国土地改革法》颁布，成为指导新解放区土地改革的基本法律依据。到 1952 年底，除一部分少数民族地区外，大部分地区的土地改革基本完成；全国

① 杨瑞：《近代中国乡村改造之社会转向》，《中国社会科学》2017 年第 2 期。

② 赵旭东：《乡村成为问题与成为问题的中国乡村研究——围绕“晏阳初模式”的知识社会学反思》，《中国社会科学》2008 年第 3 期。

③ 杨瑞：《近代中国乡村改造之社会转向》，《中国社会科学》2017 年第 2 期。

有 3 亿无地少地的农民无偿地获得了 7 亿亩土地和大量生产资料。①土地改革的基本完成从根本上解放了农村生产力，为这一时期的乡村发展奠定了一定的经济基础。从文化建设的视角，实施了扫盲运动、爱国卫生运动，在农村地区，“赤脚医生”与乡村合作医疗等取得了明显的发展成就。从经济建设的视角，实施了合作化运动、人民公社化与农业集体化运动。在社会主义革命和建设时期，农村基础设施得到改善，农村社会文化事业得到空前发展。中国在改革前，对医疗保健像对教育一样作了社会投入，比印度好得多，②为改革开放后的农村建设奠定了人力资本基础。③

改革开放后，乡村振兴理论以建立内生发展动力为主。总结集体经济时期乡村建设的经验教训，党的十一届三中全会开启了改革开放和社会主义现代化建设新时期（1978—2012 年）的乡村建设。中国进行了一系列基于市场化的农村制度创新，乡村的治理体制得以逐步形成与完善。一是产权结构多元化，解决了内生动力不足问题；农村土地家庭承包制改革，土地所有权、承包权、经营权三权分置；④二是农村公共服务集体筹资制度退出之后，逐步建立教育、

① 《废除封建土地制度》，中共中央党史和文献研究院网，2019 年 9 月 5 日。

② ［印］阿巴蒂亚·森：《以自由看待发展》，任赜、于真译，中国人民大学出版社 2022 年版，第 34 页。

③ 王小林：《新中国成立 70 年减贫经验及其对 2020 年后缓解相对贫困的价值》，《劳动经济研究》2019 年第 6 期。

④ 邓大才：《产权单位与治理单位的关联性研究——基于中国农村治理的逻辑》，《中国社会科学》2015 年第 7 期。

卫生、社保等基本公共服务提供机制；① 三是农村基础设施建设重点支持乡村道路建设、人畜饮水安全建设、大中型水利灌溉设施建设、生态建设等；四是乡村工业化为乡村振兴提供了经济动力。乡镇企业的繁荣发展为促进中国农村地区原始工业化进程提供了可能性，为基于劳动密集型生产方式的第一次工业革命奠定了市场基础。② 以劳动密集型方式进行生产和出口的工业革命，对吸纳农村剩余劳动力实现非农就业，进而促进农户收入增长、降低贫困发生率发挥了显著的促进作用。此阶段，一项重大的乡村振兴政策是“多予少取放活”。1998 年 10 月，党的十五届三中全会通过的《中共中央关于农业和农村工作若干重大问题的决定》提出，“坚持多予少取，让农民得到更多的实惠”。多予，就是加大对农业农村的投入，为农民增收和农村发展创造条件。完善和落实农业补贴政策、农产品价格政策、扶贫开发政策，尽力向农村提供必需的公共产品和公共服务。少取，就是减轻农民负担，保护农民合法权益，标志性改革是 2006 年起全国全面取消农业税，并建立以工补农、以城带乡的长效机制。放活，就是搞活农村经营机制，消除体制束缚和政策障碍，给予农民更多的自主权，激发农民自主创业增收的积极性。

党的十八大以来，中国特色社会主义进入新时代。以习近平同志为核心的党中央高度重视“三农”工作，把坚决打赢脱贫攻坚战、

① 王小林、李玉珍：《农村公共服务的理论基础及提供机制》，《经济研究参考》2006 年第 68 期。

② 文一：《中国引爆工业革命的关键步骤和“诀窍”》，《毛泽东思想研究》2017 年第 1 期。

全面建成小康社会作为第一个百年奋斗目标的核心任务。党中央提出精准扶贫理念，创新扶贫工作机制。按照实现脱贫攻坚目标的总体要求，实行扶持对象、项目安排、资金使用、措施到户、因村派人、脱贫成效“六个精准”，实行发展生产、易地搬迁、生态补偿、发展教育、社会保障兜底“五个一批”，发出打赢脱贫攻坚战的总攻令。党的十九大把精准脱贫作为三大攻坚战之一进行全面部署，锚定全面建成小康社会目标，聚力攻克深度贫困堡垒，决战决胜脱贫攻坚。到 2020 年底，农村贫困人口全部脱贫，稳定实现不愁吃、不愁穿，义务教育、基本医疗和住房安全有保障。党的十九大报告中明确提出打赢脱贫攻坚战后接续实施乡村振兴战略。

2021 年，第十三届全国人民代表大会常务委员会第二十八次会议通过了《中华人民共和国乡村振兴促进法》，确立了乡村振兴的国家定位和法律地位。党的二十大报告中，进一步明确提出全面推进乡村振兴，坚持农业农村优先发展，加快建设农业强国，扎实推进乡村产业、人才、文化、生态、组织振兴。因此，《全面推进乡村振兴的理论与实践》一书布局如下，第一章阐释乡村振兴战略的理论内涵，第二章论述打赢脱贫攻坚战向推进乡村全面振兴的过渡期内，建立农村低收入人口和欠发达地区分层分类帮扶制度的理论逻辑，第三至七章分别从产业、人才、文化、生态、组织振兴五个方面阐释乡村振兴的主要维度，第八章论述区域协作促进西部地区乡村振兴的制度创新、经验模式、实现机制和典型案例，第九章针对企业和社会组织参与乡村振兴进行专题论述。

第一章　乡村振兴战略的理论内涵

农业、农村和农民共同构成的“三农”问题，始终是贯穿于中国革命、建设和改革的根本问题，也是中国式现代化建设的根本问题。在不同历史时期，中国共产党坚持把马克思主义基本原理同中国具体实践相结合、同中华优秀传统文化相结合，不断创新乡村建设、发展的理论和实践。党的十八大以来，习近平总书记就做好“三农”工作作出一系列重要论述，提出一系列新理念、新战略，形成了博大精深、内涵丰富的习近平同志《论“三农”工作》，丰富了中国共产党“三农”工作理论，是习近平新时代中国特色社会主义思想的重要组成部分，是新时代全面推进乡村振兴战略的根本遵循和行动指南。本章第一节简述乡村振兴战略提出的历史背景，第二节阐释全面推进乡村振兴的战略定位，第三节分析讨论全面推进乡村振兴战略的内涵维度。

第一节　乡村振兴战略提出的历史背景

实施乡村振兴战略，是以习近平同志为核心的党中央着眼党和国家事业全局作出的重大决策，是新时代新征程“三农”工作的总抓手。2017年10月18日，习近平总书记在党的十九大报告中明确提出实施乡村振兴战略。2018年1月2日，《中共中央　国务院关于实施乡村振兴战略的意见》发布，同年9月26日，中共中央、国务院印发了《乡村振兴战略规划（2018—2022年）》，提出了乡村振兴的阶段性任务。2021年4月29日，第十三届全国人民代表大会常务委员会第二十八次会议通过了《中华人民共和国乡村振兴促进法》。2022年10月16日，习近平总书记在党的二十大报告中进一步明确提出全面推进乡村振兴，坚持农业农村优先发展，加快建设农业强国，扎实推进乡村产业、人才、文化、生态、组织振兴。在社会主义现代化建设新征程中，全面推进乡村振兴上升为国家战略。2024年11月，中共中央、国务院印发了《乡村全面振兴规划（2024—2027年）》。乡村振兴战略是在中国消除农村绝对贫困，全面建成小康社会的历史背景下，针对新时代城乡关系和“三农”问题，为巩固拓展脱贫攻坚成果，接续推进乡村全面振兴，实现共同富裕而提出的国家战略。

一、消除绝对贫困

世界各国在现代化进程中，都不同程度地经历了农村的相对衰落，以及农业在国民经济中的份额下降。改革开放以来，我国经济社会发展取得了很大成就，人民生活水平总体上发生很大变化，与过去不能同日而语了。同时，我们也需要清醒地看到，由于我国还处在社会主义初级阶段，我们国家大、各地发展条件不同，我国还有为数不少的困难群众。按照人均年收入2300元的国家扶贫标准，全国农村扶贫对象还有一亿二千多万人。消除贫困、改善民生、实现共同富裕，是社会主义的本质要求。深入推进扶贫开发，帮助困难群众特别是革命老区、贫困山区困难群众早日脱贫致富，到二〇二〇年稳定实现扶贫对象不愁吃、不愁穿，保障其义务教育、基本医疗、住房，是中央确定的目标。①

习近平总书记指出，全面建成小康社会最艰巨最繁重的任务在农村，特别是在贫困地区，没有农村的小康特别是没有贫困地区的小康，就不可能全面建成小康社会。党中央、国务院作出坚决打赢脱贫战的决定。②首先，为了解决贫困识别不精准的突出问题，在全国范围内对贫困人口建档立卡，将贫困识别与贫困监测相结合，

---

① 习近平：《在河北省阜平县考察扶贫开发工作时的讲话》，《论“三农”工作》，中央文献出版社2022年版，第21页。

② 习近平：《在全国脱贫攻坚总结表彰大会上的讲话》，中华人民共和国中央人民政府网，2021年2月25日。

有效提升了贫困瞄准的精准度。其次，通过完善政策体系与优化基层执行进行精准扶持，实现因村施策、因人施策。政策体系包括发展生产、易地搬迁、生态补偿、教育帮扶与社会保障等，涵盖了经济、社会和生态环境等不同领域，从多个层面满足了贫困人口的脱贫需求。建立起益贫性经济增长、包容性社会发展和多维度精准扶贫的“三支柱”反贫困政策体系。进而，考虑到致贫原因的错综复杂，以及基层贫困治理能力较弱的现状，在全国范围内遴选适当的第一书记及驻村工作队入村帮扶，打通贫困治理的“最后一公里”。再次，通过制定“两不愁三保障”多维度脱贫目标等确保贫困群体实现精准脱贫。① 为了确保贫困人口真正受益，中国制定了严格的中西部省份省级党委政府扶贫工作成效考核体系，通过省际交叉考核、贫困退出第三方评估、东西部扶贫协作成效考核等多项考核手段，多层次对贫困退出进行严格评估。

表 1-1 的数据呈现了由国家统计局按照 2010 年国家扶贫标准，即以 2010 年不变价计算的农民年人均纯收入 2300 元作为基准估算的中国农村贫困状况。一方面，按照同一标准测算，中国农村贫困人口从 1978 年的 77039 万人减少到 2012 年的 9899 万人，67140 万人摆脱绝对贫困，取得举世瞩目的减贫成就；另一方面，仍有 10.2% 的农村人口处于绝对贫困，其规模近一亿人，这对实现到

① 王小林、张晓颖:《中国消除绝对贫困的经验解释与 2020 年后相对贫困治理取向》,《中国农村经济》2021 年第 2 期。

2020年全面建成小康社会的目标是一项巨大的挑战。2012年年底，党的十八大召开后不久，党中央就突出强调，“小康不小康，关键看老乡，关键在贫困地区的老乡能不能脱贫”，承诺“决不能落下一个贫困地区、一个贫困群众”，拉开了新时代脱贫攻坚的序幕。2013年，党中央提出“精准扶贫”重要理念，创新扶贫开发工作机制。2015年，党中央召开扶贫开发工作会议，提出实现脱贫攻坚的总体目标要求，实行扶持对象、项目安排、资金使用、措施到户、因村派人、脱贫成效“六个精准”，实行发展生产、易地搬迁、生态补偿、发展教育、社保保障兜底“五个一批”，发出打赢脱贫攻坚战的总攻令。2017年，党的十九大把“精准脱贫”作为三大攻坚战之一进行全面部署，锚定全面建成小康社会目标，聚力攻克深度贫困堡垒，决胜决战脱贫攻坚。2020年，为有力应对新冠疫情和特大洪涝灾情带来的影响，党中央要求全党全国以更大的决心、更强的力度，做好“加试题”、打好收官战，信心百倍向着脱贫攻坚的最后胜利进军。到2020年底，农村贫困人口全部脱贫，为实现全面建成小康社会目标作出了关键贡献。

表 1-1　中国农村贫困数据

年份	当年价贫困标准（元/年·人）	贫困发生率（%）	贫困人口规模（万人）
1978	366	97.5	77039
1980	403	96.2	76542
1985	482	78.3	66101
1990	807	73.5	65849

续表

年份	当年价贫困标准（元/年·人）	贫困发生率（%）	贫困人口规模（万人）
1995	1511	60.5	55463
2000	1528	49.8	46224
2005	1742	30.2	28662
2010	2300	17.2	16567
2011	2536	12.7	12238
2012	2625	10.2	9899
2013	2736	8.5	8249
2014	2800	7.2	7017
2015	2855	5.7	5575
2016	2952	4.5	4335
2017	2952	3.1	3046

数据来源：1978—2010年数据来自国家统计局住户调查办公室《中国农村贫困监测报告2015》，2015—2017年数据来自国家统计局《扶贫开发成就举世瞩目　脱贫攻坚取得决定性进展——改革开放40年经济社会发展成就系列报告之五》。

党的十八大以来，平均每年1000多万人脱贫，相当于一个中等规模国家的人口脱贫。贫困人口收入水平显著提高，全部实现“两不愁三保障”，脱贫群众不愁吃、不愁穿，义务教育、基本医疗、住房安全有保障，饮水安全也都有了保障。2000多万贫困患者得到分类救治，曾经被病魔困扰的家庭挺起了生活的脊梁。近2000万贫困群众享受低保和特困救助供养，2400多万困难和重度残疾人拿到了生活和护理补贴。110多万贫困群众当上护林员，守护绿水青山，换来了金山银山。无论是雪域高原、戈壁沙漠，还是悬崖绝壁、大石山区，脱贫攻坚的阳光照耀到了每一个角落，无数人的命运因此而改变，无数人的梦想因此而实现，无数人的幸福因此而成就！①

二、巩固拓展脱贫攻坚成果

2021年2月25日，习近平总书记在全国脱贫攻坚总结表彰大会上宣布，我国脱贫攻坚战取得了全面胜利。2021年7月1日，习近平总书记在庆祝中华人民共和国成立100周年大会上庄严宣告：在中华大地上全面建成了小康社会。表1-2表明，2016—2022年农村居民人均可支配收入从12363元提高到20133元。农民的收入由工资性收入、经营性收入、财产性收入和转移性收入四部分构成。工资性收入占比呈上涨趋势，从2016年的40.62%上升到2022年的41.97%；经营净收入占比下降，从2016年的38.35%下降到2022年的34.63%。2022年，农民一年经营净收入仅6972元，这综合地反映了农业比较效益较低，农民从事农业生产活动很辛苦却赚不了多少钱。转移净收入占农民人均可支配收入比重从2016年的18.83%提高到2022年的20.88%，说明国家对农民和农业的支持政策，对农民增收发挥了重要作用。需要指出的是，农民没有多少资产积累，因此财产净收入非常少，主要财产性收入是出让土地使用权所得。

2020—2022年在新冠疫情和全球经济衰退等不利因素影响下，农民人均可支配收入增幅出现明显下滑。2022年只比上年增长

① 习近平：《在全国脱贫攻坚总结表彰大会上的讲话》，《论“三农”工作》，中央文献出版社2022年版，第307—323页。

表 1-2 中国农民人均可支配收入及构成

年 份	2016	2017	2018	2019	2020	2021	2022
可支配收入（元）	12363	13432	14617	16021	17132	18931	20133
工资性收入	5022	5498	5996	6584	6974	7958	8449
经营净收入	4741	5028	5358	5762	6077	6566	6972
财产净收入	272	303	342	377	419	469	509
转移净收入	2328	2603	2921	3298	3661	3937	4203
可支配收入构成（%）							
工资性收入	40.62	40.93	41.02	41.09	40.71	42.04	41.97
经营净收入	38.35	37.43	36.66	35.97	35.48	34.69	34.63
财产净收入	2.20	2.26	2.34	2.36	2.44	2.48	2.53
转移净收入	18.83	19.38	19.98	20.58	21.37	20.80	20.88
	100.00	100.00	100.00	100.00	100.00	100.00	100.00

数据来源：《2023 年中国统计年鉴》，国家统计局。

6.35%。一个比较严峻的形势是农村居民收入五等份分组中，20%最低收入家庭组人均可支配收入增长在 2020 年之后出现了明显下滑，2020 年增长 9.85%，但 2021 年和 2022 年分别下滑为 3.73% 和 3.47%。2020 年是打赢脱贫攻坚战的最后一年，国家投入大量的资源用于脱贫攻坚，低收入组农民可支配收入增长仍乏力，特别是这个趋势与实现农民共同富裕目标背道而驰。这也说明，2026—2035 年在乡村振兴工作中，需要针对低收入人口给予重点帮扶。

此外，农村居民低收入组收入水平还很低，且农村居民收入差距也在扩大。从表 1-3 可知，一方面，最低收入组家庭人均可支配收入城乡差距较大，为 3.33∶1；另一方面，仍有 20% 农村居民低收入组家庭人均可支配收入仅为 4681.5 元，即使是 20% 中间偏下收入组家庭人均可支配收入也才刚刚越过一万元。对于 20% 的低收入组家庭，在遭受自然灾害、市场波动、经济危机或者疾病等风险打击时极易陷入贫困；此外，城镇居民 20% 高收入组家庭人均可支配收入与 20% 低收入组家庭人均可支配收入之比为 6.16∶1，而农村则高达 8.23∶1，也就是说农村居民内部的收入不平等高于城镇居民。总的来看，中国发展的不充分和不平衡问题还相当突出。在消除农村绝对贫困之后，必须巩固拓展脱贫攻坚成果并接续全面推进乡村振兴，完善覆盖农村人口的常态化防止返贫致贫机制，建立农村低收入人口和欠发达地区分层分类帮扶制度。

表 1-3　2020 年中国城镇与农村居民人均可支配收入五等份比较

	全国居民	城镇居民	农村居民	城镇与农村之比
20% 低收入组家庭	7868.8	15597.7	4681.5	3.33
20% 中间偏下收入组家庭人均可支配收入	16442.7	27501.1	10391.6	2.65
20% 中间收入组家庭人均可支配收入	26248.9	39278.2	14711.7	2.67
20% 中间偏上收入组家庭人均可支配收入	41171.7	54910.1	20884.5	2.63
20% 高收入组家庭人均可支配收入	80293.8	96061.6	38520.3	2.49
最高组与最低组之比	10.20	6.16	8.23	

数据来源：《2021 年中国统计年鉴》，国家统计局。

三、实现农民农村共同富裕

经济发展规律表明，在工业化、城镇化的进程中，来自城镇工业和服务业部门的投资、就业机会，以及更好的公共服务，吸引资本、技术、劳动力等生产要素不断向城镇集聚，形成城乡二元结构。钱纳里（Hollis B. Chenery）从结构转变的视角研究了城市化与经济发展水平的关系，在其 1975 年出版的《发展的型式：1950—1970》中，实证检验了 100 个主要国家城市化过程中城市化率与人均 GDP 的一般对应关系，其基本结论是人均 GDP 越高，工业化率和城市化越高（表 1-4）。此外，钱纳里根据第二次世界大战后 100 多个国家的统计资料，建立了经济结构转变的多国模型，该模型揭示了结构转变的一般规律和基本趋势。钱纳里认为，发展就是经济结构的成功转变，结构转变就是劳动和资本资源从生产率较低部门（农业）向生产率较高部门（工业）的转移，这种转移能够加速经济增长。

表 1-4　城市化水平与工业化率的关系

人均 GDP（美元）	制造业占 GDP 比重（%）	工业劳动力份额（%）	城市人口占总人口的比重（%）
<100	12.5	7.8	12.8
100	14.9	9.1	22.0
200	21.5	16.4	36.2
300	25.1	20.6	43.9
400	27.6	23.5	49.0
500	29.8	26.8	52.7
800	33.1	30.3	60.1
1000	34.7	32.5	63.4
>1000	37.8	36.8	65.8

资料来源：［美］H. 钱纳里、M. 赛尔奎因：《发展的型式：1950—1979》，李小青等译，经济科学出版社 1988 年版，第 32 页。

刘易斯（William Arthur Lewis）在《无限劳动供给下的经济发展》一书中提出了著名的二元经济结构下的人口流动模型，被称为“刘易斯模型”，即一国劳动力向代表先进生产力的现代工业部门转移，传统农业部门在经济中的重要性主要体现在替不断发展的工业部门提供丰富的廉价劳动力上。1961 年，拉尼斯（Gustav Ranis）和费景汉（John C. H. Fei）对刘易斯模型进行了修正，他们认为，农业部门不仅为工业部门提供了丰富而廉价的劳动力，还为工业部门提供农业剩余，即产品贡献。张培刚提出，只有通过不断提高农业生产率，才能弥补农业劳动力减少对农业总产出的影响，从而为工业部门的发展提供保障。①

因此，从理论上来看，伴随着工业化、城镇化，农村人口向工业部门以及服务业部门转移，从农村不断向城镇迁移。长期演进过程中，城市成为发展的中心，而农村则成为发展的外围。中国的城乡关系、工农关系也存在这种类似的情况。表 1-5 表明，在党的十八大之后，以城乡居民人均可支配收入之比为代表的城乡收入差距在不断缩小，由 2013 年的 2.81∶1 缩小到 2022 年的 2.45∶1。但要清醒地认识到当前的城乡收入差距仍然是实现共同富裕的主要障碍。而且，因中国是一个拥有 14 亿人口的超大规模国家，既具有世界工业化、城镇化的一般规律，也具有必须促进农村繁荣的中国特色。

① 转引自：王小林：《结构转型中的农村公共服务与公共财政政策》，中国发展出版社 2008 年版，第 32—39 页。

必须促进农村繁荣的中国特色主要体现在三个方面：一是作为一个超大规模国家，农业始终承载着国家粮食安全的重要功能；二是农业也始终是农民就业和生活所依赖的产业，而农村是其活动空间；三是无论从 20% 低收入组家庭人均可支配收入的绝对量来看，还是从城乡居民收入相对差距以及公共服务的不平衡问题来看，必须坚持农业农村优先发展，持续全面推进乡村振兴。为实现共同富裕目标，必须全面推进乡村振兴，实现农民农村共同富裕。

表 1-5　中国城镇农村居民可支配收入比较

年份	农民人均可支配收入（元）	城镇居民人均可支配收入（元）	城乡居民可支配收入之比
2013	9429.6	26467.0	2.81 : 1
2014	10488.9	28843.9	2.75 : 1
2015	11421.7	31194.8	2.73 : 1
2016	12363.4	33616.2	2.72 : 1
2017	13432.4	36396.2	2.71 : 1
2018	14617.0	39250.8	2.69 : 1
2019	16020.7	42358.5	2.64 : 1
2020	17131.5	43833.8	2.56 : 1
2021	18930.9	47411.9	2.50 : 1
2022	20132.8	49282.9	2.45 : 1

数据来源：历年《中国统计年鉴》，国家统计局。

收入是实现美好生活质量的手段，消费则是生活水平的真实度量。党的十八大以来，城乡居民生活水平显著提升。2022 年城乡居民人均消费支出分别为 30390.9 元和 16632.1 元，城乡居民人均食品支出占消费支出的比重均分别为 29.48% 和 32.98%（表 1-6）。用恩格尔系数来衡量，即食物支出占消费总支出的比重，平均而言中国城镇居民进入最富裕水平，农村居民进入富裕水平。但我们可以看出，城镇居民与农村居民消费支出比为 1.83:1，城乡居民消费的不平衡问题还比较突出。

表 1-6　中国城乡居民人均消费支出构成（2022 年）

	城镇居民		农村居民	
	元	%	元	%
消费支出	30390.9	100.00	16632.1	100.00
食品烟酒	8958.3	29.48	5485.4	32.98
衣着	1735.2	5.71	864	5.19
居住	7643.5	25.15	3502.5	21.06
生活用品及服务	1800.5	5.92	933.8	5.61
交通通信	3908.8	12.86	2230.3	13.41
教育文化娱乐	3050.2	10.04	1683.1	10.12
医疗保险	2480.7	8.16	1632.5	9.82
其他用品及服务	813.7	2.68	300.5	1.81

数据来源:《中国统计年鉴 2023》，国家统计局。

家庭拥有的耐用消费品是衡量生活水平的重要指标，因为家庭在满足食品、衣着等基本需要的条件后才会购买耐用消费品，表 1-7 表明城乡居民在耐用消费品上还有一定的差距。特别是家用汽车消费，城镇居民达到每百户 51.4 辆，而农村只有 32.4 辆。这在一定程度上说明，实施乡村振兴战略，不断提高农民收入水平，会转换出巨大的消费潜力，进一步拉动国民经济增长。这是因为收入相对较低的人口，当收入增加时其边际消费倾向较高。

表 1-7　中国城乡居民平均每百户年末主要耐用消费品拥有量

指　标	2016 年		2022 年	
	城镇	农村	城镇	农村
家用汽车（辆）	35.5	17.4	51.4	32.4
电动助力车（辆）	49.7	57.7	70.5	82.5
洗衣机（台）	94.2	84.0	100.6	96.8
电冰箱（柜）(台）	96.4	89.5	104.0	103.9
彩色电视机（台）	122.3	118.8	120.6	116.5
空调（台）	123.7	47.6	163.5	92.2

数据来源:《中国统计年鉴 2023》，国家统计局。

此外，除了表现在城乡居民收入水平的差距之外，城乡基本公共服务的不均等也十分明显。表 1-6 表明，农村居民教育、医疗、交通通信的支出占比都高于城镇居民，这一定程度上说明农村公共服务的差距。城乡义务教育表现出多方面的不平衡。城市学校的基础设施、电子化设备和互联网资源，以及师资质量都远高于农村，农村教师知识更新慢，特别是对于培养学生社会情感技能十分重要的音乐、美术、体育等师资力量更为短缺。城乡医疗卫生条件相差较大，地区级以上城市大多有多所三级甲等医院，而西部地区县级医院的诊疗水平则相差甚远，即使是在医疗设备上进行了大规模的更新，但限于专业技术人才的短缺，同样的设备检验检查结果却不能够得到准确的疾病诊断，甚至严重影响疾病治疗效果。这样，农民就不得不去省府所在地的医院看病，造成的结果是不仅因医疗保险的补偿比例下降而增加看病支出，还增加了交通、住宿以及陪护的成本。基础养老金则存在更大的城乡差距，2023 年农村老年人每人每月的基础养老金只有 103 元。“十四五”规划及 2035 年远景目标提出，到 2035 年基本公共服务实现均等化，人民生活更加美好，人的全面发展、全体人民共同富裕取得更为明显的实质性进展。这就必然要求实施乡村振兴战略。

第二节　全面推进乡村振兴的战略定位

关于全面推进乡村振兴的战略定位，要辩证地、历史地、发展地从“三农”的重要性来分析和把握，才能科学认知为什么要走中国特色社会主义乡村振兴道路。习近平总书记基于对超大规模国家治理的现实需求出发，坚持以人民为中心的发展思想，把“三农”问题放在中华民族伟大复兴的整体框架中，把农业、农村的功能和农民的价值提高到治国理政的新视野、新高度。习近平总书记从国家安全、生态文明、文化传承等方面对农业、农村以及农民的贡献作出战略判断，为认知新时代乡村振兴提供了理论指导和实践指南。

一、粮食安全是“国之大者”

毛泽东同志说：“吃饭是第一件大事。”手中有粮，心中不慌。中国是一个拥有 14 亿人口的超大规模国家，确保粮食安全是治国理政的头等大事。从大历史观来看，农为邦本，本固邦宁。我们要坚持用大历史观来看待农业、农村、农民问题，只有深刻理解了“三农”问题，才能更好地理解我们这个党、这个国家、这个民族。① 中国十四亿多张嘴要吃饭，不吃饭就不能生存，悠悠万事、吃饭为大。因此，习近平总书记多次强调，粮食安全是战略问题，并在党的十九大报告中明确指出：“确保国家粮食安全，把中国人的饭碗牢牢端在自己手中。”②1978 年，中国粮食总产量只有 3.48 亿吨。2022 年，中国粮食总产量已达 6.87 亿吨。自 2015 年以来，已经连续九年超过 6.50 亿吨，保证了国家粮食安全。

从世界百年未有之大变局看，稳住农业基本盘、守好“三农”基础是应变局、开新局的“压舱石”。由联合国粮农组织和国际农业发展基金、联合国儿童基金会、世界卫生组织、世界粮食计划署共同发布的《2023 年世界粮食安全和营养状况》报告指出，自 2019 年以来，各种危机层出不穷，全球新增 1.22 亿饥饿人口。目前全球约有 7.35 亿饥饿人口，而 2019 年，这一数字为 6.13 亿。正是把粮食安全当作“国之大者”，中国不仅消除了饥饿，还于 2020 年底消除了绝对贫困。从政治方面来看，不能把粮食当成一般商品，光算

① 习近平：《坚持把解决好“三农”问题作为全党工作重中之重，举全党全社会之力推动乡村振兴》，《求是》2022 年第 7 期。

② 习近平：《决胜全面建成小康社会　夺取新时代中国特色社会主义伟大胜利——在中国共产党第十九次全国代表大会上的报告》，人民出版社 2017 年版，第 32 页。

经济账、不算政治账，光算眼前账、不算长远账。主产区、主销区、产销平衡区都有责任保面积、保产量，饭碗要一起端、责任要一起扛。此乃国之大者！乡村衰退导致的“乡村病”、城市贫民窟是一个全球共同面临的挑战。从世界各国看，在现代化进程中，乡村必然要经历一场痛苦的蜕变和重生。[①] 因此，实施乡村振兴战略也是为全球解决乡村问题贡献中国智慧和中国方案。

二、农业生态和农村环境是中华民族生存和发展的根基

生态文明建设是关系中华民族永续发展的根本大计。中华民族向来尊重自然、热爱自然，绵延 5000 多年的中华文明孕育着丰富的生态文化。[②] 农业是个生态产业，农村是生态系统中的重要一环。[③] 农业生产是开发利用自然资源的人类活动，人类一边从大自然中汲取财富，一边需要让大自然有休养生息的机会。农业生态和农村环境是农民乃至人类生存和发展的根基。中国用世界 10% 的耕地和 6% 左右的淡水资源，养活了世界 20% 的人口，农业作出了巨大的贡献。[④] 在工业化的进程中，为了获得更多的农产品，支持人口的

---

① 习近平：《书写好中华民族伟大复兴的“三农”新篇章》，《论“三农”工作》，中央文献出版社 2022 年版，第 240 页。

② 习近平：《推动我国生态文明建设迈上新台阶》，《求是》2019 年第 3 期。

③ 习近平：《坚持把解决好“三农”问题作为全党工作重中之重，举全党全社会之力推动乡村振兴》，《论“三农”工作》，中央文献出版社 2022 年版，第 13 页。

④ 陈锡文：《走中国特色社会主义乡村振兴道路》，中国社会科学出版社 2019 年版，第 13 页。

不断增长，并为工业生产提供原料，人类不断提高农产品产量。伴随着农业总产出的提高，化肥、农药、农膜等农用化学品的投入不断增长，造成土壤耕作表层有机质含量下降，结构破坏，改变了土壤生态环境，出现土壤板结、环境污染等问题，“白色革命”逐步演变为“白色污染”。以中国农用化肥施用量为例，根据国家统计局数据，1978年只有884.0万吨，2015年达峰值为6022.6万吨，到2022年减量到5079.2万吨。特别是为了获取肉产品和奶产品，在畜禽、水产养殖过程中存在大量没有被充分利用的饲料，以及来自动物的排泄，造成农业面源污染加重。农业生产活动的承载体土壤、河流、湖泊受到污染，不仅严重影响农产品质量安全，还严重影响人居环境健康。“我国年养殖十一亿六千万头猪、一亿六千万头牛、六亿只羊、一百七十九亿只家禽，产生粪污三十八亿吨，成为农村面源污染的主要来源，给生态环境和居民生活带来许多不利影响。”①

古今中外，农业生态系统因人类经济活动的破坏造成的生态灾难案例数不胜数。河西走廊、黄土高原都曾经水丰草茂，由于毁林开荒、滥砍滥伐，致使生态环境遭到严重破坏，加剧了经济衰落。绿色是生命的象征、大自然的底色，更是美好生活的基础、人民群众的期盼。现代化越往前走、物质生活越丰富，人民群众越喜欢山清水秀的田园风光，农业除了保障粮食和重要农产品供给，其生态

① 习近平：《加快推进畜禽养殖废弃物处理和资源化》，《论“三农”工作》，中央文献出版社2022年版，第214页。

涵养、休闲观光、文化传承的功能就越能发挥积极作用。① 实践证明，经济发展不能以破坏生态为代价，生态本身就是经济，保护生态就是发展生产力。② 习近平总书记指出，要注重永续发展，既要保障当代人吃饭，也要为子孙后代着想，转变农业发展方式，发展节水农业、循环农业，让透支的资源环境逐步休养生息，不能再滥占耕地、粗放经营、超垦过牧。要加快农业科技进步，尤其是要提高良种培育、节水节肥、食品安全、土壤治理、环境生态保护方面的研发能力，真正给农业插上科技的翅膀。

三、乡村文明是中华民族文明史的主体

中华民族具有百万年的人类史、一万年的文化史、五千多年的文明史。③ 中国文化源远流长，中华文明博大精深，在中华文化和文明史中，始终贯穿着农耕文明、乡土文化、民族风情、地域特色，农民始终是中华文化和文明的重要传承者和发展者。村庄是这种文明的载体。④ 中华优秀传统文化中的许多重要理念都是在农民与自然、农民与社会共生过程中，总结提炼而成，如富民厚生、义利兼顾的经济伦理，天人合一、万物并育的生态理念，以及讲信修睦、

---

① 习近平：《加快建设农业强国 推进农业农村现代化》，《求是》2023 年第 6 期。

② 习近平：《为老百姓留住鸟语花香田园风光》，《论“三农”工作》，中央文献出版社 2022 年版，第 68 页。

③ 习近平：《在文化传承发展座谈会上的讲话》，《求是》2023 年第 17 期。

④ 习近平：《为老百姓留住鸟语花香田园风光》，《论“三农”工作》，中央文献出版社 2022 年版，第 64 页。

亲仁善邻的交往之道等。中华民族坚忍不拔、勤劳勇敢的卓越奋斗精神，也是在人类历史的进程中，在抵御列强、争取民族独立的过程中，与自然抗争的过程中筑牢的精神。习近平总书记指出，在五千多年中华文明深厚基础上开辟和发展中国特色社会主义，把马克思主义基本原理同中国具体实际、同中华优秀传统文化相结合是必由之路。① 中国共产党把马克思主义基本原理同中国具体实际相结合，在新民主主义革命时期，党团结带领广大农民“打土豪、分田地”，实行“耕者有其田”，帮助穷苦人翻身得解放，赢得了最广大人民的广泛支持和拥护，夺取了中国革命胜利，建立了新中国。新中国成立后，确立了社会主义基本制度。习近平总书记指出，“如果没有中华五千年文明，哪里有什么中国特色？如果不是中国特色，哪有我们今天这么成功的中国特色社会主义道路？只有立足波澜壮阔的中华五千多年文明史，才能真正理解中国道路的历史必然、文化内涵与独特优势”。② 因此，乡村承载着保护和传承优秀传统文化的重要任务，而农耕文明源远流长、博大精深，是中华优秀传统文化的根。

四、实施乡村振兴战略是中国式现代化的全局性、历史性任务

农业农村农民问题是关系国计民生的根本性问题，必须始终把解决好“三农”问题作为全党工作重中之重。习近平总书记一直强

① 习近平：《在文化传承发展座谈会上的讲话》，《求是》2023 年第 17 期。

② 习近平：《在文化传承发展座谈会上的讲话》，《求是》2023 年第 17 期。

调，没有农业农村现代化，就没有整个国家的现代化。在现代化进程中，如何处理好工农关系、城乡关系，在一定程度上决定着现代化的成败。从世界各国现代化历史看，有的国家没有处理好工农关系、城乡关系，农业发展跟不上，农村发展跟不上，农产品供应不足，不能有效吸纳农村劳动力，大量失业农民涌向城市贫民窟，乡村和乡村经济走向凋敝，工业化和城镇化走入困境，甚至造成社会动荡，最终陷入“中等收入陷阱”。① 这里更深层的问题是领导体制和国家治理体制问题。

党的十八大以来，在调整工农关系、城乡关系方面，我们国家采取了一系列举措推动“工业反哺农业、城市支持农村”。党的十九大报告提出实施乡村振兴战略，就是为了从全局和战略高度来把握和处理工农关系、城乡关系。在发达国家的工业化、城镇化进程中，乡村人口逐步减少是客观规律。但在我国拥有十四亿多人口的国情下，不管工业化、城镇化进展到哪一步，农业都要发展，乡村都不会消亡，城乡将长期共生并存，这是中国的基本国情，也是客观规律。2023 年，中国城镇人口为 93267 万人，占总人口的 66.2%，乡村人口为 47700 万人，占总人口的 33.8%。即使我国城镇化率达到 70%，农村仍将有四亿多人口。如果在现代化进程中把农村四亿多人落下，到头来“一边是繁荣的城市、一边是凋敝的农村”，这不符

① 习近平：《把乡村振兴战略这篇大文章做好》，《论“三农”工作》，中央文献出版社 2022 年版，第 274 页。

合中国共产党的执政宗旨，也不符合社会主义的本质要求。

因此，党的十九大报告提出，要坚持农业农村优先发展，按照产业兴旺、生态宜居、乡风文明、治理有效、生活富裕的总要求，建立健全城乡融合发展体制机制和政策体系，加快推进农业农村现代化。党的十九大报告作出到21世纪中叶按照两个阶段安排战略目标，其中，“第一个阶段，二〇二〇年到二〇三五年，在全面建成小康社会的基础上，再奋斗十五年，基本实现社会主义现代化”。2018年中央一号文件指出，“到2035年，乡村振兴取得决定性进展，农业农村现代化基本实现”。习近平总书记强调，乡村振兴是实现中华民族伟大复兴的一项重大任务。要围绕立足新发展阶段、贯彻新发展理念、构建新发展格局带来的新形势、提出的新要求，走中国特色社会主义乡村振兴道路，持续缩小城乡区域发展差距，让低收入人口和欠发达地区共享发展成果，在现代化进程中不掉队、赶上来。① 在党的二十大报告中，习近平总书记强调指出，全面建设社会主义现代化国家，最艰巨最繁重的任务仍然在农村。坚持农业农村优先发展，坚持城乡融合发展，畅通城乡要素流动。加快建设农业强国，扎实推动乡村产业、人才、文化、生态、组织振兴。“中国要强，农业必须强；中国要美，农村必须美；中国要富，农民必须富。”②

① 习近平：《在全国脱贫攻坚总结表彰大会上的讲话》，《论“三农”工作》，中央文献出版社2022年版，第307页。

② 习近平：《在中央农村工作会议上的讲话（2013年12月23日）》，《论“三农”工作》，中央文献出版社2022年版，第70页。

第三节　全面推进乡村振兴的内涵维度

党的十九大报告中对乡村振兴战略的主要维度进行了概括，提出要坚持农业农村优先发展，按照产业兴旺、生态宜居、乡风文明、治理有效、生活富裕的总要求，建立健全城乡融合发展体制机制和政策体系，加快推进农业农村现代化。党的二十大在擘画全面建成社会主义现代化强国宏伟蓝图时，对农业农村工作进行了总体部署，即到 2035 年基本实现农业现代化，到本世纪中叶建成农业强国。扎实推动乡村产业、人才、文化、生态、组织振兴。《乡村全面振兴规划（2024—2027 年）》进一步明确，完整准确全面贯彻新发展理念，加快构建新发展格局，着力推动高质量发展，锚定建设农业强国目标，学习运用“千万工程”经验，健全推动乡村振兴长效机制，以确保国家粮食安全、确保农村人口不发生规模性返贫致贫为底线，巩固拓展脱贫攻坚成果，以提升乡村产业发展水平、提升乡村建设水平、提升乡村治理水平为重点，强化科技和改革双轮驱动，强化农民增收举措，扎实推进乡村产业、人才、文化、生态、组织“五个振兴”，加快农业农村现代化，推动农业全面升级、农村全面进步、农民全面发展，为全面建设社会主义现代化强国提供坚强支撑。

一、产业振兴

农业强国是社会主义现代化强国的基础，而产业振兴是解决农村一切问题的前提。满足人民美好生活需要，离不开农业发展。农业是近两亿人就业的产业，农村是四亿多农民常住的家园，只有把农业农村搞好了，广大农民安居乐业，他们才有充足的获得感、幸福感、安全感。实现高质量发展，也离不开农业发展。只有农业强了，农产品供给有保障，物价稳定、人心安定，经济大局才能稳住。

作为一个 14 亿人口的超大规模国家，中国人口对农产品的消费需求决定了必须把乡村产业振兴作为乡村振兴的首要维度。中国主要农产品消费量大，进口依存度高，2021 年中国粮食进口依存度高达 21.7%，年度进口量高达 1.65 亿吨；糖料、油料进口依存度分别为 36.6% 和 30.9%。作为油料、豆制品、饲料的重要原料——大豆的进口依存度更是高达 86.7%，中国大豆进口量占当年世界出口总量的 60.2%（表 1-8）。美国和加拿大是中国大豆的主要进口国，近年来受中美贸易摩擦等国际政治经济形势影响，我国加大了从巴西和俄罗斯进口大豆的力度。主要农产品进口依存度高，将影响国家粮食安全。习近平总书记指出，农业是国家安全的基础。农业保的是生命安全、生存安全，是极端重要的国家安全。当今世界，百年未有之大变局加速演进，来自外部的打压遏制不断升级，各种不确定难预料因素明显增多。一旦农业出问题，饭碗被人拿住，看别人脸色吃饭，还谈什么现代化建设？只有农业强起来，粮食安全有完全保障，我们稳大局、应变局、开新局才有充足底气和战略主动。①

表 1-8　2021 年中国主要农产品生产、消费、进口量以及世界出口总量

产品	产量（亿吨）	消费量（亿吨）	进口量（亿吨）	进口依存度（%）	世界出口总量（亿吨）
粮食	6.83	7.57	1.65	21.7	15.40
谷物	6.33	6.46	0.65	10.1	4.40
稻谷	2.13	2.15	0.05	2.3	0.46
小麦	1.37	1.49	0.10	6.6	1.98
玉米	2.73	2.82	0.28	10.1	1.96
大豆	0.16	1.11	0.97	86.7	1.61
棉花	0.06	0.08	0.02	29.3	0.12
油料	0.36	0.37	0.11	30.9	1.06
糖料	1.15	0.16	0.06	36.6	0.88
肉类	0.90	0.97	0.09	9.6	0.55

数据来源：产量、进口量数据根据国家统计局、海关总署数据整理，消费量数据根据《中国农业展望报告 2022—2031》整理，世界出口总量根据联合国粮食及农业组织数据整理。油料不含大豆，根据国家统计局口径计算。转引自金文成：《加快建设农业强国：现实基础、国际经验与路径选择》，载于《中国农村经济》2023 年第 1 期。

中国人多地少，以小农户家庭经营为主，这是我们的乡村产业振兴基本面。第三次农业普查数据显示，全国小农户数量占农业经营主体的 98% 以上，户均经营规模只有 7.8 亩，小农户经营耕地面积占总耕地面积的 70%。这样的小农户经营与美国大规模的农场经营完全不同。2022 年中国农村常住人口为 4.91 亿人，占全国总人口

① 习近平：《加快建设农业强国　推进农业农村现代化》，《求是》2023 年第 6 期。

的比重为 34.8%。第一产业从业人员占全部就业人员数的 1/5 以上。然而，这种小农户为主且小规模耕种的现实情况决定了中国主要粮食作物与美国、加拿大相比不具有比较优势。表 1-9 的数据表明，稻谷每亩的总成本从 2016 年的 1201.81 元上升到 2021 年的 1281.25 元，而同期每亩净利润从 141.96 元下降到 59 元。小麦的状况 2016 年、2020 年净利润均为负，2021 年每亩净利润 129.10 元。玉米的状况有所好转，2016 年每亩净利润 –299.70 元，2020、2021 年分别

表 1-9　中国三种主要粮食作物每亩生产成本及利润

产品	指　标	2016 年	2020 年	2021 年
稻谷	主产品产值	1343.77	1286.82	1325.59
	总成本（元）	1201.81	1253.52	1281.25
	生产成本（元）	979.87	1009.47	1031.32
	土地成本（元）	221.94	244.05	249.93
	净利润（元）	141.96	48.99	59.00
小麦	主产品产值	930.36	1009.87	1169.98
	总成本（元）	1012.51	1026.50	1040.88
	生产成本（元）	805.59	803.61	812.94
	土地成本（元）	206.92	222.89	227.94
	净利润（元）	-82.15	–16.63	129.10
玉米	主产品产值	765.89	1187.82	1310.89
	总成本（元）	1065.59	1079.98	1148.82
	生产成本（元）	827.65	830.45	854.07
	土地成本（元）	237.94	249.53	294.75
	净利润（元）	–299.70	107.84	162.07

数据来源：国家发展和改革委员会价格司、价格成本调查中心编：《全国农产品成本收益资料汇编 2022》，中国统计出版社 2022 年版，第 6、21、24 页。

为 107.84 元和 162.07 元。在这种情况下，国家强调粮食安全，希望农民种植粮食，但农民要考虑种植粮食的效益，以及机会成本。因此，我们的挑战是在有限的农业资源约束下，如何实现乡村产业振兴，提高小农户收入，保障国家粮食安全，缩小城乡发展差距。即如何保障“中国人的饭碗端在自己手里”。这是我国农业现代化的第一要义，也是全面推进乡村振兴的首要任务。

以上主要针对农业进行了基本情况分析，事实上，乡村产业振兴不只是农业的振兴，农业振兴是基础，而以农业振兴为基础的加工业、服务业，以及乡村手工艺、文化旅游融合产业等多个方面的乡村产业振兴，才能促进乡村产业全面振兴。因此，党中央专门提出针对农村一二三产业融合发展，促进乡村产业振兴的方案，也专门针对民族地区、欠发达地区提出培育“土特产”，促进乡村产业振兴的政策措施。这些内容将在第三章中专门讨论。

二、人才振兴

在现代化进程中，随着农业人口的非农转移，农村人口老龄化成为一个世界共同现象。对于中国、日本和韩国等国家中以小农户为主的农业和农村普遍出现农村发展人才短缺的现象。日本大体上是在 20 世纪 90 年代中期，城镇化率达到 75% 以上，农村 65 岁以上老龄人口占 14.30%。日本为了遏制农山渔村的衰落，实施农业六次产业化，即把二产、三产引入农村，增加农民的收入。类似地，韩国在 21 世纪初期，城镇化率达到 81.35%，65 岁以上老龄人口占

8.86%（表 1-10）。为缓解 1997 年亚洲金融危机和 2008 年美国次贷危机带来的城市失业问题，以及防止农村衰落，韩国自 1998 年起实施“归农、归村”政策，助力新农村建设。“归农”是指城市居民迁移到农村居住，以专职或兼职从事农业生产经营活动，且农业收入在家庭收入中占比较大；“归村”是城市居民迁移到农村居住生活，不以农业生产经营为目的且家庭收入大部分为非农业收入。“归农、归村”政策的实施，一方面为韩国缓解了金融危机带来的城市就业压力，另一方面，为新农村建设提供了人才支持。在 2020 年，中国城市化率达到 63.89%，65 岁以上老龄人口比例达到 13.50%，务农人口老龄化问题突出。为了解决“三农”问题和农村贫困问题，相继实施脱贫攻坚和乡村振兴等国家战略（表 1-10）。

表 1-10　中日韩乡村人才面临问题时相关发展指标

	时间	相关发展指标			农村发展主要问题	政策措施
		人均 GDP（现价美元）	城市化率（%）	65 岁以上老龄人口比例（%）		
日本	20 世纪 90 年代中期	43440	78.02	14.30	农山渔村衰落 农民老龄化	六次产业化
韩国	21 世纪 10 年代初期	18636	81.35	8.86	金融危机 城市失业	“归农、归村” 新农村建设
中国	2020 年	10409	63.89	13.50	“三农”问题 农村贫困	脱贫攻坚 乡村振兴

注：日本的数据为 1995 年，韩国的数据为 2005 年。

数据来源：中国老年人口、城市化率数据来源于 2020 年第七次全国人口普查主要数据，其余数据来源于世界银行数据库，https://data.worldbank.org。

党的十八大以来，党中央作出人才是实现民族振兴、赢得国际竞争主动的战略资源的重大判断，作出全方位培养、引进、使用人才的重大部署，推动新时代人才工作取得历史性成就、发生历史性变革。当前，我国进入了全面建设社会主义现代化国家、向第二个百年奋斗目标进军的新征程，我们比历史上任何时期都更加接近实现中华民族伟大复兴的宏伟目标，也比历史上任何时期都更加渴求人才。实现我们的奋斗目标，高水平科技自立自强是关键。综合国力竞争说到底是人才竞争。人才是衡量一个国家综合国力的重要指标。国家发展靠人才，民族振兴靠人才。我们必须增强忧患意识，更加重视人才自主培养，加快建立人才资源竞争优势。党的十八大以来，党中央深刻回答了为什么建设人才强国、什么是人才强国、怎样建设人才强国的重大理论和实践问题，提出了一系列新理念新战略新举措。①

乡村振兴，关键在人。习近平总书记指出，要建设一支政治过硬、本领过硬、作风过硬的乡村振兴干部队伍，吸引包括致富带头人、返乡创业大学生、退役军人等在内的各类人才在乡村振兴中建功立业。②要推动乡村人才振兴，把人力资本开发放在首要位置，强化乡村振兴人才支撑，加快培育新型农业经营主体，让愿意留在

---

① 习近平:《深入实施新时代人才强国战略　加快建设世界重要人才中心和创新高地》,《求是》2021年第24期。

② 习近平:《农业农村现代化关键在科技、在人才》,《论“三农”工作》, 中央文献出版社2022年版，第220页。

乡村、建设家乡的人留得安心，让愿意上山下乡、回报乡村的人更有信心，激励各类人才在农村广阔天地大施所能、大展才华、大显身手，打造一支强大的乡村振兴人才队伍，在乡村形成人才、土地、资金、产业汇聚的良性循环。①2021 年，中共中央办公厅、国务院办公厅印发《关于加快推进乡村人才振兴的意见》。根据《关于加快推进乡村人才振兴的意见》，乡村振兴人才体系建设的内容主要包括：

（一）农业生产经营人才

培育高素质农民队伍是中国乡村人才振兴的首要任务。根据第三次全国农业普查数据，2016 年我国农业经营户 2.07 亿户，其中规模农业经营户 398.04 万户；农业生产经营单位 204.36 万个，其中农民专业合作社 90.51 万个。同年，全国农业生产经营人员 3.14 亿人；按年龄划分农业生产经营人员数量，35 岁及以下有 6023 万人，占农业生产经营人员的 19.17%；35—54 岁有 1.48 亿人，占农业生产经营人员的 47.25%；55 岁及以上有 1.06 亿人，占农业生产经营人员的 33.58%（表 1-11）。从农业生产经营人员受教育程度来看，未上过学占 6.4%，小学占 37.0%，初中占 48.4%，高中或中专占 7.1%，大专及以上占 1.2%。农业生产经营人员的 92.9% 从事种植业。上述数据基本上描绘了中国农业生产经营人员的现实情况。具体而言，农

① 习近平：《推动乡村产业振兴、人才振兴、文化振兴、生态振兴、组织振兴》，《论“三农”工作》，中央文献出版社 2022 年版，第 269 页。

业生产经营人才需抓住三类重点人群：一是从事农业生产经营的小农户，这是从业主体；二是规模农业经营户，即家庭农场经营者；三是农民专业合作社带头人。

表 1-11　2016 年中国农业生产经营人员结构

单位：%

	全国	东部地区	中部地区	西部地区	东北地区
农业生产经营人员年龄构成					
35 岁及以下	19.2	17.6	18.0	21.9	17.6
36—54 岁	47.3	44.5	47.7	48.6	49.8
55 岁及以上	33.6	37.9	34.4	29.5	32.6
农业生产经营人员受教育程度构成					
未上过学	6.4	5.3	5.7	8.7	1.9
小学	37.0	32.5	32.7	44.7	36.1
初中	48.4	52.5	52.6	39.9	55.0
高中或中专	7.1	8.5	7.9	5.4	5.6
大专及以上	1.2	1.2	1.1	1.2	1.4

资料来源：《第三次农业普查》，国家统计局，2023 年。

（二）农村二三产业发展人才

2015 年，中央提出农村一二三产业融合发展，其依据是中国小农户、高成本、低利润的农业生产经营现状，使得相当一部分小农户难以靠农业致富。那么，可行的出路在于把农业从第一产业向第二产业和第三产业延伸拓展，通过二三产业的价值增值，带动农民致富，即“接二连三”型农村一二三产业融合发展。在国家政策的支持下，全国各地逐步发展形成“产城（镇）融合型”“产业链延伸型”“农业内部融合型”“功能拓展型”“技术渗透型”等多种农村一二三产业融合类型。无论是哪一种产业融合类型，对人才的需求均超出了第一产业，需要专业型、复合型人才。这些人才包括农村创业创新带头人、农村电商人才、乡村工匠、品牌型农民工劳务输出人才等。

（三）乡村公共服务人才

中国的城乡差距，不仅体现在收入差距方面，更加突出的问题是城乡基本公共服务的不平衡。这种不平衡加剧了年轻人不愿返乡创业就业，使得人才主要由农村向城市单向流动。具体而言，包括乡村教师队伍、乡村卫生健康人才队伍、乡村文化旅游体育人才队伍、乡村规划建设人才队伍，特别是革命老区、民族地区、边疆地区的乡村公共服务人才更加短缺。乡村公共服务人才短板是城乡基本公共服务发展不平衡的直接表现。在脱贫攻坚期间，针对贫困地区乡村学校、医院等基本公共服务体系建设，国家进行了大量投资，贫困地区基本公共服务硬件条件显著改善。但是，在基本公共服务的软件方面特别是人才队伍建设，还存在明显短板，需要国家政策持续不断的支持。

（四）乡村治理人才

乡村治理的主体包括乡镇干部、村党支部和村委会“两委”干部，合作社、协会等经济和社会组织成员，以及农民等诸多主体。乡镇和村“两委”等基层组织承担着乡村治理的主要职责，乡村治理人才的素质在一定程度上决定了乡村治理的能力。首先，要加强乡镇党政人才队伍建设，选优配强乡村领导班子特别是乡镇党委书记；其次，要推动村党组织带头人队伍整体优化提升，坚持和完善向重点乡村选派驻村第一书记和工作队制度，支持村干部、新型农业经营主体带头人、退役军人、返乡创业农民等以多种形式学习深造，培养一批在乡大学生、乡村治理人才。加强选调生到村任职，鼓励大学生到村工作，扩大高校毕业生“三支一扶”计划招募规模。再次，加强农村社会工作人才队伍建设，满足农村教育、健康、养老、助残、儿童关爱等各类社会服务人才需求，提高社会工作质量。此外，随着乡村经济活动的增强，经济纠纷以及社会、环保纠纷等都需要加强农村法律人才队伍建设。随着乡村进入数字经济社会，乡村数字治理人才队伍建设也十分必要。

（五）农业农村科技人才

农业农村科技人才是提高农业生产率的关键，也是建设农业强国的基础支撑条件。本章前文对农业生产经营者年龄、受教育程度以及农户经营规模等基本生产条件的分析表明，中国乡村产业振兴必须依靠科技、必须依靠人才。首先，需要培养农业农村科技领军人才。鼓励各地实施农业农村领域“引才计划”。加强优秀青年后备人才培养，突出服务基层导向。支持高科技领军人才按照有关政策在国家农业高新技术示范区、农业科技园区等落户。第二，需要培养农业科技创新人才。加强农业企业科技人才培养。完善科技人员兼职兼薪、分享股权期权、领办创办企业、成果权益分配等激励办法。第三，需要培养农业农村科技推广人才。推进农技推广体系改革创新，完善公益性和经营性农技推广融合发展机制，允许提供增值服务合理取酬。全面实施农技推广服务特聘计划。深化农技人员职称制度改革。实施基层农技人员素质提升工程，重点培训年轻骨干农技人员。鼓励地方对“土专家”“田秀才”“乡创客”发放补贴。引导科研院所、高等学校开展专家服务基层活动，推广“科技小院”等培养模式。第四，发展壮大科技特派员队伍。支持科技特派员领办创办农民合作社、专业技术协会和农业企业。

三、文化振兴

文以载道，文以化人。当代中国是历史中国的延续和发展，当代中国思想文化也是中国传统思想文化的传承和升华，要认识今天的中国、今天的中国人，就要深入了解中国的文化血脉，准确把握滋养中国人的文化土壤。① 乡村文化振兴是丰富农民精神生活的主要渠道，它对农民的思想观念、道德规范、文化素养、行为准则，以及农民的社会关系，农民与自然的关系等多方面具有深刻的影响，是培育文明乡风、良好家风、淳朴民风的根本。党的十八大以来，习近平总书记准确把握世界思想变化趋势，围绕新时代文化建设提出一系列新思想新观点新论断，形成了习近平文化思想，表明我们

① 习近平：《在创造性转化创新性发展中延续民族文化血脉》，《习近平著作选读》第 1 卷，人民出版社 2023 年版，第 276—283 页。

党的历史自信、文化自信达到了新高度。随着时代的发展，传统文化需要在发展中继承，也需要与时俱进，在创新中发展。坚定文化发展根脉同时需要传承和创新中华优秀传统文化。这种内在联系体现在对传统文化的尊重与传承，以及对现代文明的开放与包容。

乡村文化振兴是重塑乡土文化、涵养乡风文明、繁荣文化产业，为乡村振兴注入文化凝聚力、精神推动力和产业振兴力的必然选择。在推进乡村文化振兴中，首先，要挖掘乡村文化资源，大力保护和传承乡村红色文化，加强乡村文化遗产保护，激活乡村文化内涵；其次，要繁荣乡村文化产业，推动乡村传统手工艺产业振兴，培育乡村文化旅游融合产业，发展乡村数字文化和创意产业；再次，保障乡村文化民生，加强乡村公共文化服务供给，丰富农民文化生活，繁荣乡村题材文艺创作，开展移风易俗行动。在乡村全面振兴中，不断加强乡村文化基础设施和人才队伍建设，推进城乡文化创意共学互鉴，为乡村全面振兴铸牢文化基础，推动中华优秀传统文化创造性转化、创新性发展，使乡村成为承载中华民族文明和文化的精神家园。

四、生态振兴

人与自然和谐共生是习近平生态文明思想中的鲜明主题。党的二十大报告提出，坚持绿水青山就是金山银山理念。坚持尊重自然、顺应自然、保护自然，坚持节约优先、自然恢复为主，守住自然生态安全边界。深入实施可持续发展战略，完善生态文明领域统筹协调机制，构建生态文明体系，促进经济社会发展全面绿色转型，建设人与自然和谐共生的现代化。推动形成绿色发展方式和生活方式是贯彻新发展理念的必然要求，也是发展观的一场深刻革命。①

改革开放以来，我国经济社会发展取得历史性成就，但也随之产生了一些生态环境问题。特别是农村的生态环境问题成为人民群众反映强烈的问题。这样的状况，必须下大气力扭转。如果经济发展了，但生态破坏了，环境恶化了，大家整天生活在雾霾中，吃不到安全的食品，喝不到洁净的水，呼吸不到新鲜的空气，居住不到宜居的环境，那样的小康、那样的现代化不是人民希望的。②针对空气污染、河流湖泊污染和农业面源污染等突出问题，习近平总书记鲜明地提出绿色发展理念，把推动形成绿色发展方式和生活方式摆在更加突出的位置。

美丽中国的建设离不开美丽乡村的建成。建设和美乡村，实现生态宜居，是乡村生态振兴的发展目标。乡村振兴战略总要求中提出“生态宜居”，党的二十大报告提出“生态振兴”，2023 年中央一号文件提出扎实推进宜居宜业和美乡村建设。2024 年中央一号文件提出学习运用“千村示范、万村整治”工程经验有力有效推进乡

① 习近平：《推动形成绿色发展方式和生活方式是发展观的一场深刻革命》，《习近平著作选读（第一卷）》，人民出版社 2023 年版，第 603—613 页。

② 习近平：《推动形成绿色发展方式和生活方式是发展观的一场深刻革命》，《习近平著作选读（第一卷）》，人民出版社 2023 年版，第 603—613 页。

村全面振兴。具体而言，乡村生态振兴包括以下几个主要方面：第一，加快生态环境保护与修复，持续不断推进森林资源保护、水资源利用与保护、草原生态保护修复；第二，全面推进农村人居环境整治提升。重点推进生活污水、垃圾治理和农村改厕，完善农村再生资源回收利用网络，农村有机生活垃圾、粪污、农业生产有机废弃物资源化处理利用，推动村容村貌整体提升。第三，实现乡村生态产品价值转换，健全生态保护补偿模式，推动生态资源产权交易，开发生态产业化新模式，探索生态价值实现模式，拓宽农民增收渠道。第四，完善生态补偿与生态产品供给，实践生态环境导向的开发（EOD）模式。

五、组织振兴

基层治理是国家治理的基石，统筹推进乡镇（街道）和城乡社区治理，是实现国家治理体系和治理能力现代化的基础工程。习近平总书记指出，党的基层组织是党的肌体的“神经末梢”，要发挥好战斗堡垒作用。落地才能生根，根深才能叶茂。加强党的基层组织建设，关键是从严抓好落实。[①] 习近平总书记在 2017 年中央农村工作会议上指出，“建立健全党委领导、政府负责、社会协同、公众参与、法治保障的现代乡村社会治理体制”，“要建立和完善以党的基

① 习近平：《发挥好基层组织战斗堡垒作用》，《论党的自我革命》，党建读物出版社、中国方正出版社、中央文献出版社 2023 年版，第 246—247 页。

层组织为核心、村民自治和村务监督组织为基础、集体经济组织和农民合作组织为纽带、各种经济社会服务组织为补充的农村组织体系，使各类组织各有其位、各司其职”。[①] 为乡村组织振兴提供了方向指引。

在全面推进乡村振兴中，乡村组织还存在一些突出问题。一方面，农村基层党组织体系不健全，农村基层党组织政治领导能力和群众组织能力与乡村全面振兴的时代要求不匹配，部分农村基层党组织出现弱化、虚化和边缘化现象。这些问题得不到根治，将严重影响党和国家“三农”政策的落地生根，甚至会削弱党在乡村的领导力，影响农民的幸福感、获得感。另一方面，村民自治组织不够完善，表现为，重经济发展，轻文化建设、生态建设、人才建设。

推动乡村组织振兴是落实乡村全面振兴的总抓手。第一，加强基层党组织建设，夯实省—市—县—乡—村五级书记抓乡村振兴的责任。加强基层党组织全面推进乡村振兴的领导能力、主攻方向和能力建设。第二，健全自治、法治、德治有机结合的乡村治理体系。加强乡村社会服务组织在养老、助残、妇幼、社会治理等方面的自治能力；充分发挥村民德治能力，加强和创新基层社会治理，坚持和完善新时代“枫桥经验”，坚持党的群众路线，紧紧依靠人民群

① 习近平：《在中央农村工作会议上的讲话（2013 年 12 月 23 日）》，《论“三农”工作》，中央文献出版社 2022 年版，第 70—106 页。

众，把问题解决在基层、化解在萌芽状态。第三，加强乡村集体经济组织和合作经济组织的致富带头能力，为乡村振兴注入持久的经济动能；第四，充分利用数据要素、数字平台，推动乡村治理走向智慧化。

第二章　建立分层分类帮扶制度

打赢脱贫攻坚战，全面建成小康社会后，中国乡村振兴面临的首要问题是防止规模性返贫致贫。为此，党中央决定 2021—2025 年为五年过渡期，推动巩固拓展脱贫攻坚成果同全面推进乡村振兴有效衔接。党的二十届三中全会通过的《中共中央关于进一步全面深化改革　推进中国式现代化的决定》提出，完善覆盖农村人口的常态化防止返贫致贫机制，建立农村低收入人口和欠发达地区分层分类帮扶制度。健全脱贫攻坚国家投入形成资产的长效管理机制。本章第一节阐释中国特色社会主义新时代的贫困治理，第二节介绍建立分层分类帮扶制度的基本国情，第三节阐释建立农村低收入人口帮扶制度的理论逻辑，第四节讨论农村低收入人口和欠发达地区划分。

第一节　中国特色社会主义新时代的贫困治理

2012年，中国农村贫困人口高达9899万人，贫困发生率为10.2%。① 针对农村面临的消除绝对贫困问题，党的十八大提出实施“精准扶贫、精准脱贫”方略，开启了中国特色社会主义新时代的贫困治理。2015年11月，习近平总书记在中央扶贫开发工作会议上系统阐释了“精准扶贫、精准脱贫”基本方略，要求扶贫开发要做到扶贫对象精准、项目安排精准、资金使用精准、措施到户精准、因村派人精准、脱贫成效精准，要按照贫困地区和贫困人口的具体情况，实施“五个一批”工程，即发展生产脱贫一批，易地搬迁脱贫一批，生态补偿脱贫一批，发展教育脱贫一批，社会保障兜底脱贫一批。② 中国共产党充分践行“以人民为中心”的发展思想，带领全国人民开启了史无前例的脱贫攻坚战，并在2020年底取得消除绝对贫困的伟大成就，成功如期实现第一个百年奋斗目标。

一、实施精准扶贫精准脱贫方略，破解贫困治理困境

精准识别贫困人口。为了解决扶贫工作中贫困识别不精准的突

① 数据来源：《中国农村贫困监测报告2019》，中国统计出版社2019年版，第296页。

② 习近平：《论“三农”工作》，中央文献出版社2022年版，第166—194页。

出问题，中国各级政府于2014—2016年间组织280万人（次）进村入户，最后识别确认出12.8万个贫困村、2948万个贫困户和近9000万贫困人口。在此基础上，各级政府对贫困人口逐一建档立卡，以便精准帮扶、分类施策、动态管理。① 在全国范围内对贫困人口建档立卡，将贫困识别与贫困监测相结合，有效提升了贫困瞄准的精准度。

精准实施帮扶政策。中国政府强化精准扶贫责任体系，不断完善精准扶贫政策体系，并强化基层执行力，对贫困村和贫困人口进行精准扶持，实现因村施策、因人施策。首先，强化中央统筹、省负总责、市县抓落实的责任体系。其次，完善精准扶贫政策体系，包括发展生产、易地搬迁、生态补偿、教育帮扶与社会保障等，涵盖了经济、社会和生态环境等不同领域，从多个层面满足了贫困人口的脱贫需求。进而，强化基层执行力。考虑到致贫原因的错综复杂，以及基层贫困治理能力较弱的现状，在全国范围内遴选适当的第一书记及驻村工作队入村帮扶，打通贫困治理的“最后一公里”。党的十八大以来，中国累计从国有企事业单位和县级以上党政机关选派300多万名干部开展驻村帮扶相关工作。② 这一举措有效提升了脱贫攻坚期间基层执行能力，为促进“精准扶贫”的政策落地提

① 王小林：《新中国成立70年减贫经验及其对2020年后缓解相对贫困的价值》，《劳动经济研究》2019年第6期。

② 黄承伟：《脱贫攻坚彰显中国共产党治理能力》，《中国领导科学》2020年第3期。

供了有力保障。

制定贫困人口到2020年实现“不愁吃、不愁穿，义务教育、基本医疗和住房安全有保障”（即“两不愁三保障”）的目标，并针对脱贫目标实施第三方评估，确保贫困群体实现精准脱贫。为了确保贫困人口真正受益，中国政府制定了严格的中西部22省份省级党委政府扶贫工作成效考核体系，通过省际交叉考核、贫困退出第三方评估、东西部扶贫协作成效考核等多项考核手段，多层次对贫困退出进行严格评估。县级层面，贫困县“脱贫摘帽”需满足精准扶贫识别率、精准退出准确率及群众满意度等硬性指标；个人层面，建档立卡户在脱贫时需满足收入高于国家贫困标准且实现“两不愁三保障”脱贫目标。

二、促进益贫性增长与包容性发展，提高内生发展动力

（一）以益贫性经济增长政策为贫困人口注入脱贫增收的经济动能

第一，基础设施先行是中国新时代贫困治理的重要措施之一，除了在14个集中连片特困地区优先实施基础设施互联互通工程外，还对贫困村进行水、电、路、网等经济基础设施，以及教育、卫生等社会基础设施进行全面改造。截至2020年底，全国贫困地区新改建公路110万公里、新增铁路里程3.5万公里，贫困地区具备条件的乡镇和建制村全部通硬化路、通客车、通邮路，贫困村通光纤

和 4G 比例均超过 98%。① 第二，针对贫困地区易地扶贫搬迁、扶贫产业园区、扶贫车间等建设用地问题，通过土地增减挂钩政策、完善扶贫用地政策，解决了用地难题。第三，聚焦农产品销售难问题，大力推行电商扶贫和消费扶贫等新的益贫性市场政策，缓解了贫困地区农产品的“卖难”困境。第四，鉴于劳动力非农就业对减贫的重要性，通过东西部劳务协作、转移就业、就地就近就业、公益就业岗位等就业措施，促进贫困人口工资性收入提升。第五，通过增加脱贫产业投入力度，创新产业扶贫方式等举措，发挥产业发展的联农带农机制，促进贫困地区可持续减贫。至 2020 年底，贫困地区累计建成各类产业基地超过 30 万个，产业帮扶政策惠及 98.9% 的贫困户。②

（二）以包容性社会发展政策为贫困人口可持续发展注入人力资本动能

教育是阻断贫困代际传递的治本之策，中国在贫困地区实施“9 + 3”12 年义务教育，在深度贫困地区则实施“3 + 9 + 3”15 年义务教育。贫困地区办学条件得到明显改善，并针对贫困地区大学生设立了定向招生计划。贫困人口受教育机会显著增多，农村贫困家庭子女义务教育阶段辍学问题实现动态清零。其次，中国启动了历史上规模最大的“健康扶贫工程”，大幅度提高建档立卡户医疗费

① 数据参见国务院新闻办公室：《〈人类减贫的中国实践〉白皮书》，中华人民共和国中央人民政府网，2021 年 4 月 6 日。

② 数据参见国务院新闻办公室：《〈人类减贫的中国实践〉白皮书》，中华人民共和国中央人民政府网，2021 年 4 月 6 日。

报销比例并实行“三个一批”行动计划，[①]并享受大病补充保险和大病救助，这极大降低了贫困家庭的医疗负担。至2020年，99.9%以上贫困人口参加基本医疗保险，“因病致贫、因病返贫”问题得到有效解决。此外，对没有能力通过开发式扶贫实现精准脱贫的贫困人口，实施社会保障兜底。全国最低生活保障标准在2015年提高到国家贫困标准以上，[②]并对低保对象进行精准识别，保障了全面消除绝对贫困目标的实现。

三、完善责任体系与工作体系，尊重基层首创精神

新时代贫困治理建立中央统筹、省负总责、市县抓落实的工作机制，并形成五级书记抓扶贫、每个贫困户都有对应帮扶责任人的责任体系。与其他发展中国家相比较，中国强大的基层干部执行力是实现脱贫攻坚目标的重要保障。党的十八大以来，25.5万个驻村工作队、300多万名第一书记和驻村干部，联同数百万乡镇和村干部共同推进贫困治理，[③]形成了强大的减贫政策执行力。在社会动员方面，中国通过建立强大的社会动员服务平台与数字技术平台，鼓励民营企业、社会组织和公民个人参与脱贫攻坚，不断优化社会动

① “三个一批”行动计划指的是大病集中救治一批、慢病签约服务管理一批、重病兜底保障一批。

② 林万龙、陈蔡春子：《从满足基本生活需求视角看新时期我国农村扶贫标准》，《西北师大学报（社会科学版）》2020年第3期。

③ 数据来源于《人类减贫的中国实践》。

员的帮扶体系。如企业积极参与“万企帮万村”行动，公民个人通过电商扶贫、消费扶贫等模式广泛参与。此外，以基层首创精神形成的减贫治理创新力，为解决各种类型的贫困问题做出了重要贡献。由于全国各地的情况千差万别，中央制定的减贫政策在推进过程中，需要在保障政策目标一致的情况下，通过基层干部群体的创新力以实现落地。例如，在贫困识别过程中，基层干部发明“四看法”，①形成精准识别贫困户的基层工作方法；鉴于扶贫资产产权不清、管理混乱的局面，基层政府创造扶贫资产所有权归村集体、经营权归承包户、收益权归贫困户、监管权归镇政府的“四权分置”资产管理办法。

全心全意为人民服务是中国共产党的根本宗旨，全面小康是所有人民的小康。在决战决胜脱贫攻坚、全面建成小康社会进程中，中国共产党时刻注重人民发展权益的保障与福祉水平的提升，深刻体现了人民利益高于一切的治理理念。②贫困治理始终注重保障人民权益、提升人民福祉并促进人的全面发展，以人民为中心的精准扶贫是我国脱贫攻坚战的核心所在③。贫困问题是全球性的问题和挑战，消除贫困是国际社会的共同目标。中国贫困治理坚持“以人民

① 贫困识别的“四看法”指的是一看房、二看粮、三看劳动力强不强、四看家中有没有读书郎。

② 姜淑萍：《“以人民为中心的发展思想”的深刻内涵和重大意义》，《党的文献》2016 年第 6 期。

③ 雷明：《论习近平扶贫攻坚战略思想》，《南京农业大学学报（社会科学版）》2018 年第 1 期。

为中心的发展思想”，充分发挥社会主义制度的政治优势，构建益贫性经济增长与包容性社会发展政策，组织实施多维度精准扶贫，以强大的基层执行力、社会动员体系和基层创新力形成脱贫攻坚强大合力，并取得消除绝对贫困的伟大成就。中国贫困治理拓展了发展中国家走向现代化的途径，为发展中国家实现 2030 年可持续发展目标、解决贫困问题贡献了中国智慧和中国方案。

第二节　建立分层分类帮扶制度的基本国情

《中共中央关于进一步全面深化改革　推进中国式现代化的决定》在完善城乡融合发展体制机制方面提出，完善覆盖农村人口的常态化防止返贫致贫机制，建立农村低收入人口和欠发达地区分层分类帮扶制度。分层分类帮扶制度是实现共同富裕的必然选择。

一、从攻坚性任务向常态化帮扶的转变

中国从“三西”农业建设开始，针对贫困地区开始实施有计划的扶贫工作，包括之后的《国家八七扶贫攻坚计划（1994—2000年）》《中国农村扶贫开发纲要（2001—2010 年）》和《中国农村扶贫开发纲要（2011—2020 年）》（表 2-1）。这些扶贫计划都是针对阶段性目标、特殊地区和贫困人口开展的攻坚性任务。根据攻坚任务所设置的机构，如“三西”地区农业建设领导小组、国务院扶贫开

发领导小组及下设办公室等都是临设机构，随着阶段性目标任务的完成，临设机构的使命也即完成。

2021 年 2 月 25 日，习近平总书记在全国脱贫攻坚总结表彰大会上的讲话指出，“农村贫困人口全部脱贫，为实现全面建成小康社会目标任务作出了关键性贡献”，“我们集中精锐力量投向脱贫攻坚主战场，全国累计选派二十五万五千个驻村工作队、三百多万名第一书记和驻村干部，同近二百万名乡镇干部和数百万村干部一道奋战在扶贫一线，鲜红的党旗始终在脱贫攻坚主战场上高高飘扬”。① 这是场阶段性目标十分明确的攻坚战，攻坚战取得全面胜利，也就标志着脱贫攻坚作为攻坚性任务的结束。2021 年 2 月 26 日，国务院扶贫开发领导小组办公室摘牌，取而代之的是国家乡村振兴局的牌子。2023 年 3 月 10 日通过的《国务院机构改革方案》显示，国家乡村振兴局相关职责划入农业农村部，在农业农村部加挂国家乡村振兴局牌子，不再保留单设的国家乡村振兴局称号。机构的调整标志着防止规模性返贫和全面推进乡村振兴成为农业农村部的常规性任务。

习近平总书记指出，“乡村振兴是实现中华民族伟大复兴的一项重大任务”，“坚持把解决好‘三农’问题作为全党工作重中之重，坚持农业农村优先发展，走中国特色社会主义乡村振兴道路，持续缩小城乡发展差距，让低收入人口和欠发达地区共享发展成果，在

① 习近平：《在全国脱贫攻坚总结表彰大会上的讲话》，《论“三农”工作》，中央文献出版社 2022 年版，第 307—323 页。

现代化进程中不掉队、赶上来。全面实施乡村振兴战略的深度、广度、难度都不亚于脱贫攻坚，要完善政策体系、工作体系、制度体系，以更有力的举措、汇聚更强大的力量，加快农业农村现代化步伐，促进农业高质高效、乡村宜居宜业、农民富裕富足”。①

表 2-1　中国贫困治理过程的历史演进及主要特征（1978—2020 年）

各减贫战略实施阶段	贫困问题	行动者	
		宏观行为体	微观行动者
改革开放初期（1978—1985 年）	1978 年 2.5 亿农村贫困人口（按农民人均纯收入 206 元 / 年的贫困标准）。	政府 + 市场	农村人口
“三西”农业建设（1982—1992 年）	“三西”[a] 地区（共 47 个县）赤贫，干旱、水土流失严重，人畜饮水困难，灾害频繁，植被破坏严重，粮食产量低而不稳。	政府部门：国务院“三西”地区农业建设领导小组（14 个成员单位）及办公室、地方政府 国际组织：世界银行、亚洲开发银行等	“三西”地区农村人口
国家八七扶贫攻坚计划（1994—2000 年）	8000 万贫困人口（按农民人均纯收入 327 元 / 年的贫困标准）多位于中西部地区的深山区、石山区、荒漠区，生产生活条件极为恶劣，贫困人口食不果腹、衣不蔽体、住不避风雨。 592 个贫困县。	政府部门：领导小组[b]（26 个成员单位[c]）及办公室、地方政府 市场主体：银行 社会扶贫：东部发达地区，定点挂钩扶贫单位，大专院校、科研机构，民主党派、工商联、工会、共青团、妇联、残联、扶贫基金会和民间组织。	592 个贫困县的贫困户、新办企业、扶贫经济实体

① 习近平：《在全国脱贫攻坚总结表彰大会上的讲话》，《论“三农”工作》，中央文献出版社 2022 年版，第 307—323 页。

续表

各减贫战略实施阶段	贫困问题	行动者	
		宏观行为体	微观行动者
中国农村扶贫开发纲要（2001—2010年）	9422万农村贫困人口（按农民人均纯收入1196元/年的贫困标准） 592个贫困县	政府部门：领导小组（32个成员单位）及办公室、地方政府 市场主体：国有企业、大中型农产品加工企业 社会扶贫：在八七扶贫攻坚时期四种社会扶贫力量的基础上，增加了社区主导型发展项目试点	592个贫困县的贫困户、扶贫开发龙头企业、合作社
中国农村扶贫开发纲要（2011—2020年）	2011年1.22亿农村贫困人口（按农民人均纯收入2300元/年的贫困标准） 14个集中连片特困地区，832个贫困县 贫困人口吃、穿、义务教育、基本医疗、住房安全无保障。	政府部门：领导小组（49个成员单位）及办公室、地方政府。 市场主体：国有企业、民营企业、跨国公司。 社会扶贫：东西部扶贫协作和对口支援，定点扶贫对贫困县全覆盖，社会组织，互联网+扶贫。	全部建档立卡贫困户、新型农业经营主体、帮扶责任人

注：a“三西”地区指甘肃省河西地区、定西地区和宁夏回族自治区的西海固地区。b“领导小组”是国务院扶贫开发领导小组的简称。c根据国办发〔2003〕24号文件，2003年为27个成员单位。2008年提出“大扶贫”和全面建立农村最低生活保障制度后，2009年两次增补成员单位：一次是增补全国工商联（国办发〔2009〕37号文件）；另一次是增补民政部为副组长单位，增补外交部、住建部、原旅游局为成员单位（国办发〔2009〕62号文件）。d根据国办发〔2013〕63号文件，当时是37个成员单位；2015年出台《打赢脱贫攻坚战的决定》后，经历两次增补，先增至46个成员单位（国办发〔2015〕76号文件），后增至49个成员单位（国办发〔2018〕34号文件）。

资料来源：转引自王小林、张晓颖：《中国消除绝对贫困的经验解释与2020年后相对贫困治理取向》，《中国农村经济》2021年第2期。

作为中华民族伟大复兴的一项重大任务，乡村振兴实则不同于历史上各个阶段的脱贫攻坚任务，是国之大者，是坚持不懈的常规性任务。作为一项常规性任务，乡村振兴承载着几个重要关系：一是在城乡关系方面，持续缩小城乡发展差距；二是在农民内部关系方面，让低收入人口共享发展成果，2022 年农村居民 20% 高收入组家庭人均可支配收入 46075.4 元，是 20% 低收入组家庭人均可支配收入 5024.6 元的 9.17 倍，这是非常大的内部差距；三是区域间关系，要让欠发达地区共享发展成果，西部地区虽然如期实现脱贫，但不少脱贫县发展的内生能力不足，脱贫成果也还很不稳定。这就说明，尽管中国取得了消除绝对贫困的伟大成就，但要实现共同富裕目标，需要针对农村低收入人口和欠发达地区建立常态化帮扶制度。

二、建立乡村常态化防止返贫致贫机制

2021—2025 年是脱贫攻坚任务完成后的过渡期，防止出现规模性返贫成为过渡期的主要工作任务。2024 年党的二十届三中全会通过的《中共中央关于进一步全面深化改革　推进中国式现代化的决定》提出，完善覆盖农村人口的常态化防止返贫致贫机制，建立农村低收入人口和欠发达地区分层分类帮扶制度。因此，完善常态化防止返贫致贫机制就成为当前和今后“三农”工作的一项底线任务。

根据中农组发〔2021〕7 号文件《中央农村工作领导小组关于健全防止返贫动态监测和帮扶机制的指导意见》，防止返贫监测对象

包括：以家庭为单位，监测脱贫不稳定户、边缘易致贫户，以及因病因灾因意外事故等刚性支出较大或收入大幅缩减导致基本生活出现严重困难户，重点监测其收入支出状况、“两不愁三保障”及饮水安全状况等。重点关注有大病重病和负担较重的慢性病患者、重度残疾人、失能老年人等特殊群体的家庭。监测范围：各省（自治区、直辖市）综合本区域物价指数变化、农村居民人均可支配收入增幅和农村低保标准等因素，合理确定监测范围，实事求是确定监测对象规模。防止规模性返贫：各地要实时监测水旱灾害、气象灾害、地震灾害、地质灾害、生物灾害、火灾，以及疫情等各类重大突发公共事件带来的影响，全力防范大宗农副产品价格持续大幅下跌、农村劳动力失业明显增多、乡村产业项目失败、大中型易地扶贫搬迁集中安置区搬迁人口就业和社区融入等方面的风险隐患，发现解决因工作、责任、政策落实不到位造成的返贫现象，及时排查预警区域性、规模性返贫风险，制定防范措施，落实帮扶举措，坚决守住防止规模性返贫的底线。

在《国家八七扶贫攻坚计划（1994—2000年）》和《中国农村扶贫开发纲要（2001—2010年）》实施期间，中国对贫困的定义强调“食不果腹、衣不蔽体、住不避风雨”，目标是解决以维持基本生存需要的“吃、穿、住”为特征的绝对贫困。贫困标准虽经过几次调整，但仍为“收入贫困”单一标准。《中国农村扶贫开发纲要（2011—2020年）》明确提出“稳定实现扶贫对象不愁吃、不愁穿，保障其义务教育、基本医疗和住房”。对贫困的定义强调“不愁吃、不愁穿，义务教育、基本医疗、住房安全有保障”，即要解决维持生存的基本需要和提供促进发展的基本服务。在这个过程中，中国实现了由收入贫困单一监测标准向多维贫困识别标准的转变，并制定了多维度的贫困退出评估标准。在脱贫攻坚战中，教育、健康和保障扶贫对阻断贫困代际传递并促进贫困人口发展起到了至关重要的作用。

过渡期的防止返贫监测标准则是基于脱贫攻坚期间的绝对贫困标准和“两不愁三保障”脱贫目标而形成的一个工作标准。那么，转向2026—2035年常态化帮扶，不再以减少贫困人口为目标，而是以缩小发展差距为目标；相应地，绝对贫困标准不再适用于常态化帮扶机制。也就是说，在2025年底完成五年过渡期，国家需要对常态化帮扶机制作出顶层设计。这就需要研究提出常态化帮扶的标准，确定常态化帮扶对象。2021年党中央宣布打赢脱贫攻坚战后，主要的政策措施是在“十四五”从脱贫攻坚向全面推进乡村振兴的过渡期内，以不发生大规模返贫为工作目标，继续对脱贫地区（欠发达地区）和低收入人口持续帮扶，以巩固脱贫攻坚成果。

在防返贫监测工作中，除了监测“三保障”外，农民收入仍是识别监测对象的主要标准。各省基本上根据当年的最低生活保障指导标准，确定防返贫的监测标准。例如，湖南省2022年农村居民最低生活保障指导标准为6900元，防止返贫监测对象人均纯收入基准线与农村最低生活保障边缘家庭人均收入基准线保持一致，确定为

6900元/年；河南省也为6900元，云南省是7000元。防止规模性返贫需要进一步完善监测标准、监测体系，并给予相应的常态化帮扶。防止规模性返贫通常指的是防止出现规模性陷入绝对贫困的情况，监测标准是既包括达到一定生活水平的收入标准，也包括收入之外的其他基本需要标准，且需要根据国民经济的发展不断进行调整。监测体系则需要建立更加完善的监测网络，做到对监测群体的敏捷反应，发现问题及时解决。

三、低收入人口分层分类社会救助制度

在过渡期，针对低收入人口的社会救助制度率先出台，也即针对低收入人口的常态化救助的顶层设计初步完成。2023年10月，国务院常务会议审议通过了民政部会同有关部门制定的《关于加强低收入人口动态监测做好分层分类社会救助工作的意见》（以下简称《意见》），标志着中国社会救助制度建设进入了新阶段。中国是一个拥有14亿人口的超大规模国家，建立统筹城乡、覆盖全国、分层分类、精准施策的社会救助制度，这对于实现全体人民共同富裕具有历史性标志意义。深入理解分层分类社会救助的制度内涵、历史逻辑和实践衔接，有利于推进人口高质量发展。从《意见》的内容来看，低收入人口包括五类对象：最低生活保障对象、特困人员、防止返贫监测对象、最低生活保障边缘家庭成员、刚性支出困难家庭（刚性支出较大导致基本生活出现严重困难的家庭）成员以及其他困难人员（表2-2）。

表 2-2　低收入人口与防止返贫监测对象

	对　象	文件来源
低收入人口	（1）最低生活保障对象 （2）特困人员 （3）防止返贫监测对象 （4）最低生活保障边缘家庭成员 （5）刚性支出困难家庭（刚性支出较大导致基本生活出现严重困难的家庭）成员，以及其他困难人员。	国务院办公厅转发民政部等单位《关于加强低收入人口动态监测做好分层分类社会救助工作的意见》的通知（国办发〔2023〕39号）
防止返贫监测对象	（1）脱贫不稳定户 （2）边缘易致贫户 （3）因病因灾因意外事故等刚性支出较大或收入大幅缩减导致基本生活出现严重困难户	《中央农村工作领导小组关于健全防止返贫动态监测和帮扶机制的指导意见》（中农组发〔2021〕7号）

（一）分层分类社会救助的制度内涵

从制度实践、理论基础等方面来看，建立分层分类社会救助制度的内涵主要体现在以下几个方面：

首先，在制度建设上，分层分类社会救助意味着工作任务由攻坚工作向常规任务转变。在中国消除绝对贫困的历史进程中，从“三西”建设、“八七扶贫攻坚计划”到《中国农村扶贫开发纲要（2001—2010年）》，针对贫困人口规模巨大、主要贫困群体具有劳动能力而缺少就业机会与劳动技能的基本国情，国家实施了以贫困地区为基本瞄准单元的开发式扶贫。开发式扶贫的重点任务是加强贫困地区基础设施建设和生产条件改善，开发带动就业能力强的乡村产业，通过技能培训提高劳动力就业能力；彼时，社会救助主要是针对极少数不具有劳动能力的人给予基本生活救助。在历次扶贫攻坚结束后，仍有3000万左右的极端贫困人口在当期攻坚计划内无法摆脱贫困，其主要原因是社会救助的兜底能力有限。党的十八大以来，党中央把脱贫攻坚摆在治国理政的突出位置，实施“精准扶贫”方略，到2020年底全面消除绝对贫困。绝对贫困消除后，如何防止返贫成为一项长期而艰巨的任务。这一背景下，将防止返贫转换为社会救助制度的常规任务具有合理性和客观必然性。《意见》是脱贫攻坚任务之后第一个关于建立社会保障制度的综合性文件，吸收了脱贫攻坚的制度成果，同时考虑了乡村振兴和共同富裕的需要，在消除绝对贫困的基础上构建了解决相对贫困的制度框架。

其次，在制度理论上，分层分类社会救助制度意味着由收入支持为主转向多维精准社会救助。现有社会保障体系中五保、低保和特困救助均以收入支持为主要手段，其目的是满足受助对象基本生活需要的现金支出。在中国的农村，农民收入的隐蔽性造成难以精准识别救助对象的困境，这一直是基层干部面临的一项工作难题。从理论上来看，收入只是满足基本生活需要和能力发展的手段，实现更高的生活水平才是人发展的真正目的。在偏远的山区、高原，人们不仅面临着“收入困境”，往往还面临着就业、饮水、教育、医疗等多方面的“能力困境”。以精准扶贫政策“组合拳”帮扶贫困人口实现“一收入，两不愁、三保障”的脱贫目标，开创了世界多维度精准扶贫的先河。当下，关于分层分类社会救助的顶层设计，是在理论认知和实践操作上的又一次制度创新。实施分层分类社会救助，在救助类别上包括了基本生活救助、专项社会救助、急难社会救助。基本生活救助主要是收入支持，专项社会救助包括了医疗救助、教育救助、住房救助、就业救助、受灾人员救助等类别。实质上，“基本生活救助 + 专项救助”是对“一收入，两不愁、三保障”脱贫目标的有效衔接，是多维度精准扶贫攻坚工作向常规任务的真正转型，是收入支持与能力支持的结合。《意见》对乡村振兴和共同富裕目标下的保障范围做了全面界定，既包括“防返贫”的底线任务，也包括促发展的基本要求。

再次，在工作机制上，分层分类社会救助要求资源由分割分散转向相对统筹。针对当前相关社会救助工作城乡分割的局面尚未彻底打破、社会救助资源分散在各部门的现状，《意见》在制度设计上突出强调城乡和部门资源统筹；在工作机制上，要求强化党委领导、政府负责、民政牵头、部门协同、社会参与；在资源利用上，要求统筹考虑教育、人力资源社会保障、住房城乡建设、卫生健康、应急管理、医保等相关部门资源，提高部门协同性。在这层意义上看，《意见》也是全国第一个统筹城乡的社会救助制度，改变了以往城乡分割开展社会救助工作的二元格局，必将成为推动中国式现代化社会保障事业发展的基础性的制度安排。在机制设计上，《意见》明确加强跨部门的救助信息聚合共享，提高社会救助工作效率。除了城乡统筹、行政资源和数据资源协同外，这项制度设计还涉及市场资源和社会组织参与。在救助方式上，《意见》明确了“现金 + 物质 + 服务”的多元救助方式。现金救助由财政预算拨付，物质救助需要向市场购买，而服务救助通常需要社会组织提供。

（二）分层分类社会救助的历史逻辑

从中国社会救助制度建设的历史脉络来看，社会救助一直是城乡分割的二元社会结构下的制度建设。统筹城乡经济社会发展，建立分层分类社会救助制度，对于完善中国特色社会主义制度体系具有重要意义。

第一，集体筹资建立农村五保制度。新中国成立以来，中国共产党带领全国人民在建设现代化国家的过程中，推动了中华民族有史以来最为广泛而深刻的社会变革。其中，《1956年到1967年全国农业发展纲要》明确提出："农业合作社对于社内缺乏劳动力、生活没有依靠的鳏寡孤独的社员，应当统一筹划……在生活上给以适当的照顾，做到保吃、保穿、保烧（燃料）、保教（儿童和少年）、保葬，使他们生养死葬都有指靠。"此后，国家逐步建立了独具中国特色的农村五保供养制度。五保供养制度的筹资来源是农村集体组织，反映的是集体与农民的关系。1994年国务院发布《农村五保供养工作条例》，将农村五保供养上升为国家制度，规定"五保供养所需经费和实物，应当从村提留或者乡统筹中列支"；从筹资性质看，这一时期的五保供养仍为集体筹资。2006年国务院第121次常务会议通过新的《农村五保供养工作条例》，规定农村五保供养资金在地方人民政府财政预算中安排，中央财政对财政困难地区在资金上给予适当补助。2006年，随着国家全面取消农业税，原来五保供养的集体筹资机制瓦解，国家财政承担起了农村五保供养职责。五保制度的筹资关系由集体与农民关系转换为国家与农民的关系。

第二，财政筹资建立农村最低生活保障制度。为了解决农村贫困人口的生活困难，国务院决定，2007 年在全国建立农村最低生活保障制度（以下简称“低保”），党的十七届三中全会明确提出要实现农村低保和扶贫开发有效衔接。农村低保标准由县级以上地方人民政府按照能够维持当地农村居民全年基本生活所必需的吃饭、穿衣、用水、用电等费用确定，低保对象主要是因病残、年老体弱、丧失劳动能力以及生存条件恶劣等原因造成生活常年困难的农村居民；低保筹资以地方财政预算为主，中央财政对财政困难地区给予适当补助。农村低保制度成为国家财政支出责任。党的十八大以来，为打赢脱贫攻坚战，2016 年起各地开始加强农村最低生活保障制度与扶贫开发政策有效衔接。这一阶段加强了政策衔接、对象衔接、标准衔接、管理衔接。在标准衔接上，各地把精准扶贫建档立卡对象与低保对象进行数据比对、精准识别，贯彻落实“对象精准”；在标准衔接上，“减量提标”，在把不适当的对象“减量”的条件下大幅度“提标”，以确保到 2020 年现行扶贫标准下农村贫困人口实现脱贫。截至 2020 年底，全国共有农村低保对象 1985.0 万户、3620.8 万人，全国农村低保平均保障标准为人均每年 5962.3 元。农村低保制度有力地发挥了消除绝对贫困的兜底保障作用。打赢脱贫攻坚战后，农村低保标准已大幅度高于原扶贫标准，具备了建立分层分类社会救助制度的条件。

第三，分层分类社会救助国家制度的建立。“十四五”是巩固拓展脱贫攻坚成果同全面推进乡村振兴有效衔接的时期，也称之为

"过渡期"。这意味着在脱贫攻坚作为阶段性的攻坚任务结束后，要过渡为防止规模性返贫、缩小发展差距的长期性制度安排，且以地方财政筹资为主。分层分类社会救助工作的意见出台，在对象上，不再区分城乡分别设立救助政策；在范围上，除了对基本生活的收入救助外，还包括了教育、医疗、住房、就业等方面的救助，体现了与"两不愁三保障"多维度脱贫目标的衔接；在筹资上，要求国家财政给予安排。可见，分层分类社会救助工作明确地确立了社会救助是国家财政责任。其制度价值在于，这是新中国成立以来社会救助制度的最大进步，覆盖城乡、分层分类、多维救助、精准施策，是促进人口高质量发展和实现全体人民共同富裕的基础性、兜底性制度安排。分层分类社会救助制度的建立，体现了以人民为中心的发展思想，是一项防止返贫和缩小发展差距的长期性制度安排。

第三节　建立农村低收入人口帮扶制度的理论逻辑

一、以实现人的全面发展和共同富裕为目标导向

关于建立什么样的低收入人口帮扶制度，党的二十大报告中确定的到2035年的指导方针和发展目标的相关表述可作为政策设计依据。

第一，党的二十大报告提出"必须坚持人民至上""必须坚持自

信自立”“必须坚持守正创新”“必须坚持问题导向”“必须坚持系统观念”“必须坚持胸怀天下”。具体到乡村工作中，党的二十大报告明确提出，坚持把解决好“三农”问题作为全党工作重中之重，走中国特色社会主义乡村振兴道路。

第二，在低收入人口发展的总体目标上，党的二十大报告提出“人民生活更加幸福美好，居民人均可支配收入再上新台阶，中等收入群体比重明显提高，基本公共服务实现均等化，农村基本具备现代生活条件，社会保持长期稳定，人的全面发展、全体人民共同富裕取得更为明显的实质性进展”。

第三，关于中国式现代化的使命任务，党的二十大报告提出“中国式现代化是全体人民共同富裕的现代化。共同富裕是中国特色社会主义的本质要求，也是一个长期的历史过程。我们坚持把实现人民对美好生活的向往作为现代化建设的出发点和落脚点，着力维护和促进社会公平正义，着力促进全体人民共同富裕，坚决防止两极分化”。也就是说，建立农村低收入人口常态化帮扶机制，直接关系到全体人民共同富裕目标的实现。中国式现代化是物质文明和精神文明相协调的现代化。物质富足、精神富有是社会主义现代化的根本要求。物质贫困不是社会主义，精神贫乏也不是社会主义。因此，让农村低收入人口过上更加美好的生活，必然成为建立常态化帮扶机制的理论基础之一。同样，对欠发达地区的帮扶，也应坚持人与自然和谐共生的现代化道路。

第四，针对人的全面发展，党的二十大报告提出，到 2035 年中等收入群体显著扩大，基本公共服务实现均等化，城乡区域发展差距和居民生活水平差距显著缩小，人民生活更加美好，人的全面发展、全体人民共同富裕取得更为明显的实质性进展。

根据党的二十大报告上述定位，建立农村低收入人口常态化帮扶机制的理论逻辑可以概括为：坚持党对农村低收入人口常态化帮扶的领导，以农民农村实现共同富裕为目标导向，以防止发生规模性返贫致贫为底线任务，以不断提高农村低收入人口收入水平，提高教育、健康等人力资本，改善生产、生活、生态和文化等环境，促进基本公共服务的普遍获得，不断缩小城乡区域发展差距和居民收入差距，让农村低收入人口共享发展成果，彰显党的根本宗旨和我国社会主义制度优势。

二、以坚持中国特色开发帮扶道路提高内生发展动力

“三西”农业建设期间，针对“三西”地区兴修水利、改造基本农田，治理水土流失，架设农电线路，修建人畜饮水工程，实施就地和易地搬迁安置，建设农产品加工点、农业综合服务中心、农业职业中学等，核心是针对“三西”地区的发展能力进行开发式扶贫，遏制生态恶化，打造有利于贫困地区发展的生产条件。

《国家八七扶贫攻坚计划（1994—2000年）》提出，针对592个国家重点扶持的贫困县，开展大规模扶贫攻坚。这一阶段坚持以区域为瞄准单元的开发式扶贫，目标是打造有利于贫困地区发展的环境，改善生产生活条件。具体措施包括：农业产业扶贫、基于资源禀赋和

比较优势的乡村企业扶贫、土地制度改革、劳动输出、移民扶贫等。

《中国农村扶贫开发纲要（2001—2010年）》确定扶贫开发的主要目标是加强贫困乡村的基础设施建设，改善生态环境，逐步改变贫困地区经济、社会、文化的落后状况，为达到小康水平创造条件。此阶段仍然坚持了开发式扶贫，到瞄准单元进一步向“乡村”下沉，即把592个贫困县以及贫困村作为帮扶的重点区域对象，通过开发式帮扶，带动贫困人口脱贫。

党的十八大以来，在打赢脱贫攻坚战中，继续坚持开发式扶贫方针，创造性提出精准扶贫精准脱贫，帮扶对象精准下沉到贫困村、贫困户和贫困人口。举全国之力实施产业扶贫、就业扶贫、易地扶贫搬迁、教育扶贫、健康扶贫、生态扶贫、文化扶贫、科技扶贫、电商扶贫、基础设施扶贫等政策“组合拳”，这些政策工具紧盯贫困地区和贫困人口发展，对开发帮扶不断升华。特别是将贫困人口实现“两不愁三保障”脱贫目标“贫困地区农民人均纯收入增长幅度高于全国平均水平”写入《中共中央　国务院关于打赢脱贫攻坚战的决定》中。

2021年以来，党中央设置5年过渡期，把防止规模性返贫、巩固拓展脱贫攻坚成果同乡村振兴有效衔接作为目标任务，延续了开发式帮扶政策体系、工作体系，探索了从针对贫困地区和贫困人口的脱贫攻坚向乡村全面振兴的有效衔接，还实施分层分类社会救助。即使经历了全球经济衰退，中国仍然没有出现规模性返贫，彰显了中国特色开发帮扶的制度优势。

自《国家八七扶贫攻坚计划（1994—2000年）》以来，中国“开发式扶贫”的内涵不断丰富，从最初的以区域经济开发为主，逐步拓展到人力资本开发，以及生态环境价值实现和文化价值转化。近年来，习近平总书记多次强调“着力赓续中华文脉、推动中华优秀传统文化创造性转化和创新性发展”，“坚持以文塑旅、以旅彰文，走独具特色的中国旅游发展之路”。我国不仅大规模实施了“旅游扶贫工程”，还涌现出以贵州“村超”为代表的以文化创意和数字商业模式为驱动，融合体育、文化、美食、表演等众多业态，探索乡村振兴新业态新模式的成功案例。

实践证明，始终坚持开发式方针是中国实现消除绝对贫困的“法宝”。2026—2035年，针对低收入人口的常态化帮扶，仍要坚持中国特色开发帮扶与分层分类社会救助制度相结合的道路。基于区域发展和人的发展能力的开发式帮扶，既是消除绝对贫困的有效制度安排，也是治理相对贫困、缩小发展差距的有效制度安排。

三、以提高收入水平和发展能力为帮扶制度的工作导向

增加农民收入和提高发展能力两轮驱动才能促进人的全面发展。增加农民收入的措施又可分为三类：一是自力更生，通过劳动增收；二是通过一定帮扶带动增收；三是通过社会保障和转移性支付“托底”，不至于陷入绝对贫困。提高发展能力的措施也可分为三类：一是增加农业技术、就业、教育、医疗、社保等基本公共服务的供给普惠能力；二是帮扶个人和家庭有效获得这些公共服务；三是搭建

平台和技术赋能，促进供给与需求有效匹配。这些措施的核心是提高人力资本，培育内生发展动力。

从“三西”农业建设、八七扶贫攻坚计划以来的历史经验来看，特别是从脱贫攻坚和巩固拓展脱贫攻坚成果同乡村振兴有效衔接的经验来看，我国逐步形成开发和保障“两轮”驱动的贫困治理制度体系，而在公共政策上则实践了益贫性经济增长、包容性社会发展和生态环境可持续发展“三支柱”政策体系。此外，还有精准扶贫工作体系。那么，过渡期后，我国将以逐步实现共同富裕为目标导向，建立低收入人口常态化帮扶机制，以实现人的全面发展和共同富裕。

简言之，从制度体系来看，建立常态化帮扶机制仍需坚持和完善开发与保障“两轮”驱动的制度体系。基于区域发展和人的发展能力的开展帮扶，既是消除绝对贫困的有效制度安排，也是治理相对贫困、缩小发展差距的有效制度安排。开发和保障“两轮”驱动的制度体系不仅适应于消除绝对贫困，也适应于缩小发展差距。

第四节　农村低收入人口和欠发达地区划分

一、农村低收入人口标准与规模测算

在习近平总书记关于扶贫工作重要论述的指导下，我国在脱贫

攻坚期间，综合了收入贫困标准和多维贫困标准的两种优势，即收入贫困标准更好地捕获“贫”，多维贫困标准更好地瞄准“困”，形成了围绕“一收入，两不愁、三保障”的多维度脱贫攻坚标准，并制定相应的政策“组合拳”。在扶贫对象建档立卡，即贫困对象识别中，基层采取了“几看法”。2023 年 10 月国务院办公厅转发了民政部等十部门制定的《关于加强低收入人口动态监测做好分层分类社会救助工作的意见》，借鉴了脱贫攻坚期间收入和多维帮扶的理念，形成了包括基本生活救助、医疗救助、教育救助、住房救助、就业救助、受灾人员救助等在内的分层分类救助办法。

2020 年我国农村居民人均可支配收入中位数 15204 元，表 2-3 分别以当年农村居民人均可支配收入中位数的 60%、50%、40% 作为农村低收入人口的标准，对 2020 年我国农村居民住户收支数据进行测算，农村低收入人口数分别为 20359.06 万人、13742.82 万人、6674.84 万人。

表 2-3　2020 年中国农村低收入人口规模

中位数比例	收入标准（元）	消费标准（元）	农村低收入人口比例	农村低收入人口数（万人）	农村人口（万人）
60%	9689	8738	37.40%	20359.06	54428.95
50%	8133	7335	25.25%	13742.82	54428.95
40%	6577	5932	12.26%	6674.84	54428.95

注：本表中收入标准与消费标准的转换关系依据 2020 年我国农村居民人均消费 13713 元占农村居民人均可支配收入 15204 元的 90.19% 进行折算。数据来源于世界银行估算我国贫困状况采用的由国家统计局提供的城乡住户调查数据。

在假定农村低收入人口占农村常住人口的比例不发生变化的条件下，以2023年农村常住人口47700万人进行农村低收入人口估算，结果见表2-4所示。当采取农村居民人均可支配收入中位数50%作为我国农村低收入标准时，农村低收入人口规模为12043.82万人，占农村常住人口的1/4。

表2-4　2023年中国农村低收入人口规模估算

中位数比例	2020年 农村低收入人口比例	2023年 农村常住人口（万人）	农村低收入人口规模（万元）
60%	37.40%	47700	17842.11
50%	25.25%	47700	12043.82
40%	12.26%	47700	5849.65

注：本表“农村低收入人口比例”为2020年真实数据，假定其到2023年占比未发生变化。

中国农村低收入人口可分为三层：即保障救助对象、开发帮扶对象、韧性监测对象。

保障救助对象：根据2023年四季度民政统计数据，我国最低生活保障人数3399.3万人，城乡特困人员救助供养人数472.7万人（2022年底农村特困人员434.5万人），二者合计约占农村常住人口47700万人的8%，即3816万人。此部分人群中，一部分因病、残、老等原因不具备开发帮扶条件，另一部分则为突然遭受风险打击，因此实施生活救助、教育、医疗、住房等分层分类救助。

开发帮扶对象：建议按照保障对象之上的农村常住人口的8%确定开展帮扶对象，大体规模也为3816万人。这部分人群具有一定开发条件，可以在产业、就业、职业技能、教育、医疗等方面给予分类开发帮扶，旨在提高收入、增强发展能力。以2020年中国农村住户调查数据测算，当低收入标准划分为7072元（消费为6378元），低收入人口发生率为16.34%，对应的世界银行PPP贫困线约为每人每天消费低于5美元（1PPP美元=3.495元）。当然，今后主要还是锁定两个8%人群给予救助与开发帮扶，即第一层保障救助对象占8%，第二层开发帮扶对象占8%，二者合计占农村常住人口比例为16%。

韧性监测对象：建议在第二层之上再设计4%—9%的韧性监测对象，针对这部分脆弱群体，重点工作是监测其收入、消费、公共服务获得等方面的情况，当掉入第二层和第一层时及时给予帮扶和救助。当韧性监测对象为4%时，三层对象共覆盖农村常住人口的20%；当韧性监测对象为9%时，三层对象共覆盖农村常住人口的25%。对于韧性监测对象，也可以考虑在小额信贷方面给予贴息支持其发展，鼓励其利用市场机制增强韧性。根据财力量力而行。

三层对象的人口学特征、生产条件等不同，因而针对具体原因给予分类救助和帮扶。根据全国防返贫监测系统2023年数据判断，第一层，以病、残、老、失能、受风险打击等人口学特征为主；第二层，人均耕地面积、人均牧草地面积、人均林地面积较少，长期慢性病比例也较高，16岁以上人口受教育程度比例较低。第三层对象虽然各方面条件较第一层和第二层好，但仍然比较脆弱。

二、欠发达地区划分

针对欠发达地区实施区域瞄准开发帮扶是中国扶贫开发始终坚持的一种方式。2011年《中国农村扶贫开发纲要（2011—2020年）》（以下简称《纲要》）实施时，《纲要》确定14个集中连片特困地区（包括680个县）、592个国家扶贫开发工作重点县，总计832个贫困县。2017年，中共中央办公厅、国务院办公厅印发的《关于支持深度贫困地区脱贫攻坚的实施意见》指出“三区三州”为深度贫困地区。打赢脱贫攻坚战后，2021年8月27日，中央农村工作领导小组办公室和国家乡村振兴局发布《关于公布国家乡村振兴重点帮扶县名单的通知》，在西部10省区市中综合考虑人均地区生产总值、人均一般公共预算收入、农民人均可支配收入等指标，统筹考虑脱贫摘帽时序、返贫风险等因素，结合各地实际，确定了160个国家乡村振兴重点帮扶县。针对这160个国家乡村振兴重点帮扶县，中央财政给予了专项支持。2024年1月1日，《中共中央 国务院关于学习运用“千村示范、万村整治”工程经验有力有效推进乡村全面振兴的意见》提出，加大对重点地区帮扶支持力度。将脱贫县涉农资金统筹整合试点政策优化调整至160个国家乡村振兴重点帮扶县实施，加强整合资金使用监管。国有金融机构加大对国家乡村振兴重点帮扶县金融支持力度。

《乡村全面振兴规划（2024—2027年）》提出，加快补齐脱贫地区农村基础设施短板，优先布局产业配套设施。推进脱贫地区帮扶产业高质量发展，大力发展特色产业。推进消费帮扶。完善脱贫群众参与产业发展和分享收益机制。推进携手促振兴行动，鼓励经济相对发达地区到脱贫地区共兴产业。建立农村低收入人口和欠发达地区帮扶制度，是深化改革的一项重要内容。今后欠发达地区的划分，可以采取两种划分方法，一种是继续传承过去确定国家乡村振兴重点帮扶县的做法，综合考虑人均地区生产总值、人均一般公共预算收入、农民人均可支配收入等指标作出划分；另一种是综合考虑县域经济增长、公共服务和生态环境等多维度指标划分。从优化城乡发展格局、分类有序推进乡村全面振兴来看，采取多维度相对划分方法确定欠发达地区更加科学合理。

第三章　乡村产业振兴与农业强国建设

乡村产业振兴的内涵包括政治学解释、经济学解释和微观经营主体农户经营管理解释。从政治学视角来看，乡村产业振兴强调建设农业强国并保障国家粮食安全，而国家粮食安全实则体现为国家公共产品，由国家宏观调控措施给予支持，其受益群体是全体国民。从经济学视角来看，乡村产业的重点是农村一二三产业融合发展，旨在通过延长产业链、提升价值链，促进产业融合等手段，提高农业生产率和价值创造，并把微观经营主体如农户、专业大户、家庭农场、农民合作社、农业社会化服务组织等纳入产业链中共同振兴。在数字经济时代，数字化助力乡村产业振兴已经成为一种力量。本章第一节阐释加快建设农业强国，第二节论述农村产业融合发展，第三节提出以数字化助推农业现代化，第四节针对欠发达地区乡村产业振兴展开分析讨论。

第一节　加快建设农业强国

农业强国是社会主义现代化强国的根基。习近平总书记指出，只有农业强了，农产品供给有保障，物价稳定、人心安定，经济大局才能稳住。农业保的是生命安全、生存安全，是极端重要的国家安全。建设农业强国，基本要求是实现农业现代化。我们要建设的农业强国、实现的农业现代化，既有国外一般现代化农业强国的共同特征，更有基于自己国情的中国特色。所谓共同特征，就是要遵循农业现代化一般规律，建设供给保障强、科技装备强、经营体系强、产业韧性强、竞争能力强的农业强国。所谓中国特色，就是立足我国国情，立足人多地少的资源禀赋、农耕文明的历史底蕴、人与自然和谐共生的时代要求，走自己的路，不简单照搬国外现代化农业强国模式。① 党中央关于建设农业强国的精神提出之后，我国农业经济学界的学者对农业强国的内涵和基本特征进行了广泛的阐释，从表3-1代表性文献归纳来看，农业强国呈现五个维度的基本特征：

① 习近平：《加快建设农业强国　推进农业农村现代化》，《求是》2023年第6期。

表 3-1　建设农业强国的维度和基本特征

维　度	特　征	文献来源
供给保障强	农业供给保障能力强	柯炳生（2007），魏后凯、崔凯（2022），黄祖辉（2023）
	农业生产效率强	金文成、靳少泽（2023），孔祥智、谢东东（2023），何秀荣（2023），杜志雄、来晓东（2023）
科技装备强	科技创新能力强	魏后凯、崔凯（2022），金文成、靳少泽（2023），杜志雄、来晓东（2023），黄祖辉（2023）
经营体系强	产业组织能力（农业经营体系）强	金文成、靳少泽（2023），杜志雄、来晓东（2023）
产业韧性强	产业链强	何秀荣（2023），孔祥智、谢东东（2023），黄祖辉（2023）
	供应链韧性	孔祥智、谢东东（2023），杜志雄、来晓东（2023）
农业竞争力强	农业可持续发展能力强	柯炳生（2007），魏后凯、崔凯（2022），黄祖辉（2023）
	农业竞争力强	魏后凯、崔凯（2022），金文成、靳少泽（2023），何秀荣（2023），杜志雄、来晓东（2023），黄祖辉（2023）

资料来源：作者根据相关文献编制，2024 年。

一、供给保障强

供给保障强的基础条件是农业生产效率强。农业生产效率主要以农业劳动生产率表征，而农业劳动生产率主要来源于农业技术效率和规模效率。农业技术效率是指在相同的要素（土地、劳动力、资本）投入下，由技术差异所决定的单位资源的农产品产出水平。规模效率，即劳均占有的生产资源量，如农场土地规模。当技术效率一定时，劳均生产资源量与劳均总产出呈正相关。① 农业生产效率的提高是农业供给保障能力增强的必要条件。中国农业就业人员约为美国的 95 倍，但农业增加值仅为美国的 5.8 倍。② 这一方面说明中国农业的效率与美国还有差距，另一方面也表明中国农业效率还有很大的进步空间。中国农业技术效率和规模效率都有提高的空间，既可以通过提高农民的人力资本、科技进步提高技术效率，也可以深化土地制度和产业组织改革，释放规模效率的潜力。

二、科技装备强

科技进步是建设农业强国的根本动力。从世界农业科技的发展历史来看，农业机械化、生物育种、设施农业、智慧农业等农业科技进步的标志性成果的出现和推广都推动了农业效率的显著变革。我国不仅土地资源稀缺，水资源也比较稀缺，特别是西部干旱地区，那么节地节水科技进步就十分重要。日本、韩国、以色列等耕地资源稀缺的国家在节地节水农业科技进步方面取得显著成果，从而提高了农业效率。我国在适合小农户低成本、耐使用的小型农业机械化设施方面，以及设施农业和智慧农业方面也有很大发展空间，特别是近十年数字技术快速发展，为农业的数字化、智慧化转型提供了有利条件。此外，农业科技进步决定了单位土地化肥、农药、农

---

① 何秀荣：《农业强国若干问题辨析》，《中国农村经济》2023 年第 9 期。

② 魏后凯、杜志雄：《中国农村发展报告 2021》，中国社会科学出版社 2021 年版，第 3—74 页。

机等的投入强度，以及农业的碳排放强度，农产品质量等诸多方面。从减量化降成本提质量方面来看，农业科技装备的目标是节水、节能、节药、节肥，增强低排放甚至零排放的可持续发展能力。

三、经营体系强

农业经营体系形成的基础是土地制度及其相应的产业组织。我国的农业是以土地家庭承包经营为基础的、统分结合的双层经营体制，双层经营是指家庭分散经营和集体统一经营相结合的经营形式。在农村土地双层经营体制下，逐步拓展出家庭农场、农民合作社，以及农业龙头企业，在专业化分工中还出现了农业社会化服务组织。正如第一章的分析所指出，在相当长的时间内，以我国小农户为主的土地家庭承包经营基本国情不变情况下，农业经营体系绕不过的一条路就是小农户的现代化道路。既然小农户经营土地的规模只能是适度规模经营，那么新要素和新技术的突破就至关重要。此外，大农场、龙头企业、社会化服务组织如何联农、带农、服务农民就成为重要条件。在整个农业产业体系中，种植、养殖始终处于农业产业链的最上游，也是整个农业产业价值链最为薄弱的环节。农业价值链是指由种（养）植、加工、储运、营销、服务等活动构成的产业链中各环节的价值增值。我国农业价值链其特征表现为：小农户高成本种植、养殖，小农户的组织化程度低，粮食生产增产不增收（表 1-9），种粮比较收益低。这就逐渐形成在乡村从事农业生产活动、无法外出务工农民和老年农民占比较高的状况。这种状况进一步导致农村内部收入差距增大，低收入组家庭以经营性收入和转移性为主，工资性收入和财产性收入严重不足。长期下去，其结果不仅是农业一产不强，而且收入差距呈现扩大趋势。因此，近年来中国一直在加强农村一二三产业融合发展，拓展农业的多功能性。并且，从农业全产业链提高农业现代化水平，做到延链、补链、强链。

在以小农户为主的农业生产经营格局下，我国还有一支重要的农业经营队伍，即隶属于农垦系统的农场。2022 年，全国农垦系统农作物播种面积 7161.97 千公顷，粮食总产量 3848.63 万吨，实现生产总值 9556.41 亿元。农垦系统的现代化可以对中国农业现代化发挥引领作用，且具有规模效率优势。农垦系统的现代化装备和技术还可以服务国有农场周边的农户，搞好农垦对小农户的技术服务、耕地托管等服务，可以有效提高小农户的农业现代化水平。充分利用农垦系统的技术、装备、人力资源等赋能农场周边的小农户提高经营能力是带动小农户实现现代化的可选之路。

四、产业韧性强

产业韧性涉及农业全产业链。在育种环节加强自主育种体系和育种能力建设，保障中国的农业生产的种子安全是产业韧性的基础。小农户生产环节涉及技术的采纳能力、降本增效能力等，还需要信贷、保险等服务应对市场风险打击。在储运、加工、物流等环节则需减少损耗、降低能耗、控制品质。创新设计、品牌价值等是农产品附加值增加的主要环节，这个环节往往是价值增值较高的环节，也是农民最不擅长的环节。因此，应当针对产业链供应链各环节进行全产业链的价值设计，进行延链、补链、强链，以及针对各环节做好信贷、保险等服务，增加经济韧性。此外，采取绿色发展技术，发展生态农业，并建立全产业链质量可追溯体系，降低农业的生态和质量安全风险，也是增强产业韧性的关键。

然而，仅靠农业、农村、农民将很难实现上述目标。因此，我国需要走城乡融合的农业强国道路。在农业、农村、农民条件有限下，如何利用城市资源赋能农业现代化就成为中国特色农业强国建设的另一条路径。《中共中央　国务院关于建立健全城乡融合发展体制机制和政策体系的意见》提出，重塑新型城乡关系，走城乡融合发展之路，促进乡村振兴和农业农村现代化。国家“十四五”规划和 2035 年远景目标纲要明确，强化以工补农、以城带乡，推动形成工农互促、城乡互补、协调发展、共同繁荣的新型工农城乡关系。党的二十大报告强调，坚持农业农村优先发展，坚持城乡融合发展，畅通城乡要素流动。这将为建设农业强国和农业现代化提供更多动力。

五、农业竞争力强

农业竞争力强首先表现在农产品、农业技术装备等在国际上具有比较优势；其次，一个国家可以在世界范围配置农业生产要素；再次，在农产品品牌上位居世界前列。因此，农业竞争力是一个综合竞争力，不同的国家在不同领域具有竞争力。例如，德国和美国的农业机械装备优势，使其表现出很强的竞争力。以色列的节水灌溉技术优势，精准农业装备处于世界最先进的水平。欧洲温室种植的西红柿使用的种子大约有 40% 是以色列研发，此外，以色列的花卉育种也处于世界前列。

改革开放以来，我国部分农产品龙头企业已经在全球配置生产要素。2023 年荷兰合作银行发布“2023 年全球乳业 20 强”榜单，伊利集团居全球乳业五强，连续十年蝉联亚洲乳业第一，伊利集团在亚洲、欧洲、美洲、大洋洲实现产业布局。根据国际权威品牌价值评估机构“品牌金融”（Brand Finance）发布的 2023 全球乳品品牌 10 强，伊利品牌价值 124.05 亿美元，位居全球之首；蒙牛品牌价值 60.95 亿美元，位居全球第三。这说明我国乳品品牌位居世界前列，形成了一定水平的国际竞争力。

第二节　加强农村一二三产业融合发展

鉴于小农特征与农业现代化的冲突，中国的农业现代化之路势必要与其他领域的改革一样，探索出一条适合中国国情的道路。为解决中国乡村产业振兴问题，2015 年“中央一号文件”首次提出推进农村一二三产业融合发展。同年，国务院办公厅印发《关于推进农村一二三产业融合发展的指导意见》。中央文件强调通过农村产业融合发展，延伸农业产业链，拓展农业多种功能，发展农业新型业态，引导产业集聚发展，提高农业附加值。2018年出台的《中共中央 国务院关于实施乡村振兴战略的意见》进一步明确要“构建农村一二三产业融合发展体系”，强调大力开发农业多种功能，延长产业链、提升价值链、完善利益链。党的十九届五中全会通过的《中共中央关于制定国民经济和社会发展第十四个五年规划和二〇三五年远景目标的建议》进一步明确提出，优先发展农业农村，全面推进乡村振兴。发展县域经济，推动农村产业融合发展，丰富乡村经济业态，拓展农民增收空间。2021年“中央一号文件”提出，到2025年创建500个左右农业现代化示范区，包括农村产业融合发展示范园和科技示范园区，推动新一代信息技术与农业生产经营深度融合。2022年，党的二十大报告中提出要将服务业与现代农业深度融合，实现乡村全面振兴。

一、中国农村产业融合发展的逻辑与路径

中央关于促进农村一二三产业融合的相关文件出台之后，地方政府开展了各类积极的探索。从融合类型来看，主要包括五种类型：产城（镇）融合型、产业链延伸型、农业内部融合型、功能拓展型和新技术渗透型。不同的融合类型代表了不同的融合逻辑和路径，产城（镇）融合型以县域或乡镇为主体，以区域经济发展为主要驱动力，推动城乡产业融合发展。如表3-2所示，浙江省打造了六种产业融合模式。产业链延伸型、农业内部融合型和农业功能拓展型，则基本以产业链延伸、价值链提升为主要突破口，实质上可划归为

"接二连三"型，其路径类似于日本的六次产业化。日本的农业六次产业化是指作为初级产业的农林渔业，与作为二次产业的制造业、作为三次产业的零售业等事业的综合性和一体化推进，并积极利用自然、农林水产物、技术、人才等当地资源创造出新的附加价值的措施。

表 3-2　各种产业融合模式及其特征

模　式	特　　征	案　　例
农业内部融合型	采用农林结合、种养结合、农牧结合等生态循环方式，实现高效生态农业增产增效	宁波慈溪正大示范园 建立"稻蟹共生"模式，积极引进新加坡、以色列等国的先进技术，探索蔬菜种植、鱼虾养殖立体种养模式，提升农业经济效益
农业产业链延伸型	通过发展农产品精深加工业，健全市场营销体系，推动农业"接二连三"发展，尽可能将农产品价值留在乡村	杭州淳安临岐示范园 建立中药材"公司 + 合作社 + 农户"销售利益联结机制和收益分享机制
农业功能拓展型	推进农业与商贸、旅游、教育、文化、健康养生等产业深度融合，拓展农业多样化功能	丽水缙云舒洪黄龙示范园 建立生态循环种植养殖 + 农业休闲旅游 + 中小学生学农基地三位一体发展模式，通过植入旅游、研习等功能，成倍放大农田和农产品价值
新技术渗透型	应用数字农业技术、农业高新技术等培育现代农业生产新模式，实现农产品线上线下交易与农业信息深度融合	台州仙居仙台示范园 吸引院士团队入驻市级以上研发平台和产业基地，示范园科技成果转化推广超百万亩；以电子商务带动的农产品销售
多业态复合型	生态循环农业、农产品加工、农家乐、农事体验、民俗文化展示、农产品电子商务、特色小镇等多业态相互融合，推动乡村产业兴旺	湖州德清三林示范园 通过引进不同主体，将乡村多样化功能发挥出来，渔业养殖与数字技术结合，丝绵加工与乡村民俗游业结合，建设乡村创业平台

续表

模式	特征	案例
产城融合型	推动农村产业融合与新型城镇化联动发展，引导农村二三产业向县城、重点乡镇及产业园区等集中，形成农产品加工、商贸物流、休闲旅游等专业特色小城镇	嘉兴海盐望海示范园 围绕生猪产业，推进实现“良种繁育—生态养殖—透明工厂—肉品加工—冷链物流—文化旅游—美食品鉴”全链条集聚发展，打造健康美食小镇

资料来源：根据浙江省调研资料整理。

随着数字技术的发展，新技术渗透型融合创新模式逐渐增多，以人工智能、大数据、物联网等数字技术为依托，发展“互联网 +”现代农业和智慧农业（图 3-1），本书称之为“平台融合”。中国在数字技术和平台经济的支持下，平台融合在世界上处于领先水平，因而政府强调新技术渗透型产业融合。张来武提出六次产业理论，认为第四产业以数据为生产要素，经营数据产业，由数字技术和数字

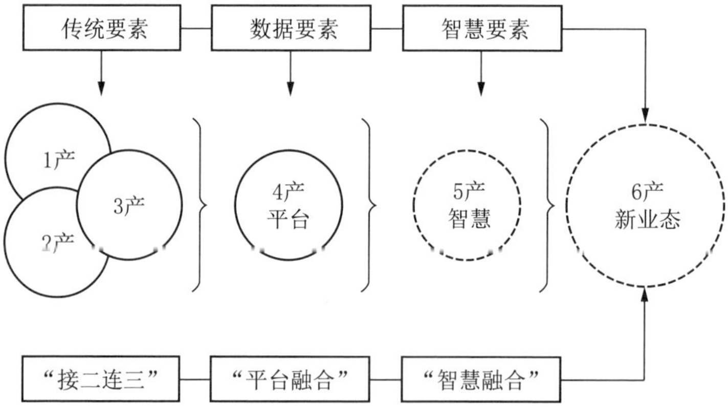

图 3-1　中国农村产业融合范式示意图

资料来源：转引自：张晓颖、王小林：《六次产业视角下我国农村产业融合的路径与发展》，载于《贵州社会科学》2023 年第 1 期。

平台驱动一二三产业融合发展；第五产业是以文化创意和智慧因子为生产要素，经营用户体验价值对农村产业进行融合的产业，最终还会出现由第四产业和第五产业共同驱动形成生态农业模式跨界融合的农业第六产业。相对于传统的农业产业化模式，第四产业、第五产业和第六产业将成为未来农业的主要产业形态，也将是我国农业产业振兴的重要方式。①

第四产业“平台融合”的逻辑和路径。数据作为关键的生产要素进入农业生产函数，一方面可以替代土地、劳动力和资本等农业生产要素，由于数据要素可重复利用、边际成本几乎为零的良好特征，可通过替代效应降低农业生产成本和交易成本；另一方面，数据要素与土地、劳动力和资本相融合，可以实现农业的精准化和智能化管理，从而提高农业生产效率。因此，其理论逻辑是，在替代效应和融合效应的共同作用下，数据要素可以提高农业全要素生产率，使农业向现代化迈进。目前的业态以“互联网 + 现代农业”、电商平台等新技术驱动型农村产业融合为主。

第五产业“智慧融合”的逻辑和路径。第五产业以文化创意、科学创新、虚拟现实和增强现实等人的智慧为关键生产要素，与农村产业融合，为人类社会提供新的物质产品和精神服务。第五产业将是后物质时代的农村产业融合业态。目前，以“文化创意 + 现代

① 张来武：《六次产业理论与共同富裕》，《环球财经》2022 年第 5 期，第 18—30 页。

农业”业态为主，更加深度的智慧融合还处于萌芽状态。最近刚刚兴起的“元宇宙”产业，把现实世界映射到虚拟世界，开发出新的业态，就是第五产业的雏形。随着《“数据要素 ×”三年行动计划（2024—2026 年）》的实施，以及内容创作产业的兴起，基于“三农”元素进行内容创作的产业也将成为新的产业融合模式。“数据要素 × 现代农业”必将培育出更多的以充分利用数据要素和“平台融合”的农业现代化实践模式。

二、提升中国农村产业融合发展水平

（一）在农村产业融合中注重小农户发展

自我国提出农村产业融合政策以来，在实践中最为常见的农工商合作模式是特定产业园区的“公司 + 合作社 + 农户”。国家发改委于 2019 年出台《国家农村产业融合发展示范园认定管理办法（试行）》，并于 2019 年、2020 年、2021 年分别认定三批国家农村产业融合发展示范园，共 326 个。为保证最底端小农户的利益，在《农村产业融合发展试点示范方案的通知》中规定，要按照“保底收益、按股分红”的分配方式，实现龙头企业与农民合作社深度融合，提高农民收入。因此，政策关注的重点不仅要做大做强现代农业，还要始终坚持农民主体，保护小农利益。在培育农业企业现代化的过程中，在鼓励农业规模化经营中，要创新与小农户的利益联结机制和带贫机制，以使小农户在农村产业融合中能够更多地受益。

（二）在农村产业融合中注重扶持农民专业合作社发展

农协是日本农民开展农业生产的最重要组织方式，日本农民的农协参与率极高。2010 年《六次产业化・地产地消法》出台后，日本农协开始积极推动六次产业化。如果说日本农协在六次产业化中对地产地消（即鼓励当地生产的农产品在当地消费，降低物流成本和生鲜保鲜成本以及排放）是被动接纳与适应，那么中国的农民合作组织所开展的产业融合则更多是主动对国家政策的响应和探索。2015 年，“中央一号文件”提出鼓励农民专业合作社广泛参与农产品加工、乡村旅游等项目以拓展经营范围。2016 年，《关于深入推行科技特派员制度的若干意见》鼓励一些农民专业合作社的骨干发展成为科技特派员，在基层推动农村产业融合发展。2019 年，中共中央、国务院印发《关于促进小农户和现代农业发展有机衔接的意见》提出，在各类产业、人才、金融政策的引导下，农民专业合作社成为三产融合的重要力量。农民专业合作社是小农户与大市场联结的重要组织载体，根据我国农村发展的国情，在农村产业融合发展中，始终要注重扶持农民合作社的发展。

（三）在农村产业融合中充分应用数字技术改造传统农业

数字化是我国三产融合的重要特征。尤其是乡村电商平台成为促进农村产业融合发展的新型商业组织模式。农业数字化不但提升了初级农产品的种植水平，同时赋能加工业、服务业。在脱贫攻坚、乡村振兴等重大政策的支持下，县、乡、村的数字技术设施均有大幅提升，乡村数字基础设施实现了全覆盖，为农村产业融合奠定了基础。脱贫攻坚期间，在电商扶贫、消费扶贫、新型农民职业教育等政策的推动下，农村电商平台迅速发展，同时带动了物流、包装、冷库保鲜等新服务的发展，农业产业链不断延长。返乡创业人员为农村产业融合发展带来了新业态。在人力资源和社会保障部、农业农村部等推动下，返乡创业农民工、大学生、退役军人等规模不断增加。农业农村部监测显示，2020年，返乡创业人口有55%选择在拓展乡村功能价值、拓展增值增效空间中进行创业，返乡创业项目中的55%运用了互联网技术，设有网店、直播平台、云上直播等，85%以上属于一二三产业融合类型，60%以上具有创新因素，开发了城市的时尚元素与三农结合的文创、农创产品。在中国，无人机、手机智慧农业APP在农业中广泛应用，数字技术渗透型产业融合比日本表现出更为突出的优势。

从我国大力推动的数字乡村振兴战略来看，未来农业将更多地利用数据要素、数字平台、数字资产和数字生态，乡村产业数字化和数字产业乡村化将是中国未来农村产业融合的重要形式之一。从"元宇宙"产业的发展前景来看，除去人为的市场概念炒作，基于虚拟现实和真实世界的新兴农业产业，以及AI、AGI生成式服务与农业相结合，也将成为未来产业融合发展的方向之一。因此，中国的农业现代化需充分利用数字技术红利，加强农村数字基础设施建设，不断开发数字化应用（APPs），打通供应链、价值链各环节的数据壁垒，鼓励通过数字技术和数据要素提升农村产业融合效率。此外，需鼓励和支持互联网企业优先开发乡村文化旅游、红色文化传承和发展等应用场景，为中国乡村振兴注入新动力。

三、立足资源优势促进农村产业融合

为了探索乡村振兴的路径，国家发展和改革委员会于2017年底开始设立建设国家农村产业融合发展示范园项目。在示范园建设的基础上，全国遴选出一批典型案例，其中七个典型案例立足资源优势，壮大特色产业，覆盖东、中、西部，包括江苏省、江西省、广西壮族自治区、四川省、重庆市、湖南省、宁夏回族自治区，所涉及的特色产业包括茶叶、羊肉、蔬菜水果种植等。笔者以这七个典型案例为基础，归纳总结其有效做法，以期为全面推进乡村振兴产业融合发展工作提供启示。

（一）消费者需求导向，重新定位“特色农产品”

产业融合的目的是通过延伸产业链、提升价值链，实现产业振兴，让生产者和消费者都能够获得价值增值。因此，特色产业的选择，不能仅仅立足于供给端的资源优势，还要充分考虑需求端的消费者偏好。这七个案例在产业筛选时，既考虑了当地传统的优势农特产品，也充分考虑了基于地域特点与客户需求的业态。例如，潼南柠檬、田东芒果、盐池滩羊、峨眉山茶，田东县的“芒果嘉年华”，邳州的“银杏旅游+”和“时光隧道”。这说明，三产融合中关键的特色农产品定位已经发生变化，过去的农特产品主要考虑种植历史、水土条件、地理标志等供给端的特色，而未来的产业选择是供给端与需求端的融合，甚至是基于需求端订制的小众农产品，这样才能体现真正的“特色农产品”。尤其是在下游产品开发方面，这种逆向思维更加重要。

（二）科技要素赋能，拓展产业融合内涵

传统的三产融合路径主要是通过培育大型企业的种养加一体化、产供销一条龙实现，即“接二连三”。科技要素的显著注入，不仅盘活了已有的农村土地、劳动力要素，更为重要的是拓展了产业融合的内涵。七个案例在农产品的生产、加工、流通各环节都不约而同地加大了科技投入，利用生物技术、区块链等新技术赋能三产融合。潼南区联合阿里云和数梦工场，发布中国首个柠檬指数。峨眉山建设的园区研发中心、院士工作站、茶叶机械重点实验室，不仅使农业科技贡献率达到60%，还通过搭建“技术创新与推广同步”平台，培育了新型职业农民，科技成果转化率达70%，实现茶园亩均节约成本500元以上。吉安市打造了智慧农业平台，让园区插上大数据的翅膀。资兴市加快推进“两型”农业建设，促进生产标准化、绿色化，实现农业资源利用高效、农产品产地环境良好、农业生态系统稳定。2020年，园区农业废弃物综合利用率达83.6%。

（三）文化创意融合，赋予产品个性化

生产加工要标准化，产品营销则要个性化。在全球化不断加深的背景下，今天的制造加工业要更多融入历史、地理、文学、时尚等文化创意元素，充分考虑不同消费者群体的背景和需求，提供个性突出、有冲击力的产品和服务。七个案例在文旅融合方面各有特色，有的强调红色旅游，有的主打环境牌，有的突出了历史与现实

的对比，有的则不断强化地域品牌。总之，在产业融合的过程中，不能简单地接二连三，加大投资规模，甚至提高生产成本，而是要通过文化创意、品牌塑造等措施，把文化创意融入产业和产品中，给同样的农产品赋予不同的文化和品牌内涵。潼南区讲好“一颗酸柠檬，种出甜日子”的故事，吉安市打造钓源古村、井冈农科园、古貌古心园、柚乡园等一批农旅结合景区景点，年接待游客 200 万人次。

（四）平台整合资源，吸引各类要素集聚

农业产业园区本身就是一个要素高度集聚、设施装备先进、生产方式绿色的平台，在这个大型平台上涵盖了各类功能不同的分项平台，为连续贯通产—学—研—推各环节提供了载体。首先，园区是一个生产标准化平台。七个案例都对农产品生产、加工、流通环节进行了标准化改造，做到从土地到餐桌的过程可追踪与可溯源，实现农产品质量可控、达标安全。其次，园区是一个数据要素集聚平台。邳州示范园的农技耘 APP、益农信息社等信息化服务平台为打通农技服务的“最后一公里”提供了渠道；盐池示范园为养殖户搭建了乡镇“点对点”交易服务平台，开展预约拉运羊只服务和流动收购羊只服务工作，协助养殖户交易、屠宰并统一配送饲草料。潼南示范园的“中国柠檬交易中心”电商平台，不仅孵化了当地的主打柠檬产品的电商 15 家，同时吸引 1200 余家经营主体入驻。

（五）利益联结农户，农民受益产业整合

国家农村产业融合发展示范园，不仅要示范农业产业链供应链的现代化升级，还要坚持农民优先受益原则和带贫机制。七个案例

都深入贯彻国家产业扶贫政策，引导并支持园区通过专业合作社、订单收购、入股分红、小微电商创业、就业收入、土地流转等多种利益联结模式，发展村集体经济，实现贫困户增产增收，带领贫困人口走上创业致富的产业道路。田东县示范园通过“公司（合作社）+基地+农户”和“保底+分红”“土地流转租金+返聘务工”、土地入股、经营权拍卖等模式，使农民实现土地流转金、薪金、股金、房屋租金、养老保险金“五金”合一。

第三节　以数字化助推农业现代化

在数字经济时代，数字技术与生物技术相融合在农业育种、农业生产、农业的多功能开发等方面成为新时代乡村产业振兴和农业现代化的重要驱动力量。每一次技术变革都推动农业现代化向前迈进，第一次农业技术变革的力量来自机械动力技术的变革；第二次农业技术的变革来自生物技术以及化学工业技术的变革；第三次变革来自生物技术和信息技术的变革。农业机械、种子、灌溉和肥料技术进步，帮助农民提高了农产品产量，带动了农业现代化水平的提高。当前，农业正处于数字技术变革之中。这场变革的核心是数据、连通性和生成式服务。数据和连通性将显著降低农业生产成本，提高农业生产效率，而生成式服务将拓展农业的边界，创造新的价值。

一、数字化助推农业现代化的经济学理论逻辑

农业数字化是农业现代化的高级阶段，是中国由农业大国迈向农业强国的必经之路。理论上而言，农业数字化可以起到降低农业生产经营活动的生产成本和交易成本的作用，提高全要素生产率，并促进农产品质量安全。

（一）农业数字化的降低成本逻辑

自加入世界贸易组织（WTO）以来，中国小农户始终面临着来自国际农产品市场的激烈竞争。在推进高水平对外开放、深度参与全球产业分工和合作的战略部署下，要解决小农户的普遍增收和充分就业问题，必须千方百计降低农产品生产成本和交易成本。在中国，通过规模化生产降低成本的空间非常有限。但如果把数据要素引入农业生产函数之中，降低成本的潜力则巨大。首先，数据要素对土地、劳动力和资本等生产要素具有替代效应。在数据的强流动性、低边际成本、可重复使用的经济学特征下，用数据要素替代其他生产要素，可以降低生产成本。例如，与人工喷洒相比，通过人工智能病虫害识别和无人机喷洒农药可极大地节省人力成本和农药成本。其次，数据要素在农业生产和经营活动中的充分利用，可以降低农产品的信息搜索成本、复制成本、运输成本、追溯成本、验证成本等交易成本。

（二）农业数字化的提高效率逻辑

农业现代化的重要标志之一是农业全要素生产率的显著提高。

全要素生产率的提高一般有三个来源：一是效率改善，二是技术进步，三是规模效应。当数据要素嵌入农业生产经营活动中，通过要素替代和与其他要素的融合，可以提高生产效率。以5G、人工智能、机器人等为标志的数字技术在农业生产经营活动中的广泛应用，为乡村经济注入数字技术动能，将带来农业全要素生产率的显著提升。在研发环节，人工智能与生物技术和材料技术等交叉创新，可以改变育种的技术路径并提高研发效率。在生产环节，数字化技术可以精准节水、节肥、减药、调温，提高生产效率。在营销环节，数字化可以给农产品附加新的内容，提升用户体验，延长农业产业链，从而促进价值增值。此外，在平台的支持下，一些偏远地区的农特产品也可在“长尾市场”聚集而创造规模效应。此外，农业物联网带来的广泛的数据连接，可以实现精准灌溉、动物生长的监测，对提高农业生产率发挥十分重要的作用。低轨卫星的连接服务，也将为偏远山区的农业发展提供数字化服务。

（三）农业数字化的促进安全逻辑

农产品质量安全的追溯难题，既是消费者、管理者的痛点，也是生产者面临的巨大风险。农产品质量安全产生的核心原因之一是生产者与消费者之间的信息不对称。低成本的农产品质量安全追溯系统离不开高覆效率广覆盖的数据连接。党的二十大报告明确要求，全方位夯实粮食安全根基。我们不仅要保障中国人吃得饱，还要满足其对膳食结构和营养健康的需求，更要保障质量安全。从风险管理的视角来看，农产品质量安全是风险事件打击和应对风险能力共同作用的概率事件。其中，最为重要的是农产品质量安全信息的有效采集、存储、提取、分析、分享和应用。传感器、大数据、区块链、人工智能等数字技术为建立数字农产品质量追溯体系提供了技术手段。它也可为供应链融资提供风险防控手段，可以提升乡村产业信贷安全水平。数字技术可以以前所未有的方式改变粮食生产和供给系统，显著降低信息不对称和交易成本，从而为解决国家粮食安全提供新的路径。

二、农业现代化的数字化路径

党的十八大以来，数字经济上升为国家战略。2023 年，中国数字经济规模达到 53.9 万亿元，数字经济占 GDP 比重达 42.8%，① 成为推动经济增长的主要引擎之一。数据要素和数字技术为农业生产活动注入了新动力，数字支付也方便了农产品交易和农民的生活，数字化将是农业现代化的新路径之一。

（一）将信息技术、人工智能与生物技术交叉融合创新，解决种业“卡脖子”问题

科技是第一生产力。种子是农业现代化的“芯片”，种业是国家基础性、战略性产业。中国是农业大国，但还不是农业强国，特别是种业面临“卡脖子”问题。《全球工程前沿 2021》指出，在“作

① 《中国数字经济发展研究报告（2024 年）》，中国信息通信研究院网站。

物育种群体的基因型与表型关联分析技术”工程开发前沿核心专利主要产出国家中，美国占 64.93%，中国占 14.93%；“基因编辑和植物抗病”工程开发前沿核心专利的平均被引指数，日本为 7.0，美国为 6.50，中国仅为 0.77。习近平总书记强调，必须把种子牢牢攥在自己手里，用中国种子保障中国粮食安全。与种业相关的工程开发前沿技术，如育种群体的基因型和表型关联分析技术、基因编辑和植物抗病、畜禽分子设计育种等，都离不开生物技术、信息技术和人工智能的交叉融合创新。因此，需要构建种业领域国家重大创新平台，促进跨界融合创新。特别是要加强“IT + BT”的现代生物和信息育种技术，这是中国农业现代化的源头活水。

（二）将大数据、人工智能等与乡村产业深度融合应用，降低农业生产和交易成本

农业现代化除了生物技术在育种、发酵等领域深度应用外，已经步入与信息技术深度融合的快车道。未来农业现代化的竞争，在很大程度上取决于一个国家在生物技术和信息技术领域的科技水平。与农业生产、农产品加工相关的智能设备与技术的广泛应用是解决农业低效的重要途径，如基于大数据、人工智能和物联网的大田作物水肥管理系统及装置、设施农业智慧生产技术，基于智能感知与饲料精准供给的养殖技术。首先，依托农村土地承包经营权信息应用平台，加强数据共享和分析应用是建立现代农业的基础。其次，加强乡村数字基础设施建设，以数字基础设施支撑数字田园、智慧农场、农产品现代物流业等发展。再次，拓展 5G、大数据、区块

链、物联网、元宇宙等数字技术在乡村产业中的应用场景，推动数字经济与乡村经济深度融合。

（三）将农业数字化人才作为第一资源，为提升乡村产业效率创造新的价值提升空间

党的二十大报告指出，人才是第一资源。农业现代化要靠科技，而科技归根到底要靠人才。农业数字化人才建设不仅涉及种业领域的科技人才，还涉及农业生产经营活动全过程的数字化人才队伍建设。在数字经济时代，无人机、智能农械、数字生产线、智慧物流等数字化装备将渗透到农业全产业链，这就要求农业劳动力的技能和结构做出相应的变革。数字化装备对农业劳动力存在三种影响效应：替代效应、生产率效应和创造效应。这对农业劳动力提出了新的要求：一是在可编码的农业劳动被机器人替代后，需要为农村劳动力创造新的就业岗位，或者提升劳动技能；二是随着生产率的提升，人机协同工作变得比较普遍，需要农业劳动者的技能作出相应提升；三是创造效应，既可能在同行业内，也可能在关联行业创造新的就业岗位，这种变化要求对劳动力的供给结构和技能做出适应性调整。因此，建设农业强国，实现农业现代化，需要把农业数字化人才作为第一资源进行培养。

三、以数字化培育农业现代化新生态

农业现代化新生态包括培育乡村产业的自然生态、经济生态和社会生态三个方面。数字化有助于培育农业现代化新生态。

（一）尊重农业的自然生态规律，推进乡村产业全过程绿色转型

党的二十大报告指出，尊重自然、顺应自然、保护自然，是全面建设社会主义现代化国家的内在要求。因此，乡村产业振兴必须牢固树立和践行绿水青山就是金山银山的理念，站在人与自然和谐共生的高度谋划。以绿色发展理念为指导，以“双碳”目标为约束，加快乡村产业发展方式绿色转型是中国农业现代化的必然路径。一是加强农业资源环境保护，强化盐碱化、土壤侵蚀、重金属污染等退化耕地治理，改进农业节水灌溉技术，提高节水效率，降低农业资源利用强度。二是保护修复农业生态系统，保护农业生物多样性。三是构建绿色低碳乡村产业体系，建立生态产品价值实现机制，完善生态保护补偿制度。事实上，乡村产业的绿色化转型，需要以数字化转型为支撑。碳核算、碳交易、生态价值的实现等都需要科学精准、易获取、低成本的数据作为基础。

（二）适应数字经济发展规律，构建乡村产业振兴的经济生态

在工业化时代，农业产业化遵从分工与竞争的经济学逻辑。在此过程中，农业处于产业链的上游，附加价值低，劳动力投入高。按照发展经济学的“中心—外围”理论，农业凋敝，农村衰落，形成发展的城乡“二元格局”。在数字经济时代，要破解这种“二元格局”，需要构建乡村产业的经济生态。经济生态具有以下几个特征：一是从“以农产品为中心”向“以用户终身价值为中心”转变。用户价值是数字经济的典型特征，每个平台都在进行用户“数字画像”，期望提高用户体验，增加用户黏性。这种“数字画像”实质上

是不同类型用户群对农产品的需求进行了“画像”，无论是城市还是农村用户都成为农产品生产的生态方；二是合作与融合替代了分工与竞争。相对于工业经济时代，农产品供应链的上下游“供应商合约”，在数字经济时代正迈向“生态合约”或“链群合约”。“生态合约”或“链群合约”不是分工与竞争模式，而是合作与融合模式。生态伙伴、链群伙伴以用户终身价值为中心，共同创造和分享新的价值。因此，乡村产业振兴需要把农户和新型农业经营主体作为生态方，共同构建农业经济生态，以生态方分享农业现代化的价值增值。

（三）拓展数字技术的应用空间，构建农业现代化的社会生态

随着增强现实和虚拟现实等数字技术的发展，网络空间正在重构社会生态。乡村作为一个物理空间，因网络社交、购物平台、虚拟社区和场景，以及正在到来的元宇宙而发生深刻变化。乡村将是嵌入未来生活的重要场景，这种场景将是虚拟世界与现实世界的混合世界，它是一种新的社会生态。乡村社会生态将不仅涉及人与自然的关系，也为乡村教育、医疗、养老、生物多样性保护以及应对粮食安全和气候变化等提供非常广阔的空间。其发展的程度，一方面受数字技术进步的影响，另一方面受公共政策引导的影响。虽然目前农业现代化的社会生态还处于初级阶段，但可以预期将来会对乡村产生深刻影响。在农业强国战略下，为了实现农民共同富裕，我们需要提早部署农业现代化的社会生态。

党的二十大报告明确提出，加快建设农业强国，全面推进乡村振兴。农业现代化是中国式现代化的短板弱项。在数字经济时代，农业现代化建设需要充分利用数字基础设施、数字技术、数据要素和数字平台。从理论上来看，乡村经济数字化具有降低成本、提高效率、促进安全等经济学逻辑基础。从实现路径来看，全面推进乡村产业数字化转型、培育现代化新生态是农业现代化的必由之路。全面推动数字经济与乡村产业的深度融合，将为乡村产业振兴开辟新的道路。

第四节　加快欠发达地区乡村产业振兴

欠发达地区以农业产业为主要收入来源，发展的内生动力关键在于提升“土特产”能力并培育数字经济新动力，因欠发达地区的划分还处于政策制定过程中，国家并没有确定哪些地区是欠发达地区，本节以160个“国家乡村振兴重点帮扶县”为欠发达地区的代表，提出加强产业振兴的政策建议。

一、欠发达地区乡村产业发展存在的问题

经过八年的脱贫攻坚以及三年的有效衔接，欠发达地区产业发展发生了根本变化，建成了一批带动就业增收能力强的产业园区、龙头企业、农业车间、合作社，产业链延伸、产业融合取得明显突破，完善了带贫机制，初步形成了益贫性经济增长机制。按照推进

中国式现代化的时代要求，欠发达地区产业发展还存在以下问题。

（一）国家乡村振兴重点帮扶县产业经济不强

从县域经济总量来看，重点帮扶县与全国脱贫县差距较大。云南怒江傈僳族自治州贡山独龙族怒族自治县与福贡县2022年的GDP分别只有22.2亿元和30.1亿元，迪庆藏族自治州德钦县GDP为47.32亿元；甘肃临潭县、舟曲县GDP分别只有29.7亿元和32.7亿元。重点帮扶县人均GDP远低于国家脱贫县水平。2021年160个重点县人均GDP中位数只有2.43万元，与脱贫县中位数3.10万元差距较大。重点帮扶县严重缺乏主导产业，规模以上工业企业数量少，对县域经济带动能力弱，城镇化率低，产业集聚的区域承载能力较弱。

（二）重点帮扶县产业运营机制不顺

根据实地调研，为了加强涉农资金的整合使用，提高投资效率，重点帮扶县大多成立了各种形式的国有农业投资公司（简称“农投公司”）。农投公司主要负责产业投资项目建设，有的也负责运营甚至利益分配。在县政府的统一规划下，农投公司在整合涉农资金开展农业投资项目建设方面发挥了“短”“平”“快”和集中力量办大事的积极作用，但从案例调研中发现农投公司的体制机制、运营管理还存在一些问题。一是公司运营绩效与员工利益连接不紧密，农投公司管理人员工资绩效与经营业绩关联不大；二是公司管理层缺乏企业管理经验；三是利益分配与参与公司劳动关联不紧密。因此，需对农投公司的资产管理、激励约束、利益联结等机制进行改革。

（三）重点帮扶县数字经济不强

笔者利用2020年北大 & 阿里县域数字乡村指数，分县域类型标准化处理后发现，重点帮扶县在数字基础设施和乡村数字经济化两个方面都处于最低水平。在数字基础设施维度，全国县、贫困县（原832县）、重点县的指数分别为：79.1、71.5和61.0；在乡村数字经济化维度，全国县、贫困县（原832县）、重点县也呈现递减趋势，分别为：43.1、35.9和32.8。这说明，重点帮扶县仍存在数字基础设施建设缺口，且乡村经济数字化水平还很低，经济新动能不足。重点帮扶县培育农业新质生产力的数字经济条件较差。

（四）重点帮扶县“土特产”发展能力不足

尽管在脱贫攻坚期间重点帮扶县的一些“土特产”进入农业农村部《特色农产品区域布局规划（2013—2020年）》目录，如广西有竹笋、黑木耳、大料、枇杷、菠萝、芒果、绿豆；贵州有魔芋、黄花菜、银耳、辣椒、芸豆；然而，重点帮扶县“土特产”发展仍存在以下突出问题。一是规模小、主体弱、链条短。围绕“土特产”加工形成的规模以上工业企业极少。以云南贡山独龙族怒族自治县为例，2023年全县没有规模以上农产品加工企业，规模以上工业企业只有3家，且均为水电企业，企业产值受降水影响大。全县批零住餐企业（大个体）仅8家。也就是说，贡山独龙族怒族自治县围绕“土特产”的加工、营销没有龙头企业带动。二是数据要素、数字技术、数字平台利用不足。“土特产”通过电商平台上行，是将“长尾市场”聚集为网络效应的重要机制。缺乏电商平台支持，“土特产”的交易成本高，就无法聚集为具有一定规模的产业，就无法支撑县域经济发展和农民增收。三是文化创意、内容创作能力不足。“土特产”附加值提高的主要路径是通过反映民族特色、地域风情的文化创意和内容创作以及区域品牌开发，给“土特产”附加“故事”和“内容”，但因文化创意和内容创作人才的严重不足，重点帮扶县的“特”无法通过数字化、创意化、品牌化转换为高附加值的商品。

二、欠发达地区发展“数据 × 土特产”产业

习近平总书记在2022年中央农村工作会议上强调，各地推动产业振兴，要把“土特产”这3个字琢磨透：“土”讲的是基于一方水土，开发乡土资源；“特”讲的是突出地域特点，体现当地风情；“产”讲的是真正建成产业、形成集群。新旧动能相结合的重点帮扶县“数据 × 土特产”培育机制如下：

（一）“数据 ×”全面赋能“土特产”

对于“土特产”而言，互联网并非只有电商销售的功能。从贵州村超、淄博烧烤的案例可以发现，互联网叠加了农产品追溯、消费者参与体验、文化创意、新业态开发、风险控制、产业链数据融通创新等多种职能，一方面将“土特产”与二三产业连接提升产品附加值；另一方面与消费者、市场连接，发挥数据的优势，为消费者打造定制化、个性化服务。单独发展电商或产业都不能适应数字经济的发展潮流，“土特产”只有通过电商平台、数字技术赋能和创意设计才能实现有效发展。

（二）开发乡土资源

推进乡村振兴必须激活土地、劳动力、资本这些基本生产要素，也要融合利用数据、技术新要素。2016年，习近平总书记在宁夏考察时提出“越是欠发达地区，越需要实施创新驱动发展战略”。2023年习近平总书记在黑龙江考察时提出发展“新质生产力”的要求。新要素、新技术对于重点帮扶县产业发展至关重要。然而，新技术在扩散的过程中受产业结构、劳动力水平等条件限制，欠发达地区总是处于技术扩散的最外围区域。因此，重点帮扶县要充分利用国家“科技特派团”、东西部协作、企业ESG行为等先进外部资源挖掘本土资源，一方面融合赋能传统生产要素，另一方面通过注入新要素实现全产业链升级。

（三）提升特色产品品牌附加值

地理标志产品能够有效提升重点帮扶县特色农产品的市场竞争力。实施农业品牌战略，是促进农业规模化、产业化、标准化和市场化的重要手段，也是适应消费升级和全球化竞争的必然要求。脱贫攻坚期间多地开展了区域公共品牌建设，为外界认知地域特色产品提供了载体。2023年起实施的全国乡村重点产业提升行动，进一步促进了地标产品的标准化生产、品牌化营销。未来如何进一步利用文化资源和互联网开发新业态、提升品牌的认知度和认可度是“特”的突破口。这种经营模式不仅可以延伸产业链条，带动农业规模化、特色化、产业化发展，还可以通过打造自身主题特色、增加创意内涵、培育农业新业态发展，促进产业升级。

（四）形成特色产业集群

我国的三产融合更多是由二产、三产向一产的吸纳和拓展，尤其是在脱贫攻坚和乡村振兴的有效衔接期间，以县域特色农产品为核心，通过“一县一业”向前将合作社、种植大户、小农户包含进来，向后向加工业、服务业拓展，使特色产业突破城乡、地域的限制，做强壮大一产，促进从一产到三产的全产业链融合发展。在做大产业的同时强调联农带农机制，保证农户的工资性收入、财产性收入和经营性收入等有效提高，实现稳定增收。我国的三产融合不同于日本、韩国的六次产业化，数字技术的高水平发展让我国重点帮扶县的三产融合更具新技术赋能、新业态驱动的潜力。

三、培育重点帮扶县产业发展的政策建议

（一）完善重点帮扶县产业发展项目管理运营机制

加强县国有农投公司的有效运行机制建设，逐步建立有效的公司法人治理结构，建立激励约束对等的市场经济机制。避免“重建设”“轻运营”“轻管理”的现象，避免形成涉农财政资金的浪费。人员激励和考核要与国有资产保值增值紧密结合，利润分红要与劳动贡献适当结合。全面推行公司内部治理，加强绩效考评，逐步形成自主经营、自负盈亏、自我发展、自我约束的法人实体和市场竞争主体。鼓励东西部协作、鼓励来自东部地区的民营企业在重点帮扶县投资兴业，可以在“先建后补”“以奖代补”以及农业基础设施配

套等方面给予财政支持。鼓励返乡创业主体承包运营农业产业投资项目、农业车间等。总结农投公司运营管理先进经验，全面提升重点帮扶县农投公司管理水平。

（二）实施重点帮扶县“数据 × 土特产”提升工程

充分利用财政衔接乡村振兴资金、东西部协作资金，以及“科技特派团”技术力量和企业 ESG 行为，在 160 个重点帮扶县优先实施“数据 × 土特产”提升工程。加强数字基础设施建设，加强“土特产”全产业链数字化转型升级，建立全程可追溯体系，培育直播、内容营销等新业态，加强数字化物流和金融服务。培育数字化文旅服务新业态。

（三）用好“科技特派团”助力县域产业发展

国家科技特派团和地方科技特派员是助力重点帮扶县产业发展的最为重要的科技力量、创业力量。围绕“一县一业”“一县一团”，加大对科技特派员创新创业的财政、金融、土地等支持。完善科技特派团的构成，既要有企业法人团，也要有农业技术、加工技术、数字经济技术等多方面的人才。特别是要充分利用国家发改委 2023 年发布的《数字经济促进共同富裕实施方案》，围绕重点帮扶县发展数字经济加强东西部协作，建议由东部地区向每个重点帮扶县派遣“数字科技特派团”或“数字科技特派员”。结合国办发《关于推进以县城为重要载体的城镇化建设的意见》和万企兴万村行动，以县城为载体建设数字经济产业园区，切实引导东部产业向西转移，推动西部产业融入东部地区产业链。

（四）挖掘文化资源做好“土特产 +”大文章

重点帮扶县各具特色，是巨大的文化宝库。重点帮扶县应建立文化自信，利用国家大力繁荣文化产业的机会，用文化赋能三产业融合，而不是单独发展文化产业或特色农产品。尽管有的重点帮扶县有“非遗工坊”帮扶，但是“非遗工坊”与产业的结合不够，缺乏新业态。文化繁荣需要新媒体，吸引年轻人开展远程创新创业可以解决重点帮扶县专业技术人员短缺的问题。贵州村超给我们的启示就是，除了农产品，文化也是“土特产”。发展“土特产”不是另起炉灶，要用“土特产 +”的思路促进三产融合发展。“电商扶贫”为“土特产 +”奠定了良好的基础，应继续深入发展数字经济。整合平台、物流、仓储等环节，利用数据要素，文化创意赋能“土特产 +”，让“土特产”中有数字，数字中有故事，故事中有价值。

第四章　乡村人才振兴与人力资本培育

乡村振兴，关键在人。全面推进乡村振兴，需要培育、引进和使用大量的人才。从乡村振兴战略全局来思考谋划壮大乡村支柱产业，不断优化乡村营商环境，提升公共服务质量和乡村治理水平，才能培育本土人才和吸引回流人才、外来人才参与乡村振兴。本章首先阐述乡村人才振兴的理论逻辑与时代要求；第二，讨论加快培养乡村振兴新型人才的实践举措；第三，分析讨论新技术变革等对农民工就业的影响，以及如何通过人力资本培育促进农民工就业；第四，论述农村科技特派员作为引进人才在解决乡村科技人才不足问题中的重要作用，比较不同的经验模式，分析新时代的制度创新要求。

第一节　乡村人才振兴的理论逻辑和时代要求

一、人才振兴是乡村振兴的基础

（一）以人民为中心的乡村人才振兴理念

乡村人才振兴要以人民为中心的发展思想为指导，以满足农民的全面发展为首要目标，通过提高乡村人力资本水平，助推乡村全面振兴。习近平总书记在多次重要讲话中始终强调把人民立场作为根本立场，把为人民谋幸福作为根本使命。在乡村振兴的背景下，以人民为中心的乡村振兴理念，既要提升乡村人才带动经济增长的能力，也要培育乡村人才获得基本公共服务的能力，还要培育乡村人才的社会参与技能。在经济增长能力方面，针对不同的乡村群体，提高其就业能力、生产能力、增收能力和创业能力。在公共服务方面，既要全面提高各层次各种类型公共服务从业人员的技能水平和道德责任感，还要培育农民公平、积极参与社会生活的能力，消除排斥感，增加融入感。上述综合能力，共同构成了以人民为中心的乡村人才振兴基本逻辑框架。以人民为中心的乡村人才振兴，需要加强党对乡村人才工作的全面领导，激活市场与社会主体参与乡村人才培养、供给和服务的能力，其最终目标是通过人才资本建设，促进全体农民实现全面发展，让人人都有出彩的机会，人人都有获得感。

（二）以人力资本开发促进乡村人才振兴

人力资本是指个体拥有的体质、认知技能和社会情感技能，它通过营养健康、教育培训和社会参与等途径获得。习近平同志在《摆脱贫困》一书中，对闽东农业、工业的经济贫困作出深刻剖析后，发出“教育是不是也‘贫困’？”之问。他指出，“经济靠科技，科技靠人才，人才靠教育。教育发达—科技进步—经济振兴是一个相辅相成、循序递进的统一过程，其基础在于教育”。① 正是基于这样的认识，在中国脱贫攻坚期间实施了教育扶贫、健康扶贫等人力资本扶贫措施。以人力资本开发促进经济振兴，也得到了发展经济学家和世界银行专家的相关理论研究支持。从马尔萨斯的人口论开始，发展经济学家就开始了对人口问题的关注。其关注重点从人口数量开始，逐渐发展为人口质量的研究。舒尔茨开创了投资人力资本的研究，他认为发展中国家实现增长的动力来源于对人的投资增长，包括医疗、健康、教育等投入。随后学者们对教育、医疗、健康等具体问题与经济增长、社会发展等领域的研究不断加深。世界银行经济学家认可了教育、健康对经济增长的潜在影响后，将20世纪90年代的世界银行援助政策重点调整到医疗、教育、健康、卫生等领域。② 人力资本由体质、认知技能和社会情感技能组成，是在人的生命发育过程中积累而成，人力资本投资实现了人作为社会生

---

① 习近平：《摆脱贫困》，福建人民出版社1992年版，第173—174页。

② John Strauss and Duncan Thomas, “Health, Nutrition, and Economic Development”, *Journal of Economic Literature*, Vol.36, No.2, 1998.

产成员所具有的潜力。自2000年以来，受过正规教育的工人供应量扩大，教育投资的回报率也持续增加。随着数字化、自动化的不断发展，教育的内容不断增加，团队精神、沟通能力、冲突解决能力等社会行为技能能够提高个体的人力资本。① 在欠发达地区，除基础教育、学历教育外，职业教育、非学历教育、岗位培训对低技能的劳动力非常重要。对于那些相对贫困的家庭，职业培训增加了受教育程度较低的农民外出务工的机会，同时也增加了这些家庭的工资性收入。正如习近平同志在《摆脱贫困》一书中指出，建立“三位一体”的教育体系，即把发展基础教育和发展职业技术教育、成人教育结合起来，使得教育适应闽东农村经济的发展。

（三）以创新体制机制实现人才回流

长期以来，受城乡收入和公共服务差距以及发展机会不均等的影响，农村人力资本流入和流出的剪刀差不断加大，人才回流困难。工业化、城镇化为农民外出务工提供了大量的就业机会，这也使得工资性收入成为农民收入最主要的构成。然而，大量农民外出务工，也带来乡村振兴缺乏本土化人才的问题。根据国家统计局发布的《2022年农民工监测调查报告》，2022年全国农民工总量29562万人，其中，本地农民工12372万人，外出农民工17190万人（表4-1）。

① The World Bank, *World Development Report 2019: The Changing Nature of Work*, International Bank for Reconstruction and Development / The World Bank, 2019, p.50.

表 4-1　2022 年我国外出农民工地区分布及构成

按输出地分	规模（万人）			构成（%）		
	外出农民工	跨省流动	省内流动	外出农民工	跨省流动	省内流动
合计	17190	7061	10129	100.0	41.1	58.9
东部地区	4687	703	3984	100.0	15.0	85.0
中部地区	6310	3511	2799	100.0	55.6	44.4
西部地区	5588	2657	2931	100.0	47.5	52.5
东北地区	605	190	415	100.0	31.4	68.6

数据来源：国家统计局，2023 年。

新技术的广泛应用也需要乡村有新型人才回流。在没有政府干预的情况下，新技术和创新总是在经济发展水平较高、市场发育较好的地域产生，并逐渐向技术结构相似或互补的地区流动。如何实现技术的逆向流动是个世界性难题。此处的逆向流动既包括从城市流入农村，也包括从发达地区流入欠发达地区。除了技术、资金、信息等要素逆向流动困难外，人才的逆向流动更加困难。因此，实现人才回流就成为影响乡村人才振兴的核心。这需要通过产业结构调整、基础设施建设等提高农村对外来人口吸引力，同时也要提高公共服务水平，加速实现公共服务均等化。20 世纪 60 年代，日本为解决农山渔村的衰败，通过开展六次产业化，把原本位于城市的第二产业和第三产业与乡村第一产业连接，并吸引二三产业人才参与六次产业化。韩国则在新村运动后实行了“归农·归村计划”，通过财政支持、技能培训、住房支持等政策措施，鼓励城镇居民到农村创业、到农村定居。中国国务院 2015 年出台《关于支持农民工等人员返乡创业的意见》，同时在各类产业园的建设中开设针对返乡人员的创新创业计划，吸引更多的外出务工人员返乡创业。

二、乡村人才振兴的时代要求

（一）农业农村现代化人才需求

中国式现代化是人口规模巨大的现代化，农业农村现代化包括了农村产业现代化、生态现代化、文化现代化、乡村治理现代化、农民生活现代化等多个维度的现代化。农业农村现代化也就对乡村人才提出了时代要求，没有乡村人才振兴，就不可能实现农业农村现代化的目标。“十四五”时期是乡村振兴的重要阶段，2021 年农业农村部印发《“十四五”农业农村人才队伍建设发展规划》，规划中明确提出“十四五”期间乡村人才振兴的目的：初步打造以主体人才为核心、支撑人才和管理服务人才为基础的农业农村人才队伍，形成各类人才有效支撑农业农村发展的新格局，促进农业高质量发展，为乡村振兴提供人才支撑和智力保障。具体指标包括：到 2025 年，培育家庭农场主、农民合作社理事长等乡村产业振兴带头人 10 万人，辐射带动 500 万新型生产经营主体负责人发展壮大；农业科研人才不断增加，“神农领军英才”等有效增加；农业产业化国家重点龙头企业家超过 2000 人；返乡入乡创业人员超过 1500 万人，其中农村创业带头人 100 万人。

（二）乡村二三产业人才需求

本书第一章和第三章的分析表明，在我国农民人均可支配收入构成中工资性收入占40%以上，高于经营性收入占比。工资性收入主要来源于农民在本地和外地二三产业就业所得。从2022年按行业分城镇非私营单位就业人员平均工资来看，农、林、牧、渔业年平均工资58976元，制造业为97528元，批发和零售业为115408元，可见第二、三产业就业增收机会远高于第一产业。因此，发展县域经济，推动农村产业融合发展，丰富乡村经济业态，可以拓展农民增收空间。2015年“中央一号文件”首次提出推进农村一二三产业融合发展。同年，国务院办公厅印发《关于推进农村一二三产业融合发展的指导意见》。中央文件强调通过农村产业融合发展，延伸农业产业链，拓展农业多种功能，发展农业新型业态，引导产业集聚发展，提高农业附加值。2018年出台的《中共中央　国务院关于实施乡村振兴战略的意见》进一步明确要“构建农村一二三产业融合发展体系”，核心强调，大力开发农业多种功能，延长产业链、提升价值链、完善利益链。党的十九届五中全会通过的《中共中央关于制定国民经济和社会发展第十四个五年规划和二〇三五年远景目标的建议》进一步明确提出，优先发展农业农村，全面推进乡村振兴。而发展二三产业，促进产业融合都对乡村人才提出了新的要求，如果农民只会种植养殖技术，则很难适应产业融合发展的时代要求，也很难在二三产业中谋求就业和增收。

（三）乡村公共服务人才需求

长期以来中国乡村的公共服务主要是以村集体筹资为主，2006年之后转变为财政筹资。党的十八大以来，国家加大对乡村公共服务的财政支持力度，但乡村教师、医生等从业人员普遍年龄较大、专业技术水平较低。乡村人口结构转型、实现农业强国的目标，以及前沿技术革命等经济社会条件的变化，对乡村教育提出了更高要求。然而乡村公共服务的供给却不能满足需求的变化。以儿童发展为例，随着人口的大规模流动，也伴生出一些新的儿童群体。这些群体主要包括四个类型：一是监护困境儿童，如农村留守儿童、流动儿童、单亲家庭的儿童；二是低收入困境儿童，这部分儿童的公共服务不到位，可能在生活和心理以及社会交往中产生社会问题；三是医学困境儿童，包括残疾儿童、脑瘫儿童、孤独症儿童、受艾滋病影响的儿童、罕见病儿童、受虐待儿童等；四是社会困境儿童，因户口待定等各种制度性和社会性原因造成的不能正常入园入学和融入社会的儿童。对于这四类群体需要在全面推进乡村振兴中有特惠公共服务政策给予专门关照。西部地区的农村学校，在体育、音乐、美术、心理等培育社会情感技能方面的教师缺失问题严重。

乡村医疗卫生人才数量不足、年龄老化、知识陈旧，后备人才短缺。为满足乡村医疗发展需要，我国从 2011 年开始在全国推行全科医生制度。国务院办公厅于 2018 年印发《关于改革完善全科医生培养与使用激励机制的意见》，目标是在 2020 年实现每万名居民享 2—3 名全科医生，到 2030 年，城乡每万名居民拥有 5 名合格的全科医生。2022 年全国每万人全科医生数为 3.28 名，而贵州省每万人仅 2.3 名；2022 年城市每千人执业助理医师 3.84 人，农村 2.53 人，城市注册护士 4.74 人，农村 2.79 人。医疗卫生人才方面的城乡差距、区域差距依然很大。如何让医生“下得去、留得住、用得上”是基层医疗健康人员培养的关键。2023年，由中共中央办公厅、国务院办公厅印发的《关于进一步深化改革促进乡村医疗卫生体系健康发展的意见》提出的发展目标是：到2025年，乡村医疗卫生体系改革发展取得明显进展。具体包括乡村医疗卫生机构功能布局更加均衡合理，基础设施条件明显改善，智能化、数字化应用逐步普及，中医药特色优势进一步发挥，防病治病和健康管理能力显著提升，乡村重大疫情和突发公共卫生事件应对处置能力不断增强。在这种目标下，现有医疗人力资本结构明显不能满足基层医疗事业的发展。因此，需要政府采取措施弥补乡村全科医生的缺乏和医生资源的匮乏是乡村医疗卫生人才发展的需求所在。

（四）培育乡村组织人才

乡村振兴、农业现代化、农业强国、农民农村共同富裕等政策无一不需要基层组织落实，这对基层组织的人才队伍提出了更高的要求。基层工作种类多、乡村振兴任务重，需要专业型和复合型兼具的综合型人才。此外，数字中国战略的推进，也要求乡村数字治理水平不断提高，要求乡村具备数字治理能力。《中华人民共和国乡村振兴促进法》对乡村振兴阶段的人才支撑作出明确规定，《中国共产党农村基层组织工作条例》为加强农业农村人才队伍建设提供了制度和组织保障，中共中央办公厅、国务院办公厅专门印发《关于加快推进乡村人才振兴的意见》。但从实施效果看，乡村人才振兴还面临许多困难。现有人才支持政策统筹协调不够，促进人才发挥作用的机制需要进一步创新。农村基础设施和公共服务始终薄弱，推动人才向乡村流动的机制不健全，乡村组织人才队伍的能力难以适应乡村全面振兴的要求。

（五）乡村数字人才不足

随着数字化的深入，乡村经济社会活动由“物质产品—人类社会”二元结构迈向“物质产品—人类社会—信息空间”三维结构，[①]这就要求乡村治理向信息空间拓展。乡村数字人才不足首先表现为农村居民的数字素养不足。据第53次《中国互联网络发展状况统计报告》数据，截至2023年12月，我国农村网民规模为3.26亿，占网民整体的29.85%；城镇网民规模为7.65亿，占网民整体的70.15%。农村网民在利用数字资源获得公共服务、购销产品等方面与城镇居民相比还存在较大差距。具有数字技能的“新农人”为乡村经济社会发展提供了新的人才力量。拼多多数据显示，在各项国家政策的引导下，该平台吸引了一大批学生、退役军人、返乡人员回乡创业，成为“新农人”。在这些返乡创业的新农人中，55%能够使用信息技术开网店、直播直销，截至2021年10月，平台“新新农人”（“95”后涉农商家）数量已超过12.6万人，在涉农商家中的占比超过13%，其数量在两年内增长了近10万人，每位“新新农人”平均带动5—10位“95”后参与到电商创业中，并平均带动当地就业岗位超过50个，“95”后、“00”后逐渐成长为农村电商创业

① 王小林、谢妮芸：《未来产业：内涵特征、组织变革与生态建构》，《社会科学辑刊》2023年第6期。

带头人中的重要力量。①

基于乡村人才振兴的时代要求，乡村人才振兴需要包括五类人才（图 4-1），分别是生产经营人才、二三产业发展人才、公共服务人才、乡村治理人才和农村科技人才。

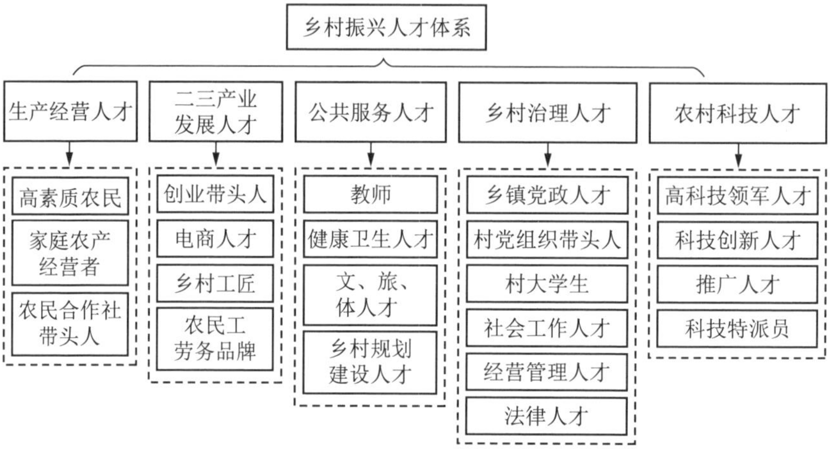

图 4-1　乡村振兴人才体系

资料来源：根据中共中央办公厅、国务院办公厅印发《关于加快推进乡村人才振兴的意见》整理。

第二节　加快培养乡村振兴新型人才

一、加快培养农业生产经营人才

乡村农业生产经营人才主要包括高素质农民和新型经营体的带

---

① 《拼多多发布〈2021 新新农人成长报告〉：95 后“新新农人”数量超过 12.6 万，00 后占比超 16%》，央广网，2021 年 12 月 3 日。

头人，如家庭农场、农民合作社等人才。对生产经营人才的培育，一方面通过“雨露计划”“头雁”等项目培养农业技术人才和产业发展带头人，另一方面则要通过政策引导返乡创业人才与农民形成人才合力。2022年，农业农村部和财政部联合发布《乡村产业振兴带头人培育“头雁”项目实施方案》。计划自2022年起每年为每个县培育10名左右“头雁”，用5年时间培育一支乡村产业振兴带头人队伍，带动全国新型农业经营主体形成“雁阵”，夯实乡村产业振兴人才基础。“头雁”项目面向农民专业合作社理事长、家庭农场主、农村集体经济组织负责人、社会化服务组织负责人、市县级农业产业化龙头企业负责人及种养大户等带头人。培育人选要求从事当地农业主导、优势或特色产业3年以上，形成稳定的经营模式和一定规模，取得良好的经济效益和社会效益；有长期从事农业及相关产业且带动农户共同发展的意愿，善于接受新技术、新模式、新业态和新理念，主动向农户分享经验、提供技术支持和信息服务。近3年累计带动30户或100名以上农民实现增收致富。

除了国家部委主导的经营人才培训外，一些高校、社会组织也进行了类似的尝试。2014年4月起，清华大学社会学系根据行动社会学理论，采取社会学干预的方法尝试开展乡村建设实践，“乡村振兴领头雁计划”作为该项目“乡村本地化人才培养”部分，采取线上线下相结合的方式面向全国乡村发展的利益相关方（青年农民、返乡青年、驻村干部、村“两委”成员、社会组织工作者、涉农企业员工、城市消费者等）开展免费公益培训。培训内容涉及乡村振兴工作的各个方面，参与授课的教师既有大专院校、科研院所的著名学者，也有涉农服务企业的一线专家，更有在农村事业有成的新农人。截至 2022 年 5 月，项目累计研发公益课程数 300+，服务超过 10 万 + 新农人，深入覆盖全国 31 个省自治区直辖市。

“十三五”期间，在各项政策的推动下返乡入乡创业人才异军突起。返乡入乡创业人员达到 1010 万人，县级以上农业产业化龙头企业负责人达到 9 万人，① 成为引领乡村产业发展的重要力量，带动科技、项目、资金等资源要素下沉乡村，推动农村电商、休闲农业等农村新业态蓬勃兴起，为乡村产业发展注入了新要素、新动能、新活力，促进产业融合发展水平显著提升。

二、加快培养农村二三产业发展人才

培养农村二三产业的发展人才主要是通过学历教育和职业培训两个渠道。对于在校生而言，主要是针对职业高中、中职院校的学生，一方面通过软硬件升级，提高教学质量，提高培训能力；另一方面通过各类政策拓宽就业渠道，提升就业水平。从 2004 年，我国开始实施“雨露计划”。从实施效果来看，2015 年至 2020 年，“雨露计划”毕业生所在家庭的户均工资性收入从 9505 元增加到 38790 元，累计增长 308%，是脱贫人口中收入增长最快、最稳定的群体。

① 农业农村部：《“十四五”农业农村人才队伍建设发展规划》，农人发〔2021〕9 号。

2021—2025年，“雨露计划”毕业生新增规模将超过300万人，这些毕业生实现稳定就业，将直接带动约1000万脱贫人口高质量巩固脱贫成果。①

案例：“雨露计划”

“雨露计划”是针对贫困地区贫困家庭劳动力的技能培训计划。从2004年开始全面实施。雨露计划的发展主要经历了四个阶段：

第一阶段（2004—2009年），以贫困地区农村贫困家庭青壮年劳动力短期转移就业培训为主，培训计划下达到培训基地，扶贫补贴经费拨付到培训基地，由基地减免培训费，贫困户“两后生”在培训机构接受技能培训。

第二阶段（2010—2015年），以扶持农村贫困家庭新成长劳动力接受中、高等职业技术教育为主，同时“拓展雨露”计划工作领域，改革实施方式，实行扶贫补贴采用“一卡（折）通”直补到户。这一阶段，全国“雨露计划”工作领域已扩展为四大重点项目：（1）贫困家庭新成长劳动力职业技术教育扶贫补贴项目，（2）贫困地区农村实用技术培训项目，（3）贫困村创业人才培养项目，（4）贫困家庭青壮年劳动力转移培训就业促进项目。自2010年开始，原国务院扶贫办、财政部在国家扶贫开发工作重点县联合开

① 刘焕鑫：《实施“雨露计划+”就业促进行动　助力巩固拓展脱贫攻坚成果和乡村全面振兴》，中国乡村振兴公众号，2022年7月5日。

展了“雨露计划”实施方式改革试点工作，对扶贫对象建档立卡贫困家庭新成长劳动力接受高等职业教育（一、二、三年级）、中等职业教育（一、二年级），在享受国家规定的相关教育资助政策基础上，给予财政扶贫资金特殊补贴，实行直补到户。到2013年，全国“雨露计划”实施方式改革试点县扩大为203个。

第三阶段（2016—2020年），以扶贫对象建档立卡户和“两后生”帮扶为主要帮扶对象。所谓“两后生”是指初、高中毕业未能继续升学至中专或大专的学生，或虽已高中毕业，但因各种原因（如成绩不达标、不愿再复读等）而未考取大学或中等专业学校的学生。

第四阶段（2021年至今），脱贫攻坚完成后，国家乡村振兴局、教育部、人力资源和社会保障部共同启动“雨露计划+”就业促进行动，组织开展从教育培训到促进就业的全链条、一体式帮扶，帮助“雨露计划+”毕业生实现更加充分、更高质量的就业。除原有的教育补助外，增加就业帮扶的内容。“雨露计划+”就业促进行动，将帮扶对象由脱贫家庭扩展到脱贫家庭和防止返贫监测对象家庭，将支持范围由职业教育环节延伸到就业帮扶环节。“雨露计划”的全面实施，标志着我国的扶贫开发工作由以自然资源开发为主的阶段，发展到自然资源开发与人力资源开发并举的新阶段。多年的实践证明，“雨露计划”在落实扶贫到户机制，帮助扶贫对象提高自我发展能力、实现稳定就业、增加经济收入，根治长期贫困症结、切断贫困代际传递等方面，发挥了不可替代的重要作用。

资料来源：作者根据国家乡村振兴局相关资料整理。

三、加快培养乡村公共服务人才

乡村公共服务均等化离不开公共服务人才的培养与开发。相对于东部发达地区，革命老区、民族地区、边疆地区等欠发达地区的乡村公共服务人才更加缺乏。乡村振兴公共服务人才既包括教育、医疗卫生、社会治理等公共服务人才，也需要数字治理、文化服务以及人居环境整治等方面的公共服务人才。2021 年 6 月 10 日，《中共中央　国务院关于支持浙江高质量发展建设共同富裕示范区的意见》发布，支持鼓励浙江先行探索高质量发展建设共同富裕示范区。浙江省也是全国城乡差距最小的省。展望 2035 年，城乡基本公共服务向均等化方向发展，浙江省制定的基本公共服务标准，可以为乡村振兴到底需要哪些类型的公共服务人才提供了参考。表 4-2 表明，浙江省共制定了教育、医疗、养老、扶弱等 11 个大类、95 项基本公共服务事项。这些事项除少数专门针对城镇居民的事项之外，大多适用于城乡居民共同的公共服务标准。要按照表 4-1 所列事项提供公共服务，相应地就需要能够提供这些服务的人才。

表 4-2　浙江省基本公共服务标准（2021 年版）

序号	类　别	事　项	服务事项
1	幼有所育	优孕优生服务	（1）免费孕前优生健康检查，（2）孕产妇健康服务，（3）基本避孕服务，（4）生育保险
		儿童健康服务	（5）预防接种，（6）儿童健康管理
		儿童关爱服务	（7）特殊儿童群体基本生活保障，（8）困境儿童保障，（9）农村留守儿童关爱保护

续表

序号	类　别	事　项	服务事项
2	学有所教	学前教育助学服务	（10）学前教育幼儿资助
		义务教育服务	（11）义务教育阶段免除学杂费，（12）义务教育免费提供教科书，（13）义务教育学生生活补助，（14）义务教育学生营养改善计划
		普通高中助学服务	（15）普通高中国家助学金，（16）普通高中免学费
		中等职业教育助学服务	（17）中等职业教育国家助学金，（18）中等职业教育免除学费
3	劳有所得	就业创业服务	（19）就业信息服务，（20）职业介绍、职业指导和创业开业指导，（21）就业登记与失业登记，（22）流动人员人事档案管理服务，（23）就业见习服务，（24）就业援助，（25）职业技能培训、鉴定和生活费补贴，（26）“12333”人力资源和社会保障电话服务，（27）劳动关系协调，（28）劳动用工保障
		工伤失业保险服务	（29）失业保险，（30）工伤保险
4	病有所医	公共卫生服务	（31）建立居民健康档案，（32）健康教育与健康素养促进，（33）传染病及突发公共卫生事件报告和处理，（34）卫生监督协管服务，（35）慢性病患者健康管理，（36）地方病患者健康管理，（37）严重精神障碍患者健康管理，（38）结核病患者健康管理，（39）艾滋病病毒感染者和病人随访管理，（40）社区易感染艾滋病高危行为人群干预，（41）基本药物供应保障服务，（42）职业病健康管理
		医疗保险服务	（43）职工基本医疗保险，（44）城乡居民基本医疗保险，（45）疾病应急救助
		计划生育扶助服务	（46）农村符合条件的计划生育家庭奖励扶助，（47）计划生育家庭特别扶助

续表

序号	类　别	事　项	服务事项
5	老有所养	养老助老服务	（48）老年人健康管理，（49）老年人福利补贴
		养老保险服务	（50）职工基本养老保险，（51）城乡居民基本养老保险
6	住有所居	公租房服务	（52）公租房保障
		住房改造服务	（53）城镇棚户区住房改造，（54）农村危房改造
7	弱有所扶	社会救助服务	（55）最低生活保障，（56）特困人员救助供养，（57）医疗救助，（58）临时救助，（59）受灾人员救助
		公共法律服务	（60）法律援助
		扶残助残服务	（61）困难残疾人生活补贴和重度残疾人护理补贴，（62）重度残疾人最低生活保障，（63）残疾人托养照护服务，（64）残疾人康复服务，（65）残疾儿童及青少年教育，（66）残疾人职业培训和就业服务，（67）残疾人文化体育服务，（68）残疾人和老年人无障碍环境建设
8	军有所抚	优军优抚服务	（69）优待抚恤，（70）退役军人安置，（71）退役军人就业创业服务，（72）烈士纪念活动和宣传教育，（73）特殊群体集中供养
9	文有所化	公共文化服务	（74）公共文化设施免费开放，（75）送戏曲下乡，（76）收听广播，（77）观看电视，（78）观赏电影，（79）读书看报，（80）少数民族文化服务，（81）参观文化遗产，（82）公益假日活动、流动少年宫进农村进社区，（83）档案查询利用
10	体有所健	公共体育服务	（84）公共体育设施开放，（85）全民健身服务

续表

序号	类　别	事　项	服务事项
11	事有所便	生活便利服务	（86）公共交通，（87）公共法律服务，（88）邮政快递服务
		生活安全服务	（89）食品安全监管，（90）药品安全监管，（91）社会治安，（92）防灾避险，（93）突发事件应急管理，（94）气象服务
		生活环境服务	（95）环境质量

资料来源：浙江省人民政府：《浙江省基本公共服务标准（2021年版）》（浙发改社会〔2021〕457号）。

对于欠发达地区，需要专项公共服务人才扶持政策。2022年开始，人力资源社会保障部印发《关于单独划定部分专业技术人员职业资格考试合格标准有关事项的通知》，对国家乡村振兴重点帮扶县单独划定部分专业技术人员职业资格考试合格标准。通过特惠型职称认定标准、岗位标准等吸引更多的教师从事基础教育工作，增加乡村教师的补贴与补助，提高生活补助标准，让更多的乡村教师从事一线教育工作。此外，改革公共服务管理体制，也是解决基层公共服务人才缺乏的可行途径之一。福建三明“县管乡用”医生管理模式，有效解决了乡村医疗卫生人员不足的困境。

案例：福建三明“县管乡用”医生管理模式

福建省三明市在医改过程中提出并实行了“县管乡用”的医生管理及使用制度，探索出了补充基层医生数量、提高基层医生素质的一种新模式。三明市位于福建省中西部山区，过去三明市的经济总量和地方财政收入在福建省排名靠后。2012 年，在医保基金面临“穿底”风险的情况下，三明医改正式启动。三明医改主要包括三部分内容，简言之第一阶段，整治以赚钱为中心的医疗模式；第二阶段，回归以治病为中心；第三阶段，建设以健康为中心的模式。在第三阶段的改革中，三明市开展了有关“县管乡用”的探索。2023年，三明市发布《关于深化紧密型县域医共体人员管理的意见》，提出通过组建总医院（医共体）进一步优化整合县域医疗卫生资源，提升基层医疗卫生服务能力和保障水平，加快推进紧密型县域医共体建设的具体措施。在编制使用、人员招聘、人事安排等方面赋予县域更多自主权，推动优质医疗资源下沉。

在改革编制管理方式方面，在保持现有各基层医疗卫生机构事业单位性质和公益属性不变的基础上，将医共体范围内的乡镇卫生院、社区卫生服务中心从由县（市、区）卫健部门管理调整到总医院（医共体）管理，并将人、财、物、事、绩、管等全部收归由总医院（医共体）统筹管理。在优化人员调配管理方面，由各总医院（医共体）根据工作需要提出其在编在岗的财政核拨、财政核补事业单位人员的调配意见，经各县（市、区）医改领导小组会议研究同意，向同级卫健、编制、人社部门报备后组织实施。在人员招聘方面，推动基层医疗卫生人才“县管乡用”，总医院（医共体）内的人员由各总医院（医共体）统一招聘、培训、调配和管理。

资料来源：三明市政府及作者 2023 年 3 月实地调研。

无论是教师还是医生，增加对这些公共服务人员的培训都应放在首要位置。除了线下教育外，利用互联网开展的远程教育也同样重要。通过互联网 + 的手段，偏远地区的教师、医生等公共服务人才可以得到能力提升。四川省的“四川云教”项目让甘孜、阿坝、凉山州等偏远地区的学生与老师有机会与成都重点中学的老师共同学习。东西部协作和对口支援除了向落后地区输送医生、教师等援外人才外，还通过多项措施帮助西部地区的医生、教师到东部地区进行长短期培训。除教师外，东部地区还通过研讨会、培训班、代理校长等交流项目，对西部地区的学校管理人员进行培训与交流，培养西部地区的教育管理人才并因地制宜地开展本地教育改革。

第三节　新技术变革对农民工就业的影响

一、农民工就业情况

根据国家统计局《2022 年农民工监测调查报告》，2022 年全国农民工[①]总量 29562 万人，接近 3 亿，比上年增加 311 万人，增长 1.1%。其中，本地农民工 12372 万人，比上年增加 293 万人，增长

① 农民工：指户籍仍在农村，年内在本地从事非农产业或外出从业 6 个月及以上的劳动者。本地农民工：指在户籍所在乡镇地域以内从业的农民工。外出农民工：指在户籍所在乡镇地域外从业的农民工。农民工月均收入：指农民工本年度从业收入和从业时间（月）的比值。

2.4%；外出农民工 17190 万人（表 4-1），比上年增加 18 万人，增长 0.1%。农民工总量持续增长，本地农民工的增速快于外出务工农民工。外出务工的农民工中，省内流动比跨省流动的农民工增幅较大，这说明，相较于以往的大规模跨省流动，更多数农民工选择了在省内就业。跨省流动的农民工中，去往中西部就业的农民工增长较快，其中去往中部省的农民工较 2022 年增长 3%，去往西部省的农民工较 2022 年增长 2.5%，去往东北地区的较往年下降 5.7%。

99.5% 的农民工在二三产业就业（表 4-3）。其中第三产业占 51.7%，第二产业占 47.8%。分行业看，从高到低依次是：制造业占 27.4%，建筑业占 17.7%，批发和零售业占 12.5%，交通运输仓储和邮政占 6.8%，住宿餐饮业占 6.1%，居民服务修理和其他服务业占 11.9%。其中，2022 年制造业农民工数量与往年基本持平，建筑业下降 1.3%。

表 4-3　农民工就业分布情况（2021—2022）

单位：%

行　业	2021 年	2022 年	增　加
第一产业	0.5	0.5	0
第二产业	48.6	47.8	−0.8
其中：制造业	27.1	27.4	0.3
建筑业	19	17.7	−1.3
第三产业	50.9	51.7	0.8
其中：批发和零售业	12.1	12.5	0.4
交通运输仓储和邮政业	6.9	6.8	−0.1
住宿餐饮业	6.4	6.1	−0.3
居民服务修理和其他服务业	11.8	11.9	0.1

数据来源：国家统计局：《2022 年农民工监测调查报告》。

二、机器人、平台公司与农民工就业

（一）机器人对农民工的取代

随着新技术的发展，那些从事“可编码的”重复性劳动的工人最容易受到影响。富士康是全球最大的电子产业装配企业，企业将机器人引入生产线后，用工量减少了1/3。① 工业机器人安全、精准，重复使用率远高于人工作业。新冠疫情过后，餐饮、酒店、快递等服务型行业也引入了机器人。可以预料，未来随着机器人产业的不断发展，机器人的制造成本将不断下降，机器人的使用将更普遍，同时机器人对简单工种劳动的冲击将更大。根据世界经济论坛2016年的预测，2020年后，全球有710万人工雇员将因机器人的替代而失业，同时市场会创造约200万个新的就业岗位，也就是总计有510万份工作会被机器人“抢走”。其中，失去就业岗位最多的将是医疗保健行业，这也反映了远程医疗的发展，紧随其后的将是能源与金融行业。② 科技的发展日新月异，2016年的预测与现在的发展明显存在滞后性。在技术变革与市场变革共同作用的洪流中，如何提升农民工的技能水平是未来农民工要面临的主要挑战。

---

① The World Bank, *World Development Report 2019: The Changing Nature of Work*, International Bank for Reconstruction and Development / The World Bank, 2019, p.21.

② World Economic Forum, *The Future of Jobs: Employment, Skills and Workforce Strategy for the Fourth Industrial Revolution*, World Economic Forum, 2016, p.13.

（二）平台公司对农民工的影响

平台经济的发展促进了灵活用工的发展。工作性质的变革让越来越多的青年农民工实现了从平台获得就业的机会。尽管有很多农民工担心平台经济会对传统就业造成的冲击，但整体而言平台经济能够促进农村流动人口的就业质量，能够提高工资收入，在国家劳动保护力度不断增加的情况下，社会保障、劳动合同等劳动保护水平有所提高，但对本地工作年限、职业预期稳定性会产生消极影响。综合而言，数字经济的发展对“促就业”效果明显，未来还要在“稳就业”方面做更多努力。① 长远来看，随着农民工数字素养的不断提升，平台经济对农民工就业的影响更多体现在拓宽就业搜寻渠道、提升就业质量、激发创新活力、保障权利等方面。

（三）社会情感技能与农民工培养

世界银行报告显示，从手工职业和认知性职业的回报率来看，认知性职业的回报率明显高于手工职业的回报率，并且这种回报率的差距会随着数字经济的发展继续拉大。认知性工作年限每增加一年，工资收入上涨 2.9%，而手工职业工作年限每增加一年，则工资上涨 1.9%。② 从表 4-4 可以看出，在我国的共享经济中，知识技能、

---

① 参见彭丽娜、徐家鹏、姜志德、闫振宇：《数字经济对农村流动人口就业质量的影响》，《人口与发展》2023 年第 4 期；王若男、张广胜：《数字经济与农业转移人口就业质量：促进或抑制》，《农业技术经济》2023 年第 4 期。

② The World Bank, *World Development Report 2019: The Changing Nature of Work*, International Bank for Reconstruction and Development / The World Bank, 2019, p.92.

生活领域的份额上升，这都为女性农民工就业提供了更多的机会。由于女性天然的性别优势，在沟通、交流、服务等领域具有男性无法比拟的优势。因此，新经济的发展环境有可能为女性就业创造新的爆发点，尤其是直播带货、探店经济、探店＋民宿等新业态的影响将增加女性农民工的就业机会。近年来一些社会组织在政府的引导下开展了类似的培训创业行动，例如“香橙妈妈”项目、“瑶族妈妈一间房”项目等。

表 4-4　2020—2022 年我国共享经济发展概况

共享经济市场交易额（亿元）				
领　域	2020 年	2021 年	2022 年	2022 年同比增速（%）
交通出行	2276	2344	2012	–14.20
共享住宿	158	152	115	–24.30
知识技能	4010	4540	4806	5.90
生活服务	16175	17118	18548	8.40
共享医疗	138	147	159	8.20
共享办公	168	212	132	–37.70
生产能力	10848	12368	12548	1.50
总　计	33773	36881	38320	3.90

数据来源：国家信息中心分享经济研究中心。

案例：新业态、新技能促进女性就业

2023 年，国家乡村振兴局公布社会帮扶助力巩固拓展脱贫攻坚成果同乡村振兴有效衔接典型案例，友成企业家乡村发展基金会开展的“香橙妈妈”项目助力乡村妇女增收致富，被纳入 36 个典型案例之中。案例显示，友成企业家乡村发展基金会开展“香橙妈妈”项目，以电商培训为主抓手，聚焦“电商就业创业 + 孵化陪伴”“金融教育 + 咨询陪伴”“女性心理关怀 + 领导力培养”等内容，探索出了一套多主体协同参与、学员精确选拔、线上 + 线下跟踪式培训、规范化执行的“乡村女性数字化赋能增收”模式，着力提升学员的电商基础知识、网络平台运营实操技能、市场推广技能、沟通组织技巧等能力。项目惠及全国 12 省 101 个县市 16528 名乡村女性，通过项目培训实现直播带货创业的学员年平均增收额达 16256 元。项目针对经济落后地区的妇女，通过“线上线下创业技能培训 + 女性创业孵化指导 + 创业运营资源对接”的创新模式，采用“学习、练习、实践”合一的赋能教学体系，带领乡村妈妈完成 1 学年的创业学习，从互联网思维、电商技能、产品打造、营销推广、女性心理、女性领导力、财务金融、团队管理等多个领域为乡村女性赋能，帮助她们实现自我价值。

资料来源：国家乡村振兴局、友成企业家乡村发展基金会，2023 年。

（四）数据与农民工权益维护

目前，平台就业的规制还不完善，因此加强数字平台治理，避免“就业陷阱”迫在眉睫。平台就业保障问题已经引起了政府部门的重视。2021 年，人力资源社会保障部等联合出台《关于维护新就业形态劳动者劳动保障权益的指导意见》，要求各部门积极倡导建立招聘信息丰富、咨询服务多样、知识技能培训便捷、切实保障农民工权益的数字化就业服务平台。统一规范行业标准，对高质量就业信息进行系统整合，避免农民工群体遭遇“就业陷阱”，实现高质量就业。加强数字平台治理，对经营主体进行培育，鼓励其探索数字平台服务质量提升机制，开放社会主体参与平台秩序维护，实现市场供需匹配。鼓励并督促大企业提供优质就业帮扶服务，推进数字资源高效流通，建立可持续的数字化就业服务市场。

三、提升学习能力应对新技术变革

（一）提升农民工终身学习能力

一方面，农民工年龄偏大，需要提升学习能力应对新技术革命。虽然目前30—50岁的青壮年农民工仍是农民工的主力军，占比超过50%，但50岁以上农民工逐年上涨，从2018年的22.4%增长到2022年的29.1%。另一方面，农民工受教育程度的提高也为再培训提供了条件。在全部农民工中高中以上文化程度占17%，大专占13%；在外出务工的农民工中，大专以上占18.7%，在本地就业的农民工中，大专以上占9.1%。这些青壮年劳动力的受教育程度普遍较高、学习能力强，因此及时的技能培训能够提升其适应数字变革的能力。

为满足日新月异的技术变革，终身学习（Livelong study）和学校以外的学习不再是一句口号，而是农民工在城市可以稳定就业的基础。2017年，中共中央、国务院印发《新时期产业工人队伍建设改革方案》；2023年，人力资源社会保障部办公厅发布《加强农民工职业技能培训工作的意见》，这些政策都重视农民工的技能培训。加快职业教育课程设置的变革，以适应新技术变革和新需求的增长。例如，传统的燃料汽车快速被新能源汽车取代，这就要求产业工人掌握数字技术，适应这种行业的变革，避免出现结构性失业。围绕技术的快速迭代，农民工的职业技能迭代也需跟上时代的步伐。终身学习能力的培养，是农民工适应时代变化的基础。

（二）加强人才服务促进农民工就业

人才服务的供给方主要包括政府、用人单位和中介组织。为满足人才服务的需求，各级政策加强了对人才政策的宣传及农民工的培训。为满足人才服务社会化的要求，加大各级政府与职业院校中就业部门、职业培训机构、人力资源服务间的合作，公私合作（PPP）模式的人才服务不断增加。东西部协作和对口支援是我国特有的区域经济合作发展模式，劳务协作和就业帮扶是其中的重要内容。脱贫攻坚期间，除了前文提及的“雨露计划”这种全国性的职业教育与就业服务以外，东部地区与西部地区之间也展开了各类将职业教育、就业帮扶、劳动保护相结合的探索与实践。这种基于市场需求的合作促进了生源地职业教育的发展，增加了学生的学习能力和适应能力，促进了西部地区职业教育的质量提升。因此，要充分利用东西部协作、数字就业服务平台、中介市场等多种渠道加强针对农民工的就业促进服务。

第四节　科技特派员制度创新与人才振兴

一、科技特派员制度的发展历程

科技特派员制度是一项源于基层探索、群众需要、实践创新的制度安排，主要目的是引导各类科技创新创业人才和单位整合科技、信息、资金、管理等现代生产要素，深入农村基层一线开展科技创业和服务，与农民建立“风险共担、利益共享”的共同体，推动农村创新创业深入开展。

（一）科技特派员制度起源于福建南平

为破解“三农”发展面临的一系列问题，1998 年南平市委、市政府组织了 3000 多名干部下乡驻村调研、问计于民。为适应许多农民提出的由政府派出农技人员帮扶他们依靠科技兴农致富的要求，南平市委、市政府于 1999 年 2 月从市县两级涉农部门、农业科研院所以及部分乡镇农技站中，选派首批 255 名农业科技人员到 215 个行政村担任科技特派员。这些科技特派员主要是根据各村按农业产业发展需要提出对科技服务项目的需求来选派，大多数科技特派员只负责一个村的工作，少数人根据产业和产品生产的需要，负责多个村、多个乡镇，甚至跨县（市、区）指导一个产业发展，任职时间一般为一年。[①] 该项制度针对农民群众科技服务缺乏的问题，在保留原单位待遇的前提下，将科技素质较高的干部下派到农业农村生产第一线，开展技术咨询、培训、示范等形式科技服务，并获取相应的报酬。

（二）1999 年宁夏回族自治区设计农村科技创业行动

宁夏在枸杞销售和加工环节引入科技特派员创业，这些科技特派员有一定的市场能力、创业能力、组织能力，还真心实意跟农民共同致富。2002 年，科技部在总结“南平经验”的基础上，决定在宁夏等西部省份开展科技特派员试点工作。宁夏考虑到本地科技工作人员数量不足、质量不高的客观实际，在全区所有市、县（区）全面推行科技特派员创业行动，提出把科技特派员拓展为有能力把科技要素导入农业生产、跟农民共同致富的主体。农村科技特派员形成了政府推动与市场拉动结合的科技服务机制，培育了以科技创业活动为主要特征的宁夏模式。[②]

2003 年，浙江省开展科技特派员试点，首批 101 名科技特派员被派往全省 25 个欠发达乡镇，实施科技扶贫行动。时任浙江省委书记的习近平同志对科技特派员作出了批示，指出科技特派员制度是一项创新举措，旨在解决农民生产经营中的科技难题和培训适用技

① 习近平：《努力创新农村工作机制——福建省南平市向农村选派干部的调查与思考》，《求是》2002 年第 16 期。

② 刘霄霞：《发展新质生产力：六次产业理论的实践与创新——专访科技部原副部长、复旦大学六次产业研究院院长张来武》，《环球财经》2024 年第 4 期。

能。2004年，科技部、人事部联合下发《关于开展科技特派员基层创业行动试点工作的若干意见》(国科发政字〔2004〕542号)，在全国范围内开展科技特派员制度试点，围绕队伍建设、服务模式、服务功能、服务载体、管理体制、理论探索等方面开展了各具特色的创新实践。2006年、2007年，科技部联合人事部、农业部，先后在福建省南平市和山东省聊城市召开全国科技特派员“试点工作会议”和“经验交流会”，进一步推进全国科技特派员工作。科技部、商务部与联合国开发计划署还共同启动“中国农村科技扶贫创新和长效机制探索”项目。科技创业创新随之呈现出蓬勃发展局面。2009年，科技部、人力资源和社会保障部、农业部、教育部、中宣部、国家林业局、共青团中央、中国银监会八部门成立科技特派员农村科技创业行动协调指导小组，出台《关于深入开展科技特派员农村科技创业行动的意见》(国科发农〔2009〕242号)，召开全国科技特派员工作会议，并启动了科技特派员农村科技创业行动。此后，国家林业局、全国供销合作总社、共青团中央、全国妇联等先后启动了本行业和本系统的科技特派员创业专项行动。

党的十八大以来，科技特派员作为解决乡村科技人才不足的重要力量，2012—2016年科技特派员工作连续五年写入中央一号文件。2016年5月，国务院办公厅印发了《关于深入推行科技特派员制度的若干意见》(国办发〔2016〕32号)。《意见》下发后，各地各部门加强组织领导，完善工作机制，搭建服务平台，注重宣传引导，充分调动各方面的积极性，进一步激发广大科技特派员创新创业热情，推动了科技特派员工作的蓬勃发展。在《意见》的推动下，全国形成百万科技特派员服务乡村产业发展的新格局。2019 年 10 月 21 日，科技特派员制度推行 20 周年总结会议在北京召开，会上传达了习近平总书记对科技特派员制度推行 20 周年作出的重要指示。习近平总书记指出，科技特派员制度推行 20 年来，坚持人才下沉、科技下乡、服务“三农”，队伍不断壮大，成为党的“三农”政策的宣传队、农业科技的传播者、科技创新创业的领头羊、乡村脱贫致富的带头人，使广大农民有了更多获得感、幸福感。习近平总书记强调，创新是乡村全面振兴的重要支撑。要坚持把科技特派员制度作为科技创新人才服务乡村振兴的重要工作进一步抓实抓好。广大科技特派员要秉持初心，在科技助力脱贫攻坚和乡村振兴中不断作出新的更大的贡献。

二、福建南平模式与宁夏模式

（一）科技特派员南平模式

2021 年 3 月，习近平总书记到福建考察时，再次充分肯定了南平市科技特派员工作。近年来，南平进一步创新科技特派员工作机制，强化要素保障，搭建培训交流平台，让科技特派员制度焕发出乡村振兴新活力。南平模式经过二十多年的实践，在福建省以及全国得到推广，已经形成以下特征。

构建完整的科技特派员网络。在市级科技特派员工作领导小组的综合协调下，在县、乡、村三级分别设立科技特派员服务中心、服务站和服务室，形成“主要领导统筹，分管领导主抓”和“部门协同、上下联动”的工作机制。

创新科技特派员选派方式。南平市打破专业、身份、地域等边界，从一产向二产、三产延伸，从单一科技服务向综合服务拓展，从节点服务向全产业链服务拓展。全市推荐选认省级个人科技特派员、科技特派团、法人科技特派员。到2022年，全市共有在岗科技特派员1589人、科技特派团715个、法人科技特派员26个。个人科技特派员大多为科技人员，科技特派团通常由科研机构组团式服务，法人科技特派员中的一部分是企业法人。

为服务创新创业加强科技金融支持。南平市创新推出科技金融产品“科特贷”，向科技特派员领办、创办和服务企业发放贷款，并由市财政与省农业融资担保公司共同出资设立资金担保池，与商业银行合作推出“政银担”科特贷金融产品，推动利益共同体培育。此外，对接数字平台还建立了“科特卖”，通过平台驱动销售农特产品。

（二）科技特派员宁夏模式

因政府科技人才不足而倒逼出的宁夏模式的典型特征是科技特派员创新创业。创新创业需要有法人作为组织载体，宁夏科技特派员的一半以上是法人科技特派员。宁夏模式以创新创业为基本特征，因此，在乡村振兴阶段，科技特派员的生命力，除了政府引导之外，最重要的就是创新创业驱动和数字化转型发展。除了创新创业外，宁夏模式还呈现以下特征：

把信息作为新生产要素，提高农业生产效率。宁夏模式在最初的文件中就明确提出将“信息”作为新的生产要素，而且按照“平台上移，服务下沉”的模式，进行信息化建设。正是有了农村信息化的基础，宁夏的科技特派员创新创业模式才具有了数字化赋能的基础。

推进科技特派员组团式服务，形成科技特派员创新联合体。宁夏聚焦县域特色优势产业发展，吸引来自技术服务部门以及企业的人才组建科技特派员创新联合体，开展科技特派员组团式服务，形成创新创业和科技服务合力，助推产业融合发展。

传承东西部协作科技特派员精神，借助福建专家横向赋能。鉴于宁夏本土科技特派员资源限制，以林占熺教授为代表的来自“闽宁协作”的科技特派员，创建了中国东西部地区间派遣科技特派员的先例。来自发达地区的专家带着发达地区的技术、发展经验，助力宁夏脱贫攻坚和乡村振兴。这体现了我们国家实施东西部协作的政治制度优势。

三、科技特派员问题分析

目前的科技特派员在科技服务方面发展顺利，在创新创业方面发展相对滞后。从外因来看，科技特派员创业的大环境发生了变化。2023 年是新冠疫情后经济恢复发展的一年。2023 年，中央经济工作会议指出，进一步推动经济回升向好需要克服一些困难和挑战，主要是有效需求不足、部分行业产能过剩、社会预期偏弱、风险隐患仍然较多，国内大循环存在堵点，外部环境的复杂性、严峻性、不确定性上升。在这样一个背景下，科技特派员创业面临着困难和挑战是不言而喻的。

另一方面，科技特派员与数字经济的发展不同步。2020 年以来数字经济持续发展，产业数字化、数字产业化都在加快深化。区块链、虚拟现实、人工智能、元宇宙等新兴技术都取得了革命性的突破。科技特派员制度目前处于平台期，更主要的原因是在于内部因素，也就是我们对于农村产业发展趋势的认知、理论创新、发展路径和政策创新等方面没有保持与时俱进。

再者，科技特派员缺乏全国性的数字化管理平台，无法实现科技创新成果和科技帮扶经验的有效链接。一些省市的科技特派员管理平台十分活跃，例如南平市科技特派员云平台，包括了信息化管理、人工智能诊断、科技成果可视化展示等多项内容。然而到目前为止，在全国层面的科技特派员组织还没有建立，也没有相应的数字化服务平台。全国的科技特派员有百万之众，如何把科技特派员组织起来是个重要的问题。

总的来讲，目前科技特派员创业处于平台期，既有不利的因素，也孕育着新的机会。2023 年在浙江推行科技特派员制度 20 周年之际，习近平总书记给浙江科技特派员代表回信，体现了习近平总书记对科技特派员制度的高度重视。在过往的实践中，科技特派员的互联网销售能力已经得到提升，但是数字时代的第四产业要求远不止于此。一方面，人工智能、5G、生成式 AI、云平台等不断更新，科技特派员如何筛选并利用这些新技术是摆在他们面前的新课题；另一方面，消费者将不满足于同质化的物质产品消费，乡村的精神消费逐步成为主力军。在这一趋势下，深入挖掘农业多种功能、乡村多元价值，通过创意设计创造新的消费增长点将成为科技特派员创业的另一引擎。

四、新时代科技特派员打造生态农业六产化

新时代需要打造一支具备数字化思维，能够利用数据要素和数字平台，构建新商业模式的新时代科技特派员。新时代科技特派员需要培育生态系统能力，通过数字化、生态化打造生态农业六次产业化。

所谓生态农业六产化可以概括为一个基本公式：六次产业化＝数字化⊕生态化，这里的⊕指的是系统的运算。[①] 过去科技特派员主要是在促进农村一二三产业融合中进行创新创业，即把二产和三产导入农村，促进产业链延伸和价值链提升。新时代的科技特派员需要有经营数据的第四产业思维，以及经营用户体验价值的第五产业思维，形成生态模式跨界融合的第六产业。为此，新时代科技特派员人才培养需要重点加强以下几个方面的能力：

一是加强生态经济思维。生态经济的核心是把每个科技特派员

---

① 张来武：《生态农业六次产业化：新时代科技特派员创新创业》，社会科学文献出版社 2024 年版，第 7 页。

打造成一个创客，创客团队形成一个“创群”，若干创客在产业链和价值链中形成“链群”，整个“链群”构成一个生态农业系统，数据在其中可以分享和再利用。创客的目标是设计和经营用户体验价值，无限接近用户，甚至是用户参与共创的创新创业过程。经营用户体验价值的核心，除了充分利用数据要素和数字平台之外，还要通过文化创意把乡土元素、民族风情、自然生态等融入产品和服务中，提升用户的体验价值。用户体验价值带来新的价值增值，从而连接城市和乡村，融合不同产业，为乡村全面振兴以及城乡融合发展注入数据动能、创意动能。

二是培育数字化能力。生态农业六产化是一种数字经济时代的新型农业产业组织模式，其培育的基础是数据要素，支持平台是数字平台，价值增值来源于围绕用户体验创造价值，通过数据与用户体验价值的多次经营，实现边际报酬递增，打破农业生产经济学的边际报酬递减规律。那么，如何培育科技特派员数字化能力就是一个关键问题。农业产业的数字化、生态化涉及众多主体，如何低成本利用平台资源，拉近与用户的距离，迈向“零距离”目标，是指导科技特派员培育数字化能力的核心准则，而不一定是自己建造平台。充分利用平台连接各个节点，创造价值、分享价值，为用户体验设计产品和服务，这构成培育科技特派员数字化能力的核心环节。

三是创造用户体验价值。创造用户体验价值，一方面需要与用户“零距离”感知用户需求的不断变化，另一方面需要用户参与共创价值。用户参与共创价值，意味着用户不仅是消费者，也是生产者。众多的用户参与共创，为农业六次产业化源源不断注入外部创新动力，农业将成为一个充满活力的阳光产业。那么，创意驱动的设计就成为新时代农业发展的一个重要驱动力。农业农村部开启了“印迹乡村”文化创意大赛，其目的正是为村庄规划设计、农产品包装设计等注入创意设计力量，推动农业在创意设计驱动下，培育新的功能，创造新的价值增值。

第五章　乡村文化的传承发展与繁荣

文化是一个国家、一个民族的灵魂，乡村文化振兴是乡村振兴的重要内容和有力支撑。习近平总书记在党的二十大报告中指出，乡村振兴，既要塑形，也要铸魂。全面实现乡村振兴，实现真正的乡村振兴，必须实现乡村文化振兴。习近平文化思想为乡村文化振兴提供了指南。本章第一节阐释乡村文化与现代文明的内在联系，第二节分析可供挖掘的乡村文化资源，第三节讨论乡村文化产业繁荣发展如何赋能乡村振兴，第四节讨论如何保障乡村文化民生。

第一节　乡村文化与现代文明的内在联系

通过对优秀传统乡村文化的再造、与现代文明的融合来实现现代民族国家的富强与振兴，具有显著的价值。经过经济、政治与社会现代化进程的发展，逐渐形成了现代乡村文明。乡村文化与现代文明，两者既具有互通性，也存在差异性。文明是文化发展到一定阶段形成的，文明包含的范围更广。[①] 中国特色社会主义现代化坚持以人民为中心，推动物质文明、政治文明、精神文明、社会文明、生态文明的协调发展。中国共产党自成立以来，都在有意识地形塑乡村文化。习近平文化思想坚持把马克思主义基本原理同中国具体实际相结合、同中华优秀传统文化相结合，推进社会主义文化建设理论创新、实践创新、制度创新。党的十八大以来，以习近平文化思想为指引，中国把乡村文化与现代文明相结合，持续推动乡村文化的传承、发展与繁荣，有助于我们在立场上坚定乡村文化与现代文明的传承与创新，在行动上促进乡村文化与现代文明的互补与共生，在思想上厚植乡村文化与现代文明的自信与融合。

一、乡村文化与现代文明的传承创新

乡村文化与现代文明共同构成了当下中国社会的重要元素，两者之间既有传承又有创新。一方面，乡村文化是中华文明的重要组成部分，承载着丰富的历史记忆和文化基因，是中华儿女共同的根脉和源泉，需要传承优秀的乡村文化。另一方面，现代文明的发展也为乡村文化提供了新的机遇和平台，为其传承、发展和繁荣提供了更广阔的空间。中华文明的现代化转型不是转轨，而是在继承传

① 李淑梅、宋扬、宋建军：《中西文化比较》，苏州大学出版社 2016 年版，第 4—5 页。

统文明基础上的创新发展。习近平总书记高度重视弘扬中华优秀传统文化，指出中华优秀传统文化是我们党的创新理论的“根”，强调决不能抛弃中华优秀传统文化这个根脉。乡村是中国文化生长的沃土，也是中国文化诞生的摇篮。

乡村文化作为传统文化的重要载体，承载着丰富的历史遗产和深厚的文化底蕴。乡村文化具有传递性，这种传递机制分为横向传递和纵向传递。乡村文化的横向传递表示横向空间场域中的人际传递，纵向传递表示历史脉络中的代际传递。现代文明在发展过程中，需要汲取乡村文化的智慧，坚定文化发展根脉。坚定文化发展根脉是树立文化自信和保护历史文化资源的前提，中华优秀传统文化这个根脉，是我国五千多年智慧的结晶，已经深深根植于每个中国人内心。乡村文化承载着中国从古至今的历史底蕴。在继承优秀乡村文化的同时，需要推动乡村文化在现代化发展中创新发展。通过乡村文化的创新发展与社会实践的不断深化，文化以其特有的自我创造性，实现了超越自我、生产自我、更新自我、创造自我的发展，逐渐形成了现代文明。党的十八大以来，习近平总书记围绕新时代文化建设提出一系列新思想新观点新论断，形成了习近平文化思想，表明我们党的历史自信、文化自信达到了新高度。随着时代的发展，传统文化需要在发展中继承，也需要与时俱进，在创新中发展。坚定文化发展根脉同时需要传承和创新中华优秀传统文化。这种内在联系体现在对传统文化的尊重与传承，以及对现代文明的开放与包容。

二、乡村文化与现代文明的互补共生

乡村文化不能简单地理解为农村文化，更不能与城市文化形成二元对立的局面。西方学者雷德菲尔德提出的“大传统”“小传统”以及海根提出的“双元社会”理论，倾向于把乡村文化论述为村落与城市两个层面对立的状态，这种对立的观念并不适于中国乡村文化的发展。受中华优秀传统文化的影响，乡村文化与现代文明之间的内在联系更适合从辩证法的视角来解释，两者具有互补与共生的特性。乡村文化以其独特的地域性、民俗性和传统性，为现代文明提供了宝贵的补充。乡村文化经过历史的发展，受到不同因素的影响使得乡村文化呈现出不同的发展趋势：一方面，乡村文化受到各种因素的冲击而衰落；另一方面，乡村文化又可以以自身的包容性吸引外来因素而丰富自身。现代文明则以其科技、教育和信息等优势，为乡村文化的传承与发展提供了有力支持。这种内在联系体现在两者之间的互补共生，共同推动着社会的进步与发展。

三、乡村文化与现在文明的自信融合

习近平总书记在党的二十大报告中指出，必须坚定历史自信、文化自信。习近平总书记在文化传承发展座谈会上强调，“要坚定文化自信、担当使命、奋发有为，努力创造属于我们这个时代的新文化，建设中华民族现代文明”。[①] 乡村文化自信与乡村文化复兴、繁

① 《习近平在文化传承发展座谈会上强调　担负起新的文化使命努力建设中华民族现代文明》，《人民日报》2023 年 6 月 3 日。

荣是相辅相成的关系，乡村文化自信是实现乡村文化振兴的动力和保证。随着经济全球化的发展，中国乡村文化受到外来文化的冲击，再加上城镇化进程的加快，乡村文化边缘化、空心化趋势越发严重，乡村文化发展的思想与理念得不到认同，这导致人们精神上缺乏归属感，与乡村文化振兴中的精神文明建设要求不匹配。因此，在乡村振兴战略全面推进的过程中，加强乡村文化自信势在必行。

随着经济的发展和社会的冲击，乡村文化与现代文明需要更好的对接，需要更加突出文化的自我觉醒、自我反省、自我创建，而增强乡村文化自信势必成为实现乡村文化再生产的一条有效路径。文化自信下的乡村文化振兴包括两个重要方面，一是对乡村文化本身价值与理念的认同，二是对乡村传统文化内容的挖掘。首先，乡村传统文化的价值很高，乡村文化振兴不是摒弃传统文化，而是在推进乡村全面振兴中，挖掘我国乡村传统文化的时代价值，在继承中融合创新，实现乡村传统文化的创造性转化。其次，对待乡村文化不仅需要继承，更需要在新时代背景下有所创新，使乡村文化更符合当下社会经济、政治的发展，增强人们对乡村文化的认同感和归属感，促进乡村文化的发展。①

但是就目前来看，乡村经济与文化发展不平衡，经济的快速发展与城镇化的推进使得城乡经济差距拉大，越来越多的人选择离开

① 夏春子:《文化自信下的乡村文化振兴：治理逻辑与创新发展》,《农业经济》2023年第10期。

农村走向城市。在这种趋势下，农村人才流失，乡村文化受到冲击被逐渐淡化，农村传统文化的物质载体失去承载传统文化艺术符号与行为表达的功能。除此之外，随着互联网的发展和各种信息技术的应用，人们过多关注网络上的各类碎片化的信息，对于乡村文化缺乏系统的了解和深入的学习，导致对乡村传统文化的认知出现片面化的问题。

第二节　挖掘乡村文化资源

利用和挖掘乡村文化资源是乡村文化建设的重要抓手之一。有学者认为优秀的传统文化可以通过浸透效应、示范效应和融合效应推动文化产业发展进而带动当地经济可持续发展。[①]以文化资源为生产要素的乡村文化产业对乡村产业振兴也至关重要。我国乡村文化资源丰富，地域和民族特征明显，具有丰富的文化多样性。通过乡村文化产业化开发，实现乡村文化资源的经济价值、社会价值和生态价值创造性转化。然而，快速的现代化进程，使得部分乡村老龄化、空心化，乡村文化资源因无人继承、开发而逐渐消失。如何实现乡村文化资源的整合与利用，将成为乡村文化振兴的首要问题。

---

① 潘锦云、范敏：《优秀传统文化促进区域经济发展的内在逻辑及实现路径》，《经济问题》2017 年第 10 期。

针对我国乡村物质文化和非物质文化丰富的内涵，本书从乡村红色文化、乡村文化遗产、新乡贤文化三类具有代表性的文化视角展开论述。

一、大力保护和传承乡村红色文化

红色文化在乡村振兴中起到精神引领的作用。保护和传承红色文化，是继承革命先辈遗志，弘扬爱国主义革命精神和中华民族优秀文化传统的重要途径之一。2018 年国务院办公厅印发了《关于实施革命文物保护利用工程（2018—2022 年）的意见》，明确指出，“要充分发挥革命文物的作用，弘扬革命精神和爱国热情，加强革命文化保护力度”。乡村红色文化资源可以推动乡村振兴，用红色文化精神塑造新时代文明乡风，深化红色文化认同感，提升文化自信心。红色文化作为一笔宝贵的财富需要传承和保护。

案例：延安木刻版画

木刻版画是延安革命文艺美术创作中成就最显著的领域，因条件艰苦，缺乏绘画和写作的专业材料，木刻这种简便易行的艺术就成为革命宣传和艺术创新的主要形式。20 世纪 30 年代，鲁迅倡导新兴木刻运动，利用木刻版画的便捷性、大众性、可复制性特点，传播新兴观念，使得木刻版画成为时代革命精神传递中的重要一环。抗日战争时期，木刻理念被带到延安，成为鼓舞民族士气，增强红色记忆的重要精神载体。中华人民共和国成立后，版画艺术沿着现实主义的创作道路不断创新，这一时期的延安版画充分反映了延安当地民风民俗、极具地域特色。延安木刻版画记载了不同革命时期的精神状态，发挥着不可磨灭的精神力量。延安版画是时代的产物，是延安精神以及民族文艺传播的重要载体，以木刻形式在传播革命思想、动员广大群众、营造社会风尚、弘扬优秀传统文化、提升人民审美素养、助推乡村振兴等方面具有重要的现实意义。延安木刻版画是延安文艺的精神之光，在抗日战争、解放战争、社会主义革命和建设时期等阶段都产生了巨大的影响，在全球化快速发展的今天，延安版画特殊的创作主题以及创作方式仍具时代价值。首先，发扬延安版画的资源优势，深度挖掘当地地域文化，丰富木刻版画创作内容。在乡村振兴战略的背景下，延安木刻版画可以把延安精神与新时代中国特色社会主义新风尚相结合，充分展现陕北地区风土人情。其次，将木刻版画与数字媒介相结合，利用现代科技的力量，激发民族艺术的活力，增加影响力，让更多人了解到木刻版画的乡村文化艺术精髓。再次，发挥延安木刻版画的品牌效应，推动延安版画与乡村振兴深度融合，在传承延安精神的基础上弘扬社会主义新风尚。

资料来源：根据以下资料整理：代大权：《版画艺术——与时代共进　与人民同行（坚持“两创”铸就辉煌）》,《人民日报》2023年12月3日；许加彪、程伟瀚：《延安木刻版画的在地化逻辑及其中国精神意蕴》,《陕西师范大学学报（哲学社会科学版）》2023年第5期。

乡村红色文化传承可以从人才、机制两个方面着手。人才方面可以注重对农村基层党员、退伍军人、村中的红色精神爱好者以及大学生等群体的红色文化的熏陶和培养，让这些群体发挥示范作用，带头引领乡村红色文化的传承和保护。机制方面建议政府相关部门完善乡村红色文化保护机制，针对当地红色文化特点制定符合地方特色的文化保护措施并且能够高效率执行。红色资源保护和传承中面临红色文化遗存保护欠佳、对非文物红色文化遗存保护重视不够、不同地区对红色资源保护重点和力度差异大以及相关从业人员文化保护知识水平参差不齐等问题。因此要从立法层面加强对红色文化遗址和文物的保护。

二、加强乡村文化遗产保护

党的二十大报告强调要“加大文物和文化遗产保护力度，加强城乡建设中历史文化保护传承”。2023 年中央一号文件提出，“要深入实施农耕文化传承保护工程，加强重要农业文化遗产保护利用”。2023 年住建部发布《住房和城乡建设部等部门关于公布第六批列入中国传统村落名录村落名单的通知》。这些政策都表明政府对乡村文化遗产保护的重视。截至 2023 年，文化和旅游部分五批公布了 1557 项非物质文化遗产，住房和城乡建设部分六批公布了 8155 个中国传统村落、农业农村部已分七批认定了 188 项中国重要农业文化遗产，这些文化遗产分布在全国七个省。中国先后出台了相关法规对文化遗产进行保护，已逐渐形成了以政府主导、社会各界参与的保护模式。

案例：兴坊村

福建省龙岩市上杭县中都镇兴坊村，于 2016 年列入住建部第四批中国传统村落名录。兴坊村面积约 5 平方公里，辖 6 个村民小组（自然村），169 户 734 人，山林面积 6200 亩，耕地面积 652 亩，人均耕地不足 1 亩，主要靠山林资源发展经济。兴坊村具有三大文化资源：一是慕和堂，古色古香，是一座已有 380 多年历史的富有典型客家色彩的大院；二是优秀的村规民约传统文化，兴坊村有着悠久的历史，自乾隆年间就立有“禁止”碑，乾隆四十七年间郑黄两姓留下石碑，禁止盗砍龙山草木、苗竹、挖石等行为。村民坚持秉承祖上遗训，树立良好的生态保护理念。2019 年入选第一批国家森林村庄名单；三是舞狮文化，兴坊舞单狮 2018 年 7 月列入龙岩市第六批非物质文化遗产。兴坊村为了保护和展示这些优秀的传统文化资源，编制了《传统村落规划》《人居环境整治规划》《村庄规划》，并依托龙山旅游资源，发展文化旅游融合产业，带动农民致富。

资料来源：作者 2023 年 2 月实地调研。

随着时代发展和我国城镇化进程的加快，乡村文化呈现出两种发展趋势，一是当地政府借助网络力量带动当地文化遗产出圈，带动当地的经济发展；二是城乡文化差异越来越明显，乡村文化因得不到发展而逐渐衰落，乡村文化遗产也随之被忽视。这两种发展趋势中都存在乡村文化遗产遭到破坏的现象，因此对文化遗产保护的紧迫性日益强烈，文化遗产保护和利用问题逐渐引起政府的重视。我国的文化遗产保护研究起步较晚，虽然取得了一定的成绩，但也存在着许多不足，同时我国乡村文化遗产保护面临多重困境。乡村文化遗产保护管理体制不健全。随着国家对乡村文化遗产保护的倡导，我国各级政府出台了一些政策和法规，但是因我国地大物博，文化遗产涉及面广，特别是乡村文化遗产，大多分布在偏僻的村庄，分布位置零散，分布的文化遗产种类多样，管理难度较大。三是，文化遗产保护主体“结构性缺失”以及工业化、城市化不断侵蚀乡村文化遗产生存空间。

三、激活新乡贤文化的引领作用

乡贤从古至今都在乡村治理中发挥着举足轻重的作用。党的十八大以来，国家先后颁布《中共中央　国务院关于实施乡村振兴战略的意见》《乡村振兴战略规划（2018—2022年）》《关于推动文化产业赋能乡村振兴的意见》等政策，2018年中央一号文件强调“实施乡村振兴战略，要强化乡村振兴人才支撑，以乡情乡愁为纽带，吸引更多人才投身现代农业，培养造就新农民”。新乡贤作为连接基层党组织与农民的桥梁，为国家政策在乡村的落地见效发挥重要作用。当前乡村治理体制的转换激活了新乡贤，新乡贤是新时代提出的概念，区别于旧时代乡绅等具有贬义含义的概念，是在新时代根在乡村、情系乡村，富有时代精神的能人贤才。在乡村振兴战略背景下，新乡贤作为一支可以依托的重要力量，在乡村振兴中具有独特作用。

《中共中央　国务院关于实施乡村振兴战略的意见》指出，要“切实发挥农民在乡村振兴中的主体作用，调动亿万农民的积极性、主动性、创造性，把维护农民群众根本利益、促进农民共同富裕作为出发点和落脚点”。乡村振兴以人为本，在党组织的领导下，通过发挥新乡贤的桥梁作用和引领作用，充分激发农民的主动性。目前，新乡贤文化发展势头良好，在政府的相关政策支持下，新乡贤文化建设取得了较大进展。据相关数据显示，近三年来，浙江省丽水市庆元县累计完成乡贤回归投资项目 146 个，投资额达 17.62 亿元。在 2023 年庆元县人才科技峰会期间签约的 10 个项目中，一半为乡贤投资项目。

尽管新乡贤在参与乡村振兴的发展中取得了一定成果，但是限于乡村传统习惯及其他因素的影响，在进一步乡村振兴中新乡贤的发展面临许多困境与问题。其中之一是关于新乡贤的经济效益与道德引领之间的平衡问题。在新乡贤参与乡村振兴的过程中，个别村组织会更多注重新乡贤带来的经济效益，与新乡贤的合作过于功利化，忽视新乡贤道德品质对乡村文化建设的深度影响作用，这是新乡贤工作面临的主要问题，这种思想定位不利于新乡贤的可持续发展以及良好村民村风的形成。

第三节　繁荣乡村文化产业

乡村振兴战略的实施，为乡村文化产业带来了难得的发展机遇。《中共中央　国务院关于实施乡村振兴战略的意见》提出，到2025年，要实现“优秀传统乡土文化得到有效激活，乡村文化业态丰富发展，乡村一二三产业有机融合，文化产业对乡村经济社会发展的综合带动作用更加显著，对乡村文化振兴的支撑作用更加突出”的发展目标。我国乡村蕴含着丰富的文化资源，具有鲜明的地域文化特色，2022年《关于推动文化产业赋能乡村振兴的意见》明确了“创意设计、演出产业、音乐产业、美术产业、手工艺、数字文化、其他文化产业、文旅融合”等八个文化产业赋能乡村振兴重点领域。本部分首先讨论文化产业的基本概念，然后以手工艺产业、文旅融合产业以及数字文化产业为例进行分析，探讨乡村文化产业的经济价值、文化价值如何极大赋能乡村振兴。

一、文化产业及其特征

“文化”（culture）是社会秩序得以传播、再造、体验及探索的一个必要（虽然并非唯一）的表意系统（Williams, 1981）。[①] 文化

① ［美］大卫·赫斯蒙德夫：《文化产业（第三版）》，张菲娜译，中国人民大学出版社2016年版，第12页。

产业（cultural industries）是指为社会公众提供文化产品和文化相关产品的生产活动的集合，是社会意义的生产（the production of social meaning）活动。根据中国国家统计局《文化及相关产业分类（2018）》，文化产业的范围包括核心文化产业和文化相关产业，文化相关产业也称文化周边产业。核心文化产业是指以文化为核心内容，为直接满足人们的精神需要而进行的创作、制造、传播、展示等文化产品（包括货物和服务）的生产活动，具体包括新闻信息服务、内容创作生产、创意设计服务、文化传播渠道、文化投资运营和文化娱乐休闲服务等活动。文化相关产业是指为实现文化产品的生产活动所需的文化辅助生产和中介服务、文化装备生产和文化消费终端生产（包括制造和销售）等活动。

坎迪斯·琼斯等认为，创意是经过与现存要素的结合来创造新事物的过程，它取决于个人和组织从事非例行的、实验性的、不确定性的活动的能力和意愿。个人的创意、团队内部的创意以及网络内部的创意总是绵绵不绝。创意产业不仅涉及个人、企业和城市，还会影响支持和保护民族文化与经济的国家及其政府的决策。为了创造和捕获价值，创意企业家不断催生新的商业模式。坎迪斯·琼斯等提出，以创意产品界定创意产业。所谓“产品”是指创意产业提供的实物产品、表演、服务和交付给客户的物什。创意产品的两个关键维度是符号代码和物质基础，符号代码和材料性质塑造了人们的审美体验，使我们能够对创意产品进行分类并创造利基市场。艺术研究、文化产业可视为创意产业的子集，因为它们仰赖于创意，并从创意中获得价值。①

文化产业通常与“创意产业”（creative industries）混合使用，因此经常统称为“文化创意产业”（cultural and creative industries）。根据Terry Flew在Oxford Bibliographies提供的词条解释，文化创意产业是指现代经济中通过工业手段生产和传播文化的部分，将个人和群体的创造力用于产生原始文化产品，这些产品可能通过直接销售给消费者或作为知识产权具有商业价值。文化和创意产业通常将艺术、媒体和设计部门聚集在一起，重点关注融合的数字技术以及全球化的挑战和机遇。虽然对文化创意产业的讨论可以追溯到20世纪40年代，但正是在20世纪90年代和21世纪初，文化创意产业才成为一个学术和政策问题。工业化和数字化手段加入文化生产中，加快了其商品化进程。本书把文化创意产业简称为文化产业。

文化产业具有符号代码和物质基础两个维度的基本特征。作为表意系统的文化产业，其特征之一是符号创意（symbol creativity）。符号创意由符号创作者（symbol creators）或符号制作者（symbol makers）进行诠释、编译或改写故事、歌曲、图像等，符号创作者包括演员、作者（图书作者、编剧、诗人、博士、广告撰稿人）、戏剧家、音乐家、画家、摄影师、电影摄影师、雕刻师、舞蹈家，以及一系列不同产业中的不同人物，如电视、电影、戏剧和音乐中的

① ［美］坎迪斯·琼斯、［丹］马克·洛伦岑、［英］乔纳森·萨帕斯德主编：《牛津创意产业文萃》，夏申、赵咏译，上海财经大学出版社、上海学术·经济学出版中心2024年版，第3—19页。

导演、制片人和设计师，[①] 当然也包括抖音、哔哩哔哩、小红书等社交媒体平台的内容创作者。文化产业的核心是创意产品，而坎迪斯·琼斯等认为创意产品的第一个维度是符号代码，即创意产品的象征性符号是第一位的，通过这样的符号代码，艺术家们赋予其创作的意义并形成受众解读的方式。古典音乐、博物馆和芭蕾舞的符号代码相对稳定，而高级时装其符号代码则动态变化。创意产品的第二个维度是物质基础，它不仅是赋予创意产品形式的材料，还包括使生产和消费创意产品成为可能的技术和社会-技术系统。创意产品的物质基础多种多样，从舞蹈和歌手的身材，到熔化玻璃和油画颜料之类的介质，以及日益变化的数字介质。因此，创意产品的符号代码和物质基础的变化，会影响到文化创意产业的产品面貌、商业模式和产业结构。[②]

坎迪斯·琼斯等构建了一个简单的四分类模型，用于分析符号代码的变化和物质基础的变化所引致的创意产业的变迁类型。守成：符号代码和物质基础缓慢变化。例如，古典音乐、芭蕾舞、歌剧等表演艺术团体；思变：符号代码快速变化与物质基础缓慢变化。例如，音乐和时装，在全球化推动下，符号代码快速变化，但面料则

① ［美］大卫·赫斯蒙德夫：《文化产业（第三版）》，张菲娜译，中国人民大学出版社 2016 年版，第 4—5 页。

② ［美］坎迪斯·琼斯、［丹］马克·洛伦岑、［英］乔纳森·萨帕斯德主编：《牛津创意产业文萃》，上海财经大学出版社、上海学术·经济学出版中心 2024 年版，第 3—19 页。

变化缓慢。变革：符号代码缓慢变化与物质基础快速变化。例如，物质基础从模拟技术变革为数字技术，电影、音乐的载体发生快速变化，但电影和音乐的符号代码却缓慢变革。最后一种是重构：符号代码与物质基础都快速变化。例如，AI 生成式动画，创意符号和载体都快速变化。再如，生成式设计，当创意符号与材料都快速变革的条件下，则发生了相对创意产品和创意产业的彻底重构。此外，通过公共政策、消费者需求变化，以及技术变革，或者全球化，可以助推创意产业类型从一个象限类型向另外一个象限类型转变，这为文化创意产业的变革提供了无限的空间。

文化产品的生产需要创意，其消费则依赖于传播和材料。符号的变化与传播手段和材料的使用相结合，反映并驱动着有形和无形的文化变迁和经济价值增长。因此，创意产业是发展的文化，对一

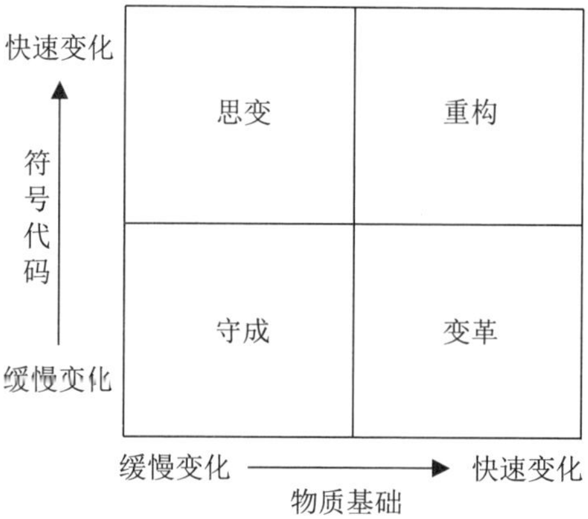

图 5-1　文化创意产业的变迁类型

资料来源：转引自［美］坎迪斯·琼斯、［丹］马克·洛伦岑、［英］乔纳森·萨帕斯德主编：《牛津创意产业文萃》，上海财经大学出版社、上海学术·经济学出版中心 2024 年版，第 9 页。

国的社会和经济的发展和变化起着重要的作用。①

2000 年 10 月中国共产党第十五届中央委员会第五次全体会议提出“十五”计划建议，指出“推动信息产业与有关文化产业结合”。2001 年，中国共产党把“深化文化体制改革，完善文化经济政策，推动有关文化产业发展”写入《国民经济社会发展“十五”计划纲要报告（2001—2005 年）》。这标志着文化产业发展上升为国民经济社会发展规划目标。2001 年中国加入 WTO，文化产业加快发展。图 5-2 表明，2004—2022 年，中国文化产业增加值实现跃

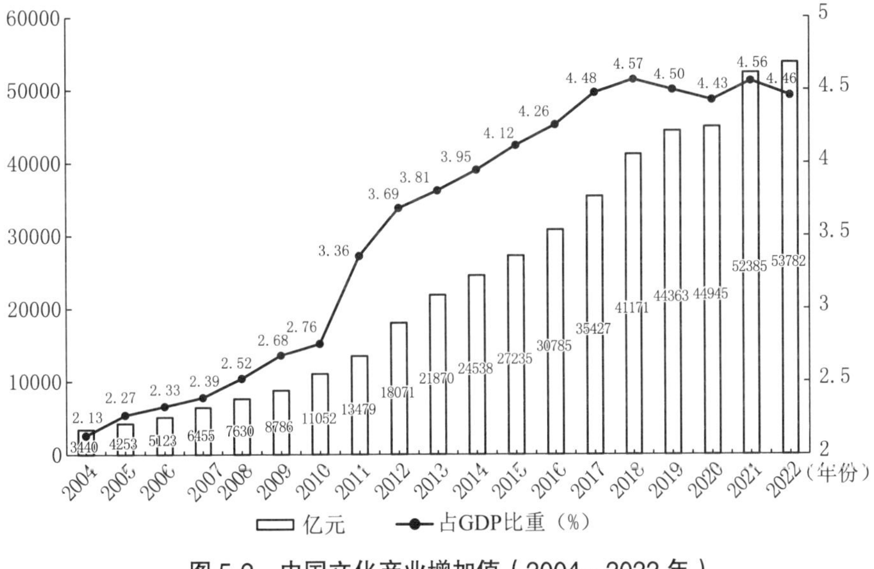

图 5-2　中国文化产业增加值（2004—2022 年）

数据来源：国家统计局。

① ［美］坎迪斯·琼斯、［丹］马克·洛伦岑、［英］乔纳森·萨帕斯德主编:《牛津创意产业文萃》，上海财经大学出版社、上海学术·经济学出版中心 2024 年版，第 9 页。

升，2010年为首次突破万亿元，占GDP的2.76%。党的十八大以来，习近平总书记高度重视文化产业发展。2013年文化产业增加值达到21870亿元，占GDP的3.81%。2018年达到41181亿元，占GDP的4.57%。2021年尽管受到新冠疫情影响，文化产业增加值仍突破5万亿元，达53782亿元，占GDP的4.46%。

二、乡村传统工艺产业振兴

2017年3月12日经国务院同意并发布《中国传统工艺振兴计划》。党的十八届五中全会提出了“构建中华优秀传统文化传承体系，振兴传统工艺”的要求。《中华人民共和国国民经济和社会发展第十三个五年规划纲要》提出“加强非物质文化遗产保护与传承，振兴传统工艺”“制定实施中国传统工艺振兴计划”的具体任务。这些政策和规划的公布说明国家对乡村传统工艺发展的重视。推进乡村传统手工艺的传承保护及产业化发展对乡村全面振兴有着重要意义。

乡村传统工艺的振兴，需要从管理、人才、工艺质量等多方面入手。首先，建立国家传统工艺振兴目录。2018年，文化和旅游部、工业和信息化部发布第一批国家传统工艺振兴目录，包括纺织染织绣、服饰制作、编织扎制、雕刻塑造、家具建筑、金银制作工艺、建筑营造技艺、剪纸刻绘、陶瓷烧造、文房制作、漆器髹饰、印刷装裱、食品制作、中药炮制、器具制作14个门类383个项目。如纺织染织绣门类包括了京绣、苏绣、上海绒绣、蜀绣、汉绣、湘绣、蒙古族刺绣、满族刺绣、苗绣等。对被列入目录的传统工艺进行重点扶持，给予资金、人力等方面的倾斜。其次，扩大传统工艺传承人队伍。传统工艺因学习难度高、学习周期长、收入低等特征，导致年轻人不愿意从事传统工艺，因此，需要增加资金投入，吸引更多优秀人才加入传统工艺的队伍，培养高水平传统工艺大国工匠人才。同时，需要通过传统工艺的数字化创意设计、品牌打造，以及新材料研发等，提高其创新能力、传播扩散能力和价值创造能力。

案例：楚雄彝绣

彝族是我国第六大少数民族，主要分布在云南、四川、广西、贵州等地，彝族传统文化历史悠久，当地的服饰、饮食民俗等文化具有浓郁的彝族特色。彝绣作为一项非物质文化遗产，代表着彝族古老的生命记忆和文化基因。楚雄彝绣有1300多年的传承。楚雄州当地政府深入贯彻落实习近平新时代中国特色社会主义思想，先后出台了《楚雄州金融支持彝绣特色文化产业发展十二条措施》《楚雄州文化产业园区（示范基地）认定管理办法（试行）》等政策，带头宣传彝绣产业文化，持续推动彝绣非遗活化传承利用。楚雄地区先行开辟乡村T台、“七彩云南民族赛装文化节赛装节”、“丝路云裳”等文化产业活动。2022年，楚雄彝绣产业增加值达到了2.45亿元。2012年至2022年，楚雄绣娘人数从2.75万人增加至5.7万人，人数增长了1倍，绣娘人均年收入增长了4.6倍。2023年，楚雄彝绣代表中国国家非物质文化遗产项目，登上了意大利米兰时装周的舞台，向世界展示了中国传统文化的底蕴和魅力。利用“沪滇协作”

的东西部协作机制，复旦大学旅游系、上海服务设计协会、东华大学等单位也通过东西部协作参与到彝绣的时装化、现代化和国际化时尚新消费和新潮流中，为乡村传统工艺振兴作出贡献。

资料来源：根据对复旦大学孙云龙教授访谈及相关案例资料整理，2023年。

三、乡村文旅融合产业培育：贵州“村超”

文化以其前所未有的影响力和亲和力逐步渗透进整个经济社会和大众生活，从而使文化产品和服务有了更广阔的市场化前景。[①]2023年中央一号文件指出，推动乡村产业高质量发展，需要实施文化产业赋能乡村振兴计划。新时代，随着数字技术的发展，数字化和网络化的生活为我们带来了崭新的文化形态，即数字文化、网络文化等，以抖音、小红书等为代表的这些文化传播新载体的出现，使得文化产品和相关的服务快速发展，文化产业应运而生且伴随着AI的深度渗透新媒体文化产业将发展趋势迅猛。文化产业竞争力已经逐渐成长为国家竞争力的重要一极。2024年中央一号文件提出繁荣发展乡村文化，推动农耕文明和现代文明要素有机结合，书写中华民族现代文明的乡村篇。

党的二十届三中全会通过的《中共中央关于进一步全面深化改

① 赵彦云、余毅、马文涛：《中国文化产业竞争力评价和分析》，《中国人民大学学报》2006年第4期。

革、推进中国式现代化的决定》提出，优化文化服务和文化产品供给机制，探索文化和科技融合的有效机制，健全文化和旅游深度融合发展体制机制，即“两个融合”。那么，如何才能通过“两个融合”，加快发展新型文化业态？下文以贵州“村超”为案例说明乡村文旅融合产业培育机制。

（一）贵州“村超”背景

贵州“村超”主要发生在贵州省黔东南苗族侗族自治州榕江县。榕江县地处月亮山、雷公山腹地，其特征是山高谷深、交通闭塞、少数民族聚居，是原国家级贫困县，贵州省16个深度贫困县之一。榕江县辖19个乡镇，2022年末户籍人口38.53万人（常住人口29.72万人），有17个民族，其中16个少数民族占84.1%，户籍人口城镇化率占比29.2%。2023年全县实现地区生产总值95.87亿元，一二三产比重为25.1∶20.0∶54.9。[①] 榕江县森林资源、民族文化资源丰富，经过脱贫攻坚战，交通、信息等基础设施显著改善，为发展乡村文化旅游融合产业奠定了基础。近年来，榕江县立足乡村足球运动的传统优势，创新举办榕江（三宝侗寨）和美乡村足球超级联赛（简称“村超”），推动足球运动与民族文化、乡村旅游等融合发展，在移动互联网短视频和内容创作的助推下，成为国内外知名的乡村足球联赛的文化体育符号，探索出文旅融合产业赋能乡村振兴

① 数据来源：2022年《黔东南统计年鉴》和《榕江县2023年1—12月全县经济运行综述》。

的一种新商业模式。

榕江县“村超”联赛采用本地黄牛、塔石香羊、小香猪、小香鸡等“土特产”作为比赛奖品，单场胜出奖励猪脚，让“村超”充满“村味”，彰显“村超”乡土气息。此外，把当地16个少数民族文化中的侗族大歌、侗族琵琶等世界级非遗融入比赛，在每个“超级星期六”的比赛现场上演合唱侗族大歌、吹奏芦笙、集体跳多耶舞等民族文化节目，并创作《榕江村超火辣辣》等村超歌曲。增强与球迷互动，开展民族时装秀、民族电音秀等活动。此外，“村超美食一条街”则用贵州美食增强旅客的味觉、美食体验。在线上则打造共享“村超”，实现线下体验与线上参与相融合的新产业模式。2024年来自37个国家和地区的118名在华留学生组成方阵，在“村超”赛场周围进行巡游，此外，还进行了第一届非洲贝宁“村超”联赛。

榕江县“村超”办公室的数据显示，关于2023年系列赛事的相关报道，全网浏览量超580亿次。2023年全县累计接待游客765.85万人次，同比增长52.2%；实现旅游综合收入83.98亿元，同比增长73.94%；过夜游客316.11万人次，带动夜间消费收入5.86亿元，同比增长253.2%。社会消费品零售总额完成48.92亿元，同比增长5.7%。① 与全县规模以上工业总产值同比下降0.5%、规上工业采矿

① 数据来源：榕江县人民政府办公室：《榕江县政府工作报告（2024年2月20日在县第十八届人民代表大会第三次会议）》，2024年3月1日。

业增加值同比下降 20.1% 形成鲜明对比的是，2023 年榕江县住宿业销售额增速 17.0%，销售额达 1.58 亿元，餐饮业销售额增速 12.2%，达 12.27 亿元。可见，榕江县的产业结构正在发生较快转换。习近平主席在 2024 年新年贺词中指出，“村超”“村晚”活力四射……诠释了人们对美好幸福的追求，也展现了一个活力满满、热气腾腾的中国。榕江县获评“全国首批文化产业赋能乡村振兴试点”“全国县域旅游发展潜力百佳县”“中国民族生态餐饮文化名城”“2023 年中国西部文旅新榜样”，入选“第四批国家农业绿色发展先行区创建名单”。

（二）文化创意产品

文化创意产品的象征性符号是第一位的，通过这样的符号编码，艺术家们赋予其创作的意义并形成受众解读的方式。贵州“村超”进行了足球表演、农民啦啦队、侗族歌舞、农特产品奖品、民歌等一系列符号创意，通过打造“村超”IP 形成了具有鲜明地域风情、民族特色的“创意符号”。2024 年贵州“村超”国际大学生联赛中，江西渣渣灰米粉队把江西传统文化赣剧饶河调、弋阳腔、景德镇青花瓷主题走秀及红色文化等更加多元的“符号创意”融入“村超”之中。因此，“村超”首先是一种符号创意。

文化创意产品的符号代码和物质载体的变化，会影响到文化创意产业的产品面貌、商业模式和产业结构。贵州“村超”是以足球联赛为基础，把民族歌舞、特色美食、表演、非遗等多种不同的元素联系起来形成所谓的“村超”组合，这种组合是基于文化创意的组合。就其创意符号之外的物质载体来说，因足球符号、民族服饰、音乐、舞蹈等是相对变化缓慢，甚至是不变的符号艺术，但是其物质载体发生快速变革，这就是通过抖音、哔哩哔哩、微信公众号、朋友圈、小红书等新媒体介质发生传播。正是在这种新的物质载体条件下，源源不断地产生“内容创客”，形成了创客群体，助推了“村超”从文化创意产品演变为文化创意产业，形成了“村超”+ 乡村旅游的新业态。这种新业态，不仅是经营“村超”联赛，更为重要的是经营数据以及经营用户体验。①

（三）创客群体

贵州“村超”的创客群体包括以下几类：第一类，足球创客。包括以榕江县足球协会副会长杨亚江、赖洪静等为代表的专业足球运动爱好者，以“忠诚村队”球员“卷粉王”董永恒等为代表的足球业余爱好者，还有以大学刚毕业的王金鑫为代表的返乡创办足球青训基地的创客，全县注册球员超过 1200 人，2024 年申请参赛球队达到 64 支，这一群体是“村超”的核心创客。第二类，各民族群众演员。包括侗、苗、汉、水、瑶等 17 个民族的表演者，如侗族琵琶歌、水族芦笙铜鼓舞、瑶族舂杵舞、苗族芦笙舞等农民演员，各民族服饰展示者，如蓝染刺绣绣娘，以及由不同民族文化创意符号组成的足球啦啦队。这些啦啦队把少数民族文化融合在足球赛事

---

① 刘宵霞：《发展新质生产力：六次产业理论的实践与创新——专访张来武》，《环球财经》2024 年第 4 期，第 20—30 页。

中，如歌曲《侗家姑娘》、非遗时刻——苗歌《喜欢你就来》《侗歌多耶》、侗戏《珠郎娘美》等。第三类，媒体内容创作者。以王炳真为代表的本地资深媒体人，新华社、人民网、央视、上海SMG等官媒，以及新媒体流量创作者，如以王启红、杨云等为代表的农特产品直播主、旅游播主，还有专业从事短视频制作的创客。其中非遗成为内容创造的一个重要创意符号元素，如青于蓝蓝染艺术中心基于蓝染传统技艺进行非遗内容创作和推广。

四、数字文化和创意设计产业发展

文创产业越来越成为一个非常重要的产业。数字化是科技进步的产物，也是时代发展的必然，同时也可以成为弘扬民族文化的有效途径。数字化文创产业是指以数字化技术为核心，融合了文化和创意产业的产业形态。数字乡村的建设可以快速弥补乡村文化产业发展的技术短板，并与乡村经济产生积极的融合趋势。成都市将文创产业作为全市28条重点产业链之一进行打造，在全国率先发布数字文创产业“十四五”规划，出台了相关细分领域专项政策。目前，支撑文创产业能级跃升的载体平台已逐渐形成以集聚区、园区为引领的文创产业发展新格局。与此同时，赋能文创产业高质量发展的金融生态，可为企业提供“债权融资 + 股权投资 + 路演孵化 + 金融科技”的全方位金融服务。进入新时代，中国社会已经是一个准数字化的时代，随着高新科技和信息化的发展，数字化与文创产业相结合是一个必然的趋势。然而，数字化的文创产业创作，仍旧面临一些困难。

首先，注重数字化技术，忽视艺术文化创作本身。在科技不断发展的时代，数字化与文创产业相结合固然十分重要，但是从形式上来讲，数字化只是文化创作的一种传播形式和载体，是展现文化创新以及内涵的一种工具。而高质量的数字文创产业核心是在文化自身内涵基础上的创新，这不是简单的模仿或套用模式就可以达到效果的。需要从本质出发，关注文化内容本身，特别是民俗题材的创作，国内很多的文创作品缺乏对民俗题材内容的深度挖掘。

其次，数字化艺术作品较少开拓本土民俗文化。数字文创产业是需要把传统的文化与数字技术相结合的一种传播文化的途径，其中就涉及快速发展的数字化技术与传统文化之间如何相融合的问题。数字化相关的高科技行业大多与快餐式的行业相结合，具有变化迅速的特征，而传统文化特别是民俗文化相对保守，需要设计者不断深挖文化中蕴含的与数字化相契合的点进行匹配。

近年来，一些地方用艺术赋能乡村振兴，打造和美乡村，为创新设计驱动乡村振兴提供了一些新的探索。西安市鄠邑区依托秦岭优美的自然环境和深厚的历史文化资源，以艺术融入乡村、点亮乡村、活化乡村，探索实践了文艺赋能乡村振兴的鄠邑模式，入选国家文化产业赋能乡村振兴试点区。鄠邑区的主要做法包括：一是把艺术设计融入乡村，提升乡村文化内涵。与中央美术学院、西安美术学院等专家团队合作，聘请全国知名艺术家担任“艺术村长”，创新艺术产品230余件，打造乡村艺术空间，以农耕器具为元素开展艺术创作。二是把文艺演出导入乡村，唤醒乡村沉睡文化。连续举办五届关中忙罢艺术节，以及“终南诗赋”“秦岭·秦人·秦腔”等活动。三是吸引青年创客返乡创业，打造乡村体验生态。成立“乡创客”联盟，吸引40多名新锐艺术家及青年创业者，在乡村麦田中制作艺术作品，在街巷墙壁、水塔上绘制乡村壁画，创造“土锤咖啡”、知青楼等新消费场景。

第四节　保障乡村文化民生

保障乡村文化民生是实现乡村振兴战略的重要环节。文化民生建设是民生建设的重要内容。随着我国经济社会改革的推进，人民群众物质生活需要在总体上被满足，以满足人民群众的文化生活需求为核心内容的文化民生建设愈发需要提上社会建设的重要日程。长期以来，我国农村经济文化处于相对落后状态，因而农村的文化民生建设更具有紧迫性和艰巨性。农村文化民生建设是社会主义新农村建设的内在要求。

一、加强乡村公共文化服务供给

乡村文化振兴是乡村振兴战略的重要一环，乡村公共文化服务是建设乡村精神文明和保障乡村文化民生的关键步骤，乡村公共文化服务供给的效果直接影响到广大农民乡村文化民生是否得到保障。

2018年由中央农村工作领导小组办公室发布的《乡村振兴战略规划（2018—2022）》，强调要增加公共文化产品和服务的供给，健全公共文化服务体系。《中华人民共和国国民经济和社会发展第十四个五年规划和2035年远景目标纲要》中明确提出提高乡村文化服务质量，构建现代化“公共文化服务体系”的具体要求。2021年4月发布的《中华人民共和国乡村振兴促进法》，从法律的视角明确提出要“加强公共文化服务体系建设，繁荣发展乡村文化”。这些政策都表明乡村公共文化服务工作建设的重要性。

在政府相关政策的推动下，乡村公共文化服务建设取得了显著的成果，但是与乡村振兴战略目标的要求仍存在一定差距。因此，根据乡村公共文化服务体系的现状，全面总结乡村公共文化服务供给的问题，探索乡村公共文化服务供给的路径，是落实乡村振兴战略的必要举措。当前，健全乡村公共文化服务供给存在认识缺位、有效供给不足、供给不均衡、人才缺乏等诸多困境，对这些问题与困境的全面分析，对于构建乡村公共文化服务供给的实践无疑具有重要的现实意义。

针对乡村公共文化服务供给存在的问题，提出以下几点建议。一要建立主体间的协同合作互动模式，加强政府监督。公共文化的社会性质决定了它离不开政府的监督，政府应该建立一个能够适应当地服务需求的制度机制，让社会主体参与公共服务模式中，并在这个公共服务模式中起到监督的作用。二要加强人才队伍建设。随着城镇化和信息化的发展，劳动力人口逐渐从农村转移到城市，导致乡村文化的传承与运营人才流失，乡村文化主体缺失，文化继承断档。乡村文化的繁荣和复兴离不开人力资源的加入，各地政府应通过优惠政策引入相关人才，通过加大对乡村文化建设的资金投入以及完善乡村文化建设环境等措施来培育人才，通过深入挖掘当地乡村文化能人，留住文化能人等手段提升乡村文化人才队伍的建设。三要增强公共文化服务的资源流动性。乡村文化服务供给存在城乡之间差距过大的问题，当地政府应该加大对农村文化服务供给的政策支持，加大资金投入，改善乡村文化服务供给环境。除此之外，可以丰富农村当地文化的表现形式和服务内容，促进城乡之间文化服务供给的流动性，缩小城乡差距。四要完善农村公共文化服务供给机制。把农村当地文化与互联网相结合实现资源共享，充分利用新媒体内容创造和人工智能生成式服务，强化农村公共文化服务多元供给机制。

二、丰富农民文化生活

物质富足、精神富有是社会主义现代化的根本要求。党的二十大报告明确指出“人民精神文化生活更加丰富”是未来五年我国发展的主要目标任务之一。丰富乡村文化不仅能提升农民文化素养、丰富农民文化生活，而且能够提振农民群众的精气神。习近平总书记在 2023 年 12 月的中央农村工作会议上强调，要大力加强农村精神文明建设。通过繁荣发展乡村文化，赋予乡村人民生活以意义感、幸福感、快乐感，更好激发人们在乡村生活的意愿。

丰富农民文化生活要强化高质量的文化供给。首先，从领导层面来看，坚持和完善党对农村文化工作的领导。党的十八大以来，习近平总书记强调，坚持和加强党对宣传思想文化工作的领导，坚持党的文化领导权。文化生活是社会主义精神文明生活中的一项重要内容，也是群众文化素质和社会文化思想的映射，因此，丰富文化生活离不开党的统一领导，农民文化生活内容应坚持反映党领导下的社会主义先进文化，展现出当地农村的文化特色和农民文化素养。其次，从体制机制层面来看，要完善和创新农村文化发展机制，优化产业结构布局，提升产业发展的整体实力和竞争力。习近平总书记指出，要推动乡村文化振兴，推进城乡公共文化服务体系一体建设，优化城乡文化资源配置，完善农村文化基础设施网络，缩小城乡公共文化服务差距。2008 年 10 月通过的《中共中央关于推进农村改革发展若干重大问题的决定》，提出要推进一批重点文化惠民工程。截至 2021 年底，全国共有村级综合性文化服务中心 57 万个，农家书屋已覆盖全国 58.7 万个行政村，极大地提高了农民的高质量文化服务。最后，从传播方式来看，以数字技术赋能农村文化传播。随着信息化和网络化的发展，数字技术对文化生活的影响程度也逐渐加深。2023 年浙江小白花越剧团通过“线上直播 + 线下”的形式让更多人了解到了越剧的魅力；河南禹州和海南三亚等地同样通过“线上直播 + 线下互动”以及相关网络平台同步线上播出等形式，开展冬季“村晚”文艺展演，吸引了近 13 万余人观看。通过形式多样的文化生活，引导农民在参与、传承和创造中共享文化发展成果，不断提升生活的幸福感和获得感。

三、繁荣乡村题材文艺创作

推动乡村题材文艺创作可以从以下几个方面着手：

（一）扎根人民活动

各级文化部门、文艺单位要“深入生活、扎根人民”落实活动经费，创新实现形式。广大文艺工作者要自觉学习习近平总书记在文艺工作座谈会上的重要讲话，自觉走进基层、走进一线和群众，体会百姓情感，体悟大众心声，创作出符合社会主义核心价值观的农民喜闻乐见的优秀文艺作品。

（二）紧抓重点项目引领繁荣

各地要立足自身特色，深入挖掘特有艺术创作资源，广泛开展以移风易俗、扶贫、家风家教等为主题的艺术创作。积极探索省市县合作共创重点项目工作机制，适当增加农村现实题材文艺作品资助数量，支持各地打造推出一批主题突出、题材新颖、艺术精湛、样式鲜活的优秀作品。

（三）灵活运用群众喜闻乐见的文艺形式

要注意弘扬民族民间优秀文化传统和地方特色，灵活运用地方戏曲、特色曲艺、民族音乐、民间舞蹈等各种表演形式，自觉适应农民群众观演喜好。要自觉更新创作观念，大胆探索，锐意进取，不断拓展农村现实题材文艺作品创作的题材、内容、形式、手法，让作品更加精彩纷呈、引人入胜，努力提升农村现实题材文艺作品的传播力。

四、开展移风易俗行动

2018年中央一号文件指出“乡村振兴，乡风文明是保障，要开展移风易俗行动，坚持物质文明和精神文明一起抓，提升农民精神风貌”。移风易俗在乡村振兴工作中占据重要地位，是推动文化振兴的第一步。移风易俗需要以习近平新时代中国特色社会主义思想为指引，转变陈旧的思想观念，这是一项需要长期投入的工作。陈旧的观念和行为是受到陈旧思想、周边环境以及相关制度的影响而产生的。因此，移风易俗首先要改变的是陈旧思想观念。去掉传统文化中的陈规陋习，去掉歪风邪气，加强社会主义先进思想教育，利用电视、网络宣传新思想、新观念。如四川小凉山峨边彝族自治县活跃着一批“德古讲师”。“德古”彝语意为“德高望重的人”。他们走进院坝笋山、火塘村寨，用群众身边事，普及科学知识，帮助群众移风易俗。同时让法治和德治相互配合，在道德的感召与法律的强制下促进移风易俗的发展。其次要加强制度保障。将移风易俗写入村规民俗，把社会主义核心价值观内容通俗化，同时建立村规民俗监督部门，对村里移风易俗工作进行监督。最后要发挥模范带头作用。发挥村里党员干部的榜样力量，党员干部带头做好移风易俗工作，在生活中内化社会主义核心价值观，以身作则作为宣传文明理念的风向标。

附表　党的十八大以来中央一号文件中关于乡村文化建设的内容

年　份	内　　容
2013	• 加大力度保护有历史文化价值和民族、地域元素的传统村落和民居。 • 深入实施农村重点文化惠民工程，建立农村文化投入保障机制。 • 鼓励企业和社会组织在农村兴办文化旅游体育等各类事业。 • 推动农民工平等享有文化服务等基本权益。 • 有序发展民事调解、文化娱乐、红白喜事理事会等社区性社会组织。
2014	• 把有历史文化等价值的传统村落和民居列入保护名录，加大保护力度。 • 推动县乡公共文化体育设施和服务标准化建设。
2015	• 积极开发农业多种功能，挖掘乡村文化教育价值。 • 拓展重大文化惠民项目服务“三农”内容。 • 支持建设多种农村养老服务和文化体育设施。 • 倡导文艺工作者深入农村，创作优秀文艺作品，提供文化服务。 • 以乡情乡愁为纽带吸引和凝聚各方人士支持家乡建设，传承乡村文明。
2016	• 依托农村绿水青山、田园风光、乡土文化等资源，大力发展休闲度假、旅游观光、养生养老、创意农业、农耕体验、乡村手工艺等，使之成为繁荣农村、富裕农民的新兴支柱产业。 • 加强乡村生态环境和文化遗存保护，发展具有历史记忆、地域特点、民族风情的特色小镇，建设一村一品、一村一景、一村一韵的魅力村庄和宜游宜养的森林景区。 • 开展农业文化遗产普查与保护。 • 全面加强农村公共文化服务体系建设，继续实施文化惠民项目。在农村建设基层综合性文化服务中心，整合基层宣传文化、党员教育、科学普及、体育健身等设施，整合文化信息资源共享、农村电影放映、农家书屋等项目，发挥基层文化公共设施整体效应。 • 加大传统村落、民居和历史文化名村名镇保护力度。深入开展文明村镇、“星级文明户”、“五好文明家庭”创建，培育文明乡风、优良家风、新乡贤文化。广泛宣传优秀基层干部、道德模范、身边好人等先进事迹。弘扬优秀传统文化，抓好移风易俗，树立健康文明新风尚。

续表

年　份	内　　　容
2017	• 大力发展乡村休闲旅游产业。充分发挥乡村各类物质与非物质资源富集的独特优势，利用“旅游 +”、“生态 +”等模式，推进农业、林业与旅游、教育、文化、康养等产业深度融合。 • 围绕有基础、有特色、有潜力的产业，建设一批农业文化旅游“三位一体”、生产生活生态同步改善、一产二产三产深度融合的特色村镇。 • 加强农村公共文化服务体系建设，统筹实施重点文化惠民项目，完善基层综合性文化服务设施，在农村地区深入开展送地方戏活动。支持重要农业文化遗产保护。 • 培育与社会主义核心价值观相契合、与社会主义新农村建设相适应的优良家风、文明乡风和新乡贤文化。提升农民思想道德和科学文化素质，加强农村移风易俗工作，引导群众抵制婚丧嫁娶大操大办、人情债等陈规陋习。强化农村社会治安管理、法治宣传教育服务和信访工作。
2018	• 统筹推进农村经济建设、政治建设、文化建设、社会建设、生态文明建设和党的建设。 • 发展乡村共享经济、创意农业、特色文化产业。 • 繁荣兴盛农村文化，焕发乡风文明新气象。加强农村思想道德建设。传承发展提升农村优秀传统文化。加强农村公共文化建设。开展移风易俗行动。 • 实施乡村就业创业促进行动，大力发展文化、科技、旅游、生态等乡村特色产业，振兴传统工艺。 • 扶持培养一批农业职业经理人、经纪人、乡村工匠、文化能人、非遗传承人等。 • 全面建立城市医生教师、科技文化人员等定期服务乡村机制。 • 对自然历史文化资源丰富的村庄，要统筹兼顾保护与发展。
2019	• 农村人居环境整治工作要同农村经济发展水平相适应、同当地文化和风土人情相协调，注重实效，防止做表面文章。 • 全面提升农村教育、医疗卫生、社会保障、养老、文化体育等公共服务水平，加快推进城乡基本公共服务均等化。加快推进农村基层综合性文化服务中心建设。 • 发展乡村新型服务业。充分发挥乡村资源、生态和文化优势，发展适应城乡居民需要的休闲旅游、餐饮民宿、文化体验、健康养生、养老服务等产业。 • 支持建设文化礼堂、文化广场等设施，培育特色文化村镇、村寨。

续表

年　份	内　　　容
2020	• 改善乡村公共文化服务。推动基本公共文化服务向乡村延伸，扩大乡村文化惠民工程覆盖面。鼓励城市文艺团体和文艺工作者定期送文化下乡。实施乡村文化人才培养工程，支持乡土文艺团组发展，扶持农村非遗传承人、民间艺人收徒传艺，发展优秀戏曲曲艺、少数民族文化、民间文化。保护好历史文化名镇（村）、传统村落、民族村寨、传统建筑、农业文化遗产、古树名木等。以“庆丰收、迎小康”为主题办好中国农民丰收节。
2021	• 全面推进乡村产业、人才、文化、生态、组织振兴，充分发挥农业产品供给、生态屏障、文化传承等功能，走中国特色社会主义乡村振兴道路。 • 加强村庄风貌引导，保护传统村落、传统民居和历史文化名村名镇。加大农村地区文化遗产遗迹保护力度。 • 加强村级客运站点、文化体育、公共照明等服务设施建设。 • 推进城乡公共文化服务体系一体建设，创新实施文化惠民工程。 • 深入挖掘、继承创新优秀传统乡土文化，把保护传承和开发利用结合起来，赋予中华农耕文明新的时代内涵。
2022	• 创新农村精神文明建设有效平台载体。启动实施文化产业赋能乡村振兴计划。整合文化惠民活动资源，支持农民自发组织开展村歌、“村晚”、广场舞、趣味运动会等体现农耕农趣农味的文化体育活动。办好中国农民丰收节。加强农耕文化传承保护，推进非物质文化遗产和重要农业文化遗产保护利用。
2023	• 加快发展现代乡村服务业。发展乡村餐饮购物、文化体育、旅游休闲、养老托幼、信息中介等生活服务。 • 培育乡村新产业新业态。实施文化产业赋能乡村振兴计划。 • 加强农村精神文明建设。支持乡村自办群众性文化活动。深入实施农耕文化传承保护工程，加强重要农业文化遗产保护利用。 • 实施乡村振兴人才支持计划，组织引导教育、卫生、科技、文化、社会工作、精神文明建设等领域人才到基层一线服务，支持培养本土急需紧缺人才。
2024	• 繁荣发展乡村文化。推动农耕文明和现代文明要素有机结合，书写中华民族现代文明的乡村篇。改进创新农村精神文明建设，推动新时代文明实践向村庄、集市等末梢延伸，促进城市优质文化资源下沉，增加有效服务供给。深入开展听党话、感恩党、跟党走宣传教育活动。加强乡村优秀传统文化保护传承和创新发展。强化农业文化遗产、农村非物质文化遗产挖掘整理和保护利用，实施乡村文物保护工程。开展传统村落集中连片保护利用示范。坚持农民唱主角，促进“村 BA”、村超、村晚等群众性文体活动健康发展。

第六章　乡村生态振兴与绿色低碳发展

乡村生态振兴是乡村“五大”振兴的重要组成部分，对于推动和美乡村建设具有重要意义。本章第一节阐释加强农村生态环境保护与修复，第二节阐释推进农村人居环境整治，第三节论述乡村生态环境价值实现，第四节介绍生态环境导向的开发（EOD）模式。

第一节　加强农村生态环境保护与修复

习近平总书记强调，实施乡村振兴战略，一个重要任务就是推行绿色发展方式和生活方式，让生态美起来、环境靓起来，再现山清水秀、天蓝地绿、村美人和的美丽画卷。党的二十大报告提出“建设宜居宜业和美乡村”。加强农村生态环境保护与修复，是建设宜居宜业和美乡村的重要方面。在原有粗放的农业生产方式下，农业生产具有高投入、高能耗、高排放和高污染（“四高”）的特征，对农业生态环境造成了巨大破坏。比如农业生产过程中，农药和化肥施用对土壤的破坏、农用塑料薄膜带来的白色污染、乱砍滥伐对森林生态系统的破坏、过度放牧对草原生态系统的破坏，水产养殖污染以及非固定排放口的农业面源污染等。在农村生态环境面临巨大威胁的境况下，亟须实现农业绿色低碳转型，加强对森林、草原生态系统以及水资源的利用和保护，以系统思维协调各方力量，进行全过程、全方位和全场域的生态保护和修复工作。

一、农村生态环境保护与修复的价值定位

农村生态环境保护与修复主要包括农业绿色低碳转型和森林、草原、湿地等生态系统保护修复两大方面的内容。在习近平生态文明思想的指导下，农村生态环境保护与修复的价值定位体现在，一是符合人与自然和谐共生的生态理念。一方面，通过农业绿色低碳转型，农村能够有效减少农业生产过程中带来的土壤污染、白色污染和面源污染等，推动农业绿色集约化发展，营造良好的农村生态环境；另一方面，通过推进实施重大工程，对森林、草原、湖泊等生态系统进行保护与修复，能够有效维持生态系统的稳定性、多样性和持续性。通过对生态系统功能的修复，为人类构筑天然的生态屏障，改善气候、涵养水源，营造良好舒适的生态环境，形成人类社会与自然界的良性互动，实现人与自然和谐共生。二是厚植生态资本、推动生态资源经济化的关键支撑。在“两山论”和系统治理观的思想指导下，通过山水林田湖草沙一体化保护和系统治理，

能够助推生态系统功能的修复，实现“绿水青山”，而良好的生态本身又蕴含着无穷的经济价值，因此可以说对农村生态环境保护与修复的过程就是自然资本增值的过程。“绿水青山”又可以通过价值转换机制，转变为“金山银山”，实现生态资源的经济化。三是推动乡村经济实现高质量发展与全面振兴的重要举措。一方面，农村生态环境保护与修复能够改善农村生态环境，满足人民日益增长的优美生态环境需要；另一方面，通过生态产品价值能够实现将生态效益转化为经济效益，实现环境保护与经济发展的协调统一。

二、促进农业绿色低碳发展

农业绿色低碳发展是防治农业污染、降低农业碳排放、加强农村生态环境保护与修复的重要途径。在农业生产过程中，农户通过投入生产要素获得农业产出的同时，还因为一些农业生产要素（如化肥、农药、机械等）的使用带来了农业面源污染问题，提升了农业碳排放总量，对农村生态环境造成了一定的破坏。党的十九大报告把“绿色”写入新发展理念，党的二十大报告提出“推动绿色发展，促进人与自然和谐共生”。图 6-1 显示，在绿色发展理念影响下，2014 年我国农业用氮肥总量达峰，有 3098.17 万吨，之后出现下降趋势，2021 年下降到 2127.64 万吨。同样地，图 6-2 表明，我国农用杀虫剂总量于 2013 年达峰，有 35.10 万吨；2021 年下降到 24.48 万吨。化学肥料和农药的过度使用会造成土壤质量下降，污染地下水和地表水，加剧空气污染、产生温室效应，最终影响到人

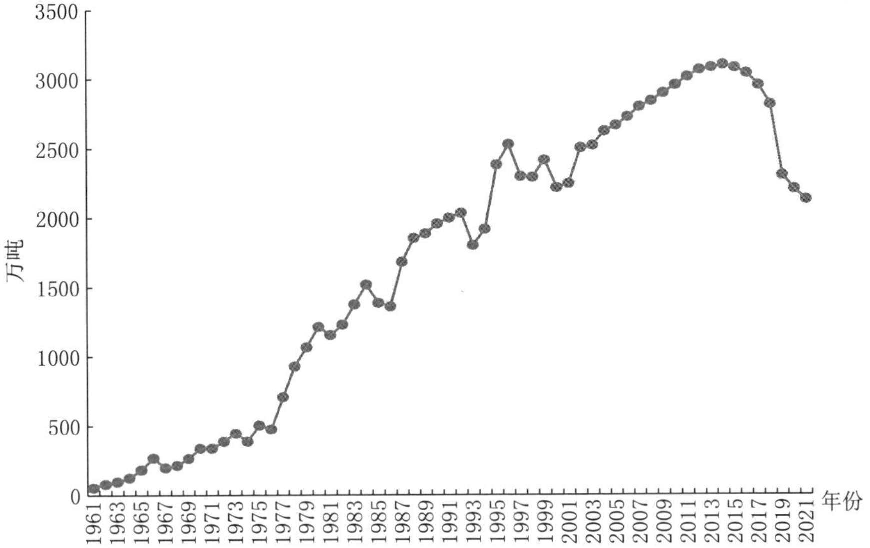

图 6-1　中国农业施用氮肥总量（Nutrient nitrogen N, Total）

数据来源：FAOSTAT，2024 年。

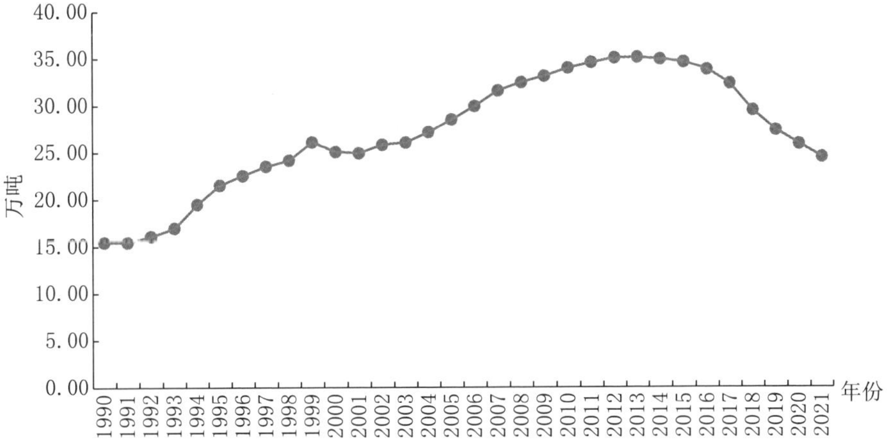

图 6-2　中国农业施用杀虫剂总量（Pesticides, Total）

数据来源：FAOSTAT，2024 年。

类的生命健康。世界卫生组织（WHO）认为，凡是通过摄食进入人体、由各种致病因子引起的，通常具有感染性或中毒性的一类疾病，都称之为食源性疾病（foodborne diseases）。《中华人民共和国食品安全法》明确定义了食源性疾病，即食物中致病因素进入人体引起的感染性、中毒性等疾病，包括食物中毒。环境污染是导致食源性疾病的重要原因之一。根据卫生健康委员会《2022 年我国卫生健康事业发展统计公报》数据，2022 年全国共报告食源性疾病暴发事件 4902 起，发病 24282 人，死亡 90 人。

因此，加强农村生态环境保护与修复，首先要进行农业绿色低碳转型，具体而言，需要从“绿色”和“低碳”两个方面进行开展。一方面，从“绿色”角度看，农业生产中由于原有“四高”式的生产方式如大量施用化肥和农药、大水漫灌、大量使用农用塑料薄膜等方式对农田土壤造成污染，导致农业面源污染和白色污染等问题。今后农业绿色低碳发展需要以数字化技术为支撑，结合农业大数据的应用，采用病虫害绿色防控技术，精准施肥、施药、灌溉，降低化学投入品的使用，提升水资源利用效率，从源头、过程、结果进行全过程管控，促进农业绿色低碳转型，实现农业绿色发展，推动农村生态环境保护。另一方面，从“低碳”角度看，农业生产中带来的农业碳排放增加也是威胁农村生态环境的一个严重问题。对此，需要多元主体协同治理，通过遵循减量化、再利用、再循环等循环农业发展原则，结合现代信息技术，加快培育新型农业经营主体实现农业适度规模经营，降低农业碳排放强度。此外，随着农村电子商务的发展，人民群众对绿色农产品的需求增加，也会改善农业的种植结构，进而起到降低农业碳排放强度的效果。因此，未来应从“绿色”和“低碳”两方面加快农业绿色低碳转型步伐，以减少农业面源污染和农业碳排放等问题，推动农村生态环境保护与修复工程的有效实施。

三、森林资源保护与碳汇

森林生态系统在涵养水源、固碳释氧、防风固沙、保持水土、净化空气和维护生物多样性等方面发挥着重要作用，实现森林资源保护是农村生态环境保护和修复重要内容之一。目前，由于人类的过度开垦和滥砍滥伐，大量森林被毁，对森林生态系统造成了严重破坏，也由此造成了水土大量流失、荒漠化严重、干旱缺水、物种灭绝、温室效应加剧等诸多生态危机，严重威胁着农村和城市生态环境。人类对森林资源的过度利用趋势还没有得到实质性扭转，联合国 2030 年可持续发展目标（SDGs）的如期实现将面临巨大挑战。表 6-1 表明，1990—2020 年世界上大多数国家的森林面积在减少，中国是世界上唯一一个森林面积大幅度增加的国家，从 1990 年到 2020 年增加 62837 千公顷，增幅达 39.99%。1998 年第六届全国人民代表大会常务委员会通过《中华人民共和国森林法》，1998 年第九届全国人民代表大会常务委员会、2009 年第十一届全国人民代表大会常务委员会分别进行修订，以立法的形式强制规定国家加强森林资源保护，发挥森林蓄水保土、调节气候、改善环境、维护生物

表 6-1　世界主要国家森林面积及变化（1990—2020 年）

	森林面积（千公顷）				森林面积变化（1990—2020 年）	
	1990 年	2000 年	2010 年	2020 年	千公顷	变化率（%）
非洲						
中非	23203	22903	22603	22303	–900	–3.88
刚果（金）	150629	143899	137169	126155	–24474	–16.25
亚洲						
中国	157141	177001	200610	219978	62837	39.99
日本	24950	24876	24966	24935	–15	–0.06
蒙古	14352	14264	14184	14173	–179	–1.25
印度尼西亚	118545	101280	99659	92133	–26412	–22.28
缅甸	39218	34868	31441	28544	–10674	–27.22
欧洲						
芬兰	21875	22446	22242	22409	534	2.44
法国	14436	15288	16419	17253	2817	19.51
瑞典	28063	28163	28073	27980	–83	–0.30
北美洲和中美洲						
加拿大	348273	347802	347322	346928	–1345	–0.39
墨西哥	70592	8381	66943	65692	–4900	–6.94
美国	302450	303536	308720	309795	7345	2.43
大洋洲						
澳大利亚	133882	131814	129546	134005	123	0.09
新西兰	9372	9850	9848	9893	521	5.56
巴布亚新几内亚	36400	36278	36179	35856	–544	–1.49
南美洲						
巴西	588898	551089	511581	496620	–92278	–15.67
哥伦比亚	64958	62736	60808	59142	–5816	–8.95

数据来源：根据联合国粮食及农业组织《2020 年全球森林资源评估报告》整理，2024 年。

多样性和提供林产品等多种功能。《中国林业和草原统计年鉴 2022》数据显示，2022 年中国中央资金林业草原总投资 3661.65 亿元，其中造林投资 749.50 亿元，草原保护修复投资 97.63 亿元，湿地保护修改投资 47.87 亿元，荒漠化治理投资 28.16 亿元。

专栏：全国开展生态保护修复攻坚行动

荒漠化是影响人类生存和发展的全球性重大生态问题。人类要更好地生存和发展，就一定要防沙治沙。2023 年 6 月 6 日，习近平总书记在内蒙古巴彦淖尔市考察并主持召开加强荒漠化综合防治和推进“三北”等重点生态工程建设座谈会，①发出了打一场“三北”工程攻坚战、努力创造新时代中国防沙治沙新奇迹的动员令。为打好“三北”工程攻坚战，国务院成立加强荒漠化综合防治和推进“三北”等重点生态工程建设工作协调机制，即建立协调机制、实行专班作战。坚持分区实施、开展现场攻坚，分别启动科尔沁和浑善达克两大沙地歼灭战、黄河“几字弯”攻坚战、河西走廊–塔克拉玛干沙漠边缘阻击战，标志着三大标志性战役全面打响。内蒙古、青海、新疆、宁夏等省区召开项目推进会，启动“三北”工程攻坚战。设立“三北”工程专项资金，启动“三北”工程总体规划修编和六

---

① “三北”防护林工程是指在中国三北地区（西北、华北和东北）建设的大型人工林业生态工程。中国政府为改善生态环境，于 1979 年决定把这项工程列为国家经济建设的重要项目。工程规划期限为 73 年，分八期工程进行，已经启动第六期工程建设。工程建设范围囊括了三北地区 13 个省（自治区、直辖市）的 725 个县（旗、区），总面积 435.8 万平方公里，占中国国土总面积的 45%，在国内外享有“绿色长城”之美誉。资料来源：国家林业和草原局，2024 年。

期规划编制，实施“三北”工程科技支撑七大行动。

资料来源：《以攻坚行动全面推进生态保护修复——林草“高水平保护促进高质量发展”系列述评之二》，《中国绿色时报》2024年1月15日。

保护森林资源已成为当前亟待解决的现实问题，与我们每个人息息相关。一方面，要积极实施森林带生态保护和修复重大工程。在原有森林资源的基础上，大力实施退耕还林还草、推进天然林保护、水土保持工程，开展公益林建设，推动森林质量精准提升，打造绿色生态屏障，恢复被破坏的森林生态系统功能。另一方面，要积极开展森林碳汇和林业碳汇。森林生态具有固碳释氧的净化功能，能够调节全球气候，具有重要的生态价值。通过大力植树造林和维护原有森林，利用碳汇机制能够将森林生态系统的生态价值转化为巨大的经济价值。当前，在全球面临森林锐减、温室气体剧增的大背景下，积极实施森林生态保护和修复重大工程，能够为防治沙漠化、净化水源、保持生物多样性等作出积极贡献。通过积极培育森林资源，能够厚植生态资本，实现自然资本增值，为生态资源经济化打下坚实基础。只有保护好森林资源，加大林业培育力度，才能推动乡村生态振兴之路稳步前行。

四、水资源利用与保护

水是生命之源，是人类社会能够延续至今的关键。当前，我国水资源利用和保护面临着严峻挑战，诸如水资源分布不平衡、水资源短缺、过度开发、水资源浪费、水污染和水生态系统退化（河流、湖泊、湿地系统）等问题，对水资源利用与保护提出了难题。2022年我国水资源总量27088.1亿立方米，其中地表水资源量25984.4亿立方米，地下水资源量7924.4亿立方米，地表水与地下水资源重复量6820.7亿立方米，人均水资源量1918.2立方米。2022年，北京、天津水资源总量分别只有23.7亿立方米和16.6亿立方米，广东和广西的水资源总量均在2200亿立方米以上。2002年起我国就通过“南水北调”工程满足北方缺水地区的用水需求。在有限的水资源条件下，如果不能有效解决水资源利用与保护问题，水污染问题将对人类生命和健康造成严重威胁，河流、湖泊和湿地生态系统的退化也将严重影响生态系统的稳定性和多样性，造成多种生物濒临灭绝，影响生态平衡和生态服务等功能。因此，非常有必要进一步推进水资源利用与保护。

加快乡村水资源利用和保护工作，一方面，要加强水资源管理，继续通过“南水北调”等工程合理配置水资源，缓解水资源分布不平衡的问题；完善水权交易机制，对水资源进行合理定价；采用农业先进技术，提高灌溉用水效率；采用系统思维进行水污染治理，利用清洁生产技术进行全过程治理，减少污水排放问题。另一方面，要加强水生态系统的保护和修复工作。实施一系列湖泊、河流和湿地生态修复工程，退耕还林还草还湿。修复湿地生态系统功能，建设开发人工湿地，发挥其在生物多样性培育、水质净化、水源涵养等方面的功能。只有加强水资源保护和利用，提升水生态系统的功能，加强水资源的利用效率，防治水污染，才能在有效利用水资源的同时保护我们的生命之源，这对于我们人类社会生命的延续具有极为关键的作用。总之，加强水资源利用和保护是实现人与自然和谐共生的现代化和乡村生态振兴的重要内容，需要持续发力。

五、草原生态保护修复

草原生态系统在防风固沙、保持水土、涵养水源、维护生物多样性、调节气候等方面发挥着重要作用。2022 年，我国林地面积 283.5 万平方公里，草地面积 264.3 万平方公里。国务院办公厅《关于加强草原保护修复的若干意见》指出，草原是我国重要的生态系统和自然资源，在维护国家生态安全、边疆稳定、民族团结和促进经济社会可持续发展、农牧民增收等方面具有基础性、战略性作用。当前，我国草原生态系统同样面临着生态恶化的形势，诸如超载过牧、草原荒漠化，过度开垦等已对草原生态系统造成了巨大破坏。草原生态系统的自我调节功能弱于森林生态系统，且草原生态系统恶化会使草原面积缩小、质量降低，限制了草原生态系统功能的发挥的同时也严重影响了草原生态系统的多样性、稳定性。为此，应在山水林田湖草沙一体化保护和系统治理的政策实施背景下积极推进草原生态保护和发展。

党的十八大以来，草原保护修复工作取得显著成效，草原生态持续恶化的状况得到初步遏制，部分地区草原生态明显恢复。但当前我国草原生态系统整体仍较脆弱，保护修复力度不够、利用管理水平不高、科技支撑能力不足、草原资源底数不清等问题依然突出，草原生态形势依然严峻。为此，2021年国务院办公厅印发《关于加强草原保护修复的若干意见》。其主要内容包括：

草原保护修复的指导原则：深入贯彻习近平生态文明思想，坚持绿水青山就是金山银山、山水林田湖草是一个生命共同体，按照节约优先、保护优先、自然恢复为主的方针，以完善草原保护修复制度、推进草原治理体系和治理能力现代化为主线，加强草原保护管理，推进草原生态修复，促进草原合理利用，改善草原生态状况，推动草原地区绿色发展，为建设生态文明和美丽中国奠定重要基础。

草原保护修复的主要目标：到2025年，草原保护修复制度体系基本建立，草畜矛盾明显缓解，草原退化趋势得到根本遏制，草原综合植被盖度稳定在57%左右，草原生态状况持续改善。到2035年，草原保护修复制度体系更加完善，基本实现草畜平衡，退化草原得到有效治理和修复，草原综合植被盖度稳定在60%左右，草原生态功能和生产功能显著提升，在美丽中国建设中的作用彰显。到21世纪中叶，退化草原得到全面治理和修复，草原生态系统实现良性循环，形成人与自然和谐共生的新格局。

草原保护修复的主要措施包括：建立草原调查体系，健全草原监测评价体系，编制草原保护修复利用规划，加大草原保护力度，完善草原自然保护地体系，加快推进草原生态修复，统筹推进林草生态治理，大力发展草种业，合理利用草原资源，完善草原承包经营制度，稳妥推进国有草原资源有偿使用制度改革，推动草原地区绿色发展。

案例：锡林浩特退化草原生态修复

内蒙古自治区锡林浩特市位于首都北京正北方，是距离京津地区最近的草原牧区，全市草原面积139.6万公顷，2009年划定基本草原136.9万公顷，以温性典型草原为主。2000年以来，由于连续干旱、人口增加、过度利用、气候原因，以及草原鼠虫害频发等因素，导致天然放牧场植被退化，土壤沙化严重等突出问题。习近平总书记多次对草原生态保护修复作出重要指示，他在参加十三届全国人大二次会议内蒙古代表团审议时指出，内蒙古生态状况如何，不仅关系全区各族群众生存和发展，而且关系华北、东北、西北乃至全国生态安全。把内蒙古建成我国北方重要生态安全屏障，是立足全国发展大局确立的战略定位，也是内蒙古必须自觉担负起的重大责任。2019年国家林业和草原局启动实施了退化草原人工种草生态修复试点项目，锡林浩特市作为典型草原试点地区，实施了三项建设内容：一是严重沙化草地生态治理666.7公顷，二是退化打草场生态修复治理4333.3公顷，三是野生优良乡土草种扰育66.7公顷。通过治理修复，退化放牧场植被盖度增加到40%—60%，干草产量提高50%以上；退化打草场植被盖度提高15%—20%，干草产量平均提高20%—40%，草群中多年生优良牧草比例增加，土壤有机质增加10%以上；严重沙化草地植被盖度达到40%—50%，风蚀得以控制，周边环境明显好转。

资料来源：自然资源部国土空间生态修复司：《中国生态修复典型案例》，2021 年。

草原生态保护修复，一方面，需要加强对草原生态系统的保护。通过实施部分地区草地封禁政策，减少超载过牧的问题，同时对部分生态脆弱区退耕还林还草还湿，从而有序恢复草场的生态功能，构建农村生态屏障。另一方面，还要加强人工草场的培育。通过采用现代化技术积极培育人工草场，减轻畜牧压力。只有实现草原生态系统功能的保护和修复，才能保持草原生态系统的多样性和稳定性，加强草原生态系统涵养水源、防风固沙的能力，实现良性循环。总之，加强草原生态保护修复是农村生态保护和修复的重要内容，推动草原绿色发展能够为建设美丽乡村奠定重要基础。

第二节　推进农村人居环境整治

我国农村人居环境长期以来呈现脏乱差的局面，农村生活设施不完善、生活管理机制不健全等都在一定程度上抑制了农村居民幸福感的提升。自 2018 年农村人居环境整治三年行动实施以来，通过推进农村厕所革命、农村生活污水治理、全面提升农村生活垃圾治理水平和推动村容村貌提升，我国农村人居环境得到极大改善，农村居民幸福感得到了一定满足，但农村人居环境还存在较大的改善空间，推进农村人居环境整治仍然任重而道远。

一、农村人居环境整治的价值定位与基本维度

（一）农村人居环境的价值定位

农村人居环境整治是在习近平新时代中国特色社会主义思想指导下推进乡村生态振兴的重要举措。它的价值定位表现在，第一，体现了以人民为中心的发展思想。农村人居环境整治活动旨在改善农村农民的生活环境，提升卫生条件、完善生活设施，让农村居民能够有更高水平的生活质量，提升幸福感指数。因此，农村人居环境整治体现了发展为了人民、发展依靠人民、发展成果由人民共享的理念。人民是发展的目的和动力，一切工作都要惠及人民群众。第二，体现了绿水青山就是金山银山的生态理念。通过农村人居环境整治活动能够有效改善村容村貌，并通过乡村生态环境的改变催生、发展出文旅融合、红旅融合等新型经济业态，实现生态效益向经济效益的转化。第三，是打造美丽中国建设示范样板的重要举措。通过建设美丽乡村活动，统筹推进农村人居环境整治，能够有效推进乡村面貌改善和美化，为建设美丽中国贡献力量。

（二）农村人居环境整治的基本维度

为响应习近平总书记关于开展“厕所革命”和美丽乡村建设的号召，2018 年 2 月，中共中央办公厅、国务院办公厅印发了《农村人居环境整治三年行动方案》，在《三年行动方案》的工作经验基础上，中

共中央办公厅、国务院办公厅印发《农村人居环境整治提升五年行动方案（2021—2025 年）》。结合上述方案以及市场监督管理总局、生态环境部等《关于推进农村人居环境标准体系建设的指导意见》，农村人居环境整治包括四个基本维度，即农村卫生厕所、农村生活污水、农村生活垃圾和农村村容村貌。根据国家乡村振兴局数据，截至 2020 年底，全国农村卫生厕所普及率达到 68% 以上。农村生活垃圾进行收运处理的自然村比例稳定保持在 90% 以上，农村生活污水治理率达到 25.5%。① 表 6-2 是农村人居环境整治提升五年行动方案的基线数据。

表 6-2　农村人居环境整治的基本维度

维　度	2020 年底数据	关键指标	难度评价
农村卫生厕所	普及率达到 68% 以上	设施设备	小
		粪污处理	中
		资源化利用	大
农村生活污水	农村生活污水治理率达到 25.5%	设施设备	小
		收集处理	中
		排放限值	中
		资源化利用	大
农村生活垃圾	进行收运处理的自然村比例稳定保持在 90% 以上	设施设备	小
		分类收集	大
		收运转运	大
		处理处置	中
		资源化利用	大

① 张焕慈：《农村人居环境向整体提升迈进》，中国农网，2021 年 12 月 8 日。

续表

维　度	2020 年底数据	关键指标	难度评价
农村村容村貌	—	农村水系	大
		村庄绿化	小
		农村公共空间	中
		村庄保洁	中

二、推进农村厕所革命

农村厕所革命是农村人居环境整治的重要举措。2016 年 9 月，联合国会员国承诺在《2030 年可持续发展议程》（SDG 6）目标 6 中确保获得安全饮用水和卫生设施，宣言中明确重申了对享有水和卫生设施的人权的承诺（表 6-3）。然而，根据《联合国可持续发展目标进展报告 2023》，到 2022 年，全球仍有 22 亿人缺乏安全饮用水，其中 7.03 亿人没有基本的供水服务；35 亿人缺乏安全的卫生设施（厕所）。中国采取切实可行的措施全面推进农村改厕工作。习近平总书记多次对深入推进农村厕所革命作出重要指示，他强调“十四五”时期要继续把农村厕所革命作为乡村振兴的一项重要工作。

按照《农村人居环境整治提升五年行动方案（2021—2025 年）》，扎实推进农村厕所革命主要包括以下内容：

逐步普及农村卫生厕所。新改户用厕所基本入院，有条件的地区要积极推动厕所入室，新建农房应配套设计建设卫生厕所及粪污处理设施设备。重点推动中西部地区农村户厕改造。合理规划布局

表 6-3　联合国可持续发展目标 6：为所有人提供水和环境卫生并对其进行可持续管理

子目标	内　　容
6.1	到 2030 年，人人普遍和公平获得安全和负担得起的饮用水
6.2	到 2030 年，人人享有适当和公平的环境卫生和个人卫生，杜绝露天排便，特别注意满足妇女、女童和弱势群体在此方面的需求
6.3	到 2030 年，通过以下方式改善水质：减少污染，消除倾倒废物现象，把危险化学品和材料的排放减少到最低限度，将未经处理废水比例减半，大幅增加全球废物回收和安全再利用
6.4	到 2030 年，所有行业大幅提高用水效率，确保可持续取用和供应淡水，以解决缺水问题，大幅减少缺水人数
6.5	到 2030 年，在各级进行水资源综合管理，包括酌情开展跨境合作
6.6	到 2020 年，保护和恢复与水有关的生态系统，包括山地、森林、湿地、河流、地下含水层和湖泊
6.a	到 2030 年，扩大向发展中国家提供的国际合作和能力建设支持，帮助它们开展与水和卫生有关的活动和方案，包括雨水采集、海水淡化、提高用水效率、废水处理、水回收和再利用技术
6.b	支持和加强地方社区参与改进水和环境卫生管理

资料来源：联合国：《变革我们的世界：2030 年可持续发展议程》，2015 年。

农村公共厕所，加快建设乡村景区旅游厕所，落实公共厕所管护责任，强化日常卫生保洁。

切实提高改厕质量。科学选择改厕技术模式，宜水则水、宜旱则旱。技术模式应至少经过一个周期试点试验，成熟后再逐步推开。严格执行标准，把标准贯穿于农村改厕全过程。在水冲式厕所改造中积极推广节水型、少水型水冲设施。加快研发干旱和寒冷地区卫生厕所适用技术和产品。加强生产流通领域农村改厕产品质量监管，把好农村改厕产品采购质量关，强化施工质量监管。

加强厕所粪污无害化处理与资源化利用。加强农村厕所革命与生活污水治理有机衔接，因地制宜推进厕所粪污分散处理、集中处理与纳入污水管网统一处理，鼓励联户、联村、村镇一体处理。鼓励有条件的地区积极推动卫生厕所改造与生活污水治理一体化建设，暂时无法同步建设的应为后期建设预留空间。积极推进农村厕所粪污资源化利用，统筹使用畜禽粪污资源化利用设施设备，逐步推动厕所粪污就地就农消纳、综合利用。

三、推进农村生活污水治理

推进农村生活污水治理是农村人居环境改善的重要内容。农村生活污水若不进行妥善处理，会造成河流、湖泊和土壤污染，最终影响人类健康和可持续发展。推进农村污水处理，能够改善农村人居环境，减少农业面源污染，提升土壤质量和水质量；实现农村生活污水的再利用，节约农业用水资源；还可以改变农村脏乱差的局面，提升乡村面貌，助力美丽乡村建设。我国农村生活污水治理的问题具体表现为农村生活污水排放总量大，污水处理率低，生活污水处理排放标准和技术规范制定滞后，建成的生活污水处理设施因缺乏运行管护费用而利用率不高。农村生活污水治理的基本方向是：

一是分区分类推进治理。优先治理京津冀、长江经济带、粤港澳大湾区、黄河流域及水质需改善控制单元等区域，重点整治水源保护区和城乡接合部、乡镇政府驻地、中心村、旅游风景区等人口居住集中区域的农村生活污水。开展平原、山地、丘陵、缺水、高寒和生态环境敏感等典型地区农村生活污水治理试点，以资源化利用、可持续治理为导向，选择符合农村实际的生活污水治理技术，优先推广运行费用低、管护简便的治理技术，鼓励居住分散地区探索采用人工湿地、土壤渗滤等生态处理技术，积极推进农村生活污水资源化利用。

二是加强农村黑臭水体治理。摸清全国农村黑臭水体底数，建立治理台账，明确治理优先顺序。开展农村黑臭水体治理试点，以房前屋后河塘沟渠和群众反映强烈的黑臭水体为重点，采取控源截污、清淤疏浚、生态修复、水体净化等措施综合治理，基本消除较大面积黑臭水体，形成一批可复制可推广的治理模式。鼓励河长制湖长制体系向村级延伸，建立健全促进水质改善的长效运行维护机制。

三是建立完善农户生活污水治理体系。第一，要加大农村生活污水基础设备建设，采用先进适用的农村生活污水处理技术，促进农村生活污水的循环利用；第二，大力建设农村污水处理厂，铺建污水管网和设施建设，进行农村污水的综合治理；第三，需要加强农村生活污水的源头减量、过程控制和尾水回收利用；第四，为农村生活污水治理开展全过程技术咨询服务。

四、全面提升农村生活垃圾治理水平

推进农村生活垃圾治理水平同样是农村人居环境整治的重要方面。长期以来，我国农村生活垃圾处理呈现出处理模式粗放且污染

严重的特点，垃圾随处堆积或直接倒入河流，造成环境污染问题；相当一部分农村地区缺少生活垃圾收集点，缺少有效的管理机制。农村生活垃圾的粗放式处理对农村生态环境造成了破坏，影响了村容村貌，一定程度上减弱了农村居民的幸福感。自2018年农村人居环境整治提升行动以来，农村生活垃圾治理水平得到有效提升。通过对农村垃圾的回收处理，减少了环境污染，实现了资源再利用，有效提升了资源利用效率，进一步提升了农村的生态环境保护水平。但当前农村生活垃圾治理水平总体还不高，还需进一步完善治理举措。

首先，健全生活垃圾收运处置体系。要根据各地实际情况，统筹县乡村三级垃圾收运处置设施建设和服务，完善农村生活垃圾收集、转运、处置设施和模式，因地制宜采用小型化、分散化的无害化处理方式，降低收集、转运、处置设施建设和运行成本。同时，构建稳定运行的长效机制，加强日常监督，不断提高运行管理水平。其次，推进农村生活垃圾分类减量与利用。加快推进农村生活垃圾源头分类减量，积极探索符合农村特点和农民习惯、简便易行的分类处理模式，减少垃圾外运出村处理量，有条件的农村应基本实现可回收垃圾资源化利用、易腐烂垃圾和煤渣灰土就地就近消纳、有毒有害垃圾单独收集贮存和处置、其他垃圾无害化处理。同时可以探索有序开展农村生活垃圾分类与资源化利用示范县创建活动。协同推进农村有机生活垃圾、厕所粪污、农业生产有机废弃物资源化处理利用，以乡镇或行政村为单位建设一批区域农村有机废弃物综合处置利用设施，探索就地就近就农处理和资源化利用的路径。扩大供销合作社等农村再生资源回收利用网络服务覆盖面，积极推动再生资源回收利用网络与环卫清运网络合作融合。协同推进废旧农膜、农药肥料包装废弃物回收处理。积极探索农村建筑垃圾等就地就近消纳方式，鼓励用于村内道路、入户路、景观等建设。①

农村生活垃圾处理的难点不在于基础设施建设，关键是长期可持续运行管护模式的成功实践。部分地区以乡镇或县为单位，通过政府向第三方服务机构购买服务的方式提供农村生活垃圾的运转、处理等服务；部分地区实践了以村民自组织集体行动方式，集体开展农村生活垃圾治理行动，但需要一定的集体经济财力支持；还有部分地区采取多元共治的方式。总之，全面提升农村生活垃圾治理水平是农村人居环境整治的重要举措。无论采取何种治理方式，采用因地制宜的办法对于建设美丽乡村和实现乡村生态振兴都具有重要的意义。因此，应当积极提升农村生活垃圾治理水平，为打造和美宜居乡村贡献力量。

五、推动村容村貌整体提升

推动村容村貌整体提升是农村人居环境整治的重要内容之一。长期以来，农村部分地区的公共环境较差，诸如村庄的道路泥泞、乱堆乱放问题，农村建房整体规划落实不到位、私搭乱建问题，绿

① 参见：中共中央办公厅、国务院办公厅印发《农村人居环境整治提升五年行动方案（2021—2025 年）》。

化覆盖率低、村庄面貌千篇一律等问题大量存在，严重影响了村容村貌的整体提升和美丽乡村建设，抑制了农村居民的生活质量和幸福感的提升。大力推进村容村貌提升，不仅能够改善农村居民的生活环境，提升农村居民生活质量，还能够塑造良好的山水田园景观，保留独特的乡村风貌，增添“乡愁”的气息。此外，通过建设美丽乡村环境塑造新兴产业，利用当地生态条件吸引游客发展农业观光、农事体验、生态休闲为主的生态旅游新业态，能够实现经济效益增加。总体来说，推动村容村貌整体提升可以从以下几个方面着力：

改善村庄公共环境。全面清理私搭乱建、乱堆乱放，整治残垣断壁，通过集约利用村庄内部闲置土地等方式扩大乡村公共空间。科学管控农村生产生活用火，加强农村电力线、通信线、广播电视线“三线”维护梳理工作，有条件的地方推动线路违规搭挂治理。健全村庄应急管理体系，合理布局应急避难场所和防汛、消防等救灾设施设备，畅通安全通道。整治农村户外广告，规范发布内容和设置行为。关注特殊人群需求，有条件的地方开展农村无障碍环境建设。

推进乡村绿化美化。深入实施乡村绿化美化行动，突出保护乡村山体田园、河湖湿地、原生植被、古树名木等，因地制宜开展荒山荒地荒滩绿化，加强农田（牧场）防护林建设和修复。引导鼓励村民通过栽植果蔬、花木等开展庭院绿化，通过农村“四旁”（水旁、路旁、村旁、宅旁）植树推进村庄绿化，充分利用荒地、废弃地、边角地等开展村庄小微公园和公共绿地建设。支持条件适宜地区开展森林乡村建设，实施水系连通及水美乡村建设试点。

加强乡村风貌引导。大力推进村庄整治和庭院整治，编制村容村貌提升导则，优化村庄生产生活生态空间，促进村庄形态与自然环境、传统文化相得益彰。加强村庄风貌引导，突出乡土特色和地域特点，不搞千村一面，不搞大拆大建。弘扬优秀农耕文化，加强传统村落和历史文化名村名镇保护，积极推进传统村落挂牌保护，建立动态管理机制。

案例：浙江“千村示范、万村整治”工程

“千村示范、万村整治”工程，简称“千万工程”，是浙江“绿水青山就是金山银山”理念在基层农村的成功实践。2003 年 6 月，针对乡村环境“脏、乱、差”的现象，在时任浙江省委书记习近平同志的倡导和主持下，以农村生产、生活和生态环境整治为重点，浙江在全省实施“千万工程”。由点及面、迭代升级，从最终的道路硬化、路灯亮化、卫生洁化、村庄绿化、河道净化等方面，拓展到面源污染治理、农房改造、历史文化村落保护、农村公共服务设施建设、乡村产业发展、乡风文明与乡村治理等领域，20 年持续努力造就了万千美丽乡村，造福了万千农民群众，创造了推进乡村全面振兴的成功经验和实践范例。2018 年荣获联合国最高环保荣誉“地球卫士奖”。

资料来源：黄祖辉、傅琳琳：《我国乡村建设的关键与浙江“千万工程”启示》,《华中农业大学学报（社会科学版）》2021 年第 3 期。

第三节　乡村生态产品价值实现

乡村生态产品价值实现是推动生态资源价值化的过程，对于实现乡村振兴具有重要意义。依据地区资源丰富程度、生态产品属性等特征的不同，乡村生态产品价值实现也存在多种模式，主要包括生态补偿模式、产权交易模式和生态产业化模式等。准确把握乡村生态产品价值实现的定位，推动多元化生态产品价值实现模式完善，是践行“绿水青山就是金山银山”这一绿色发展理念的重要路径。

一、乡村生态产品价值实现的内涵

关于生态产品的定义，《全国主体功能区规划》主要是从自然价值方面提出的，即生态产品是指清新空气、清洁水源、宜人气候等自然要素。随着研究的深入，学者对此含义进行了拓展，研究表明生态产品不止包括清洁空气、优质水源和舒适环境等自然要素，还包括人工改造的生态物质、生态文化、生态服务等产品。[①] 乡村生态产品价值实现的过程，就是“绿水青山”转化为“金山银山”的过程，这也充分体现了乡村生态产品价值实现的价值定位。乡村生

① 刘伯恩：《生态产品价值实现机制的内涵、分类与制度框架》，《环境保护》2020 年第 13 期。

态产品价值实现，包括生态产品培育和价值实现两个环节，生态产品培育阶段是通过对农村生态环境的保护和修复、农村人居环境整治厚植生态资本，在培育自然资本和生态产品的过程中实现自然资本的价值增值；价值实现环节则是将培育的生态产品进行市场交易，将自然资本、自然财富转化为具有物质资本的社会财富，实现生态效益向经济效益的转变。乡村生态产品价值实现深刻体现了“山水林田湖草是生命共同体”“绿水青山就是金山银山”的生态理念，体现了“尊重自然、顺应自然、保护自然”的可持续发展理念，也是构建更加完善的产业链、生态链、价值链，实现生态外部经济内部化的价值转化与推动经济高质量发展的重要体现。因此，应当积极推动乡村生态产品价值实现，完善相关产品和服务定价、市场交易规则等制度体系，实现“生态颜值”向物质财富的转化。

二、乡村生态产品价值实现模式

依据各地区的资源禀赋、生态产品的属性、产权确定的难易程度以及政府干预强度，需要因地制宜、因时制宜地实施不同的生态产品价值实现模式，具体说来，价值实现模式主要包括生态保护补偿模式、生态资源产权交易模式和生态产业化模式三种，但不限于以上三种模式，随着数字技术进步可以开发出更多的价值实现模式。

（一）生态保护补偿模式

生态资源丰富的地区具有厚植生态资本、提升生态产品供给能力的优势。如果当地的生态产品较难确定产权，诸如新鲜空气、清洁水源等具有非排他性和非竞争性的纯公共生态产品属性时，当地政府对该类生态产品又具有较强的管制和干预能力时，则可以采取生态保护补偿的乡村生态产品价值实现模式。根据外部性理论，对生态资源丰富地区的生态进行保护和发展，能够产生经济的正外部性，而该类纯公共生态产品难以确权，生态资源丰富地区的保护者又难以向其他正外部性的受益者收费，因此，这类生态产品需要依靠政府进行付费，对生态资源丰富地区的政府和个人保护生态所做出的贡献进行经济补偿。

对于纯公共生态产品的付费，主要有纵向生态补偿和横向生态补偿两种方式。纵向生态补偿是指依靠中央政府或者省级政府直接拨付资金对重点生态功能区给予财政转移支付，为当地政府开展生态保护、污染治理、培育生态产品提供财力补偿。横向生态补偿是指由生态环境保护地区和受益地区共同承担环境保护的成本并按照共享效益的机制，受益地区对生态环境保护地区进行生态补偿，主要表现为下游地区向上游地区支付生态补偿资金。当前应该大力完善生态保护补偿制度，在纵向补偿办法上，要加强生态价值低成本、高效率核算，加大对生态功能重要性突出地区的生态补偿，提高转移支付系数，加大纵向补偿力度；在横向补偿办法上，要继续完善跨省域、跨流域上下游生态价值核算，科学测算生态保护补偿依据，建立以县域为单位的横向生态保护机制，最终完善以受益者付费原则为基础的政府主导、市场协同、群众参与的多元化补偿格局，提高全社会参与生态环境保护的积极性。

（二）生态资源产权交易模式

在生态资源丰富地区，如果当地的生态资源产权较容易界定，政府则可以对生态资源进行产权确认，限额分配给企业与个人，从而调动企业或个人对生态保护的积极性，实施生态资源产权交易模式。这种模式下的生态资源通常具有一定的竞争性和非排他性，由政府主导进行产权确认、限额分配，企业和个人为获得经济利益而积极参与，从而形成生态资源产权交易模式。目前生态资源产权交易模式已经包括多个方面，诸如用水权、排污权、碳排放权等。以福建省三明市林业碳汇为例，福建省三明市是生态资源丰富的地区，森林植被繁茂，为发挥当地的生态资源优势，三明市政府积极开展林业碳汇产权交易模式，发行林票和碳票，对林业资源进行明确的产权界定，以林票促进农村居民的植树造林活动，发行碳票实现森林固碳的价值转换，通过林业碳汇产权交易模式，有效促进了当地生态和经济效益的增加。当前生态资源产权交易模式还存在诸多问题，而可交易的产权制度是经济活动的基石，为此，需要继续完善生态资源产权制度：首先要厘清政府、集体、个人的权利行使边界，落实各主体权益和责任，明确界定生态资源的产权；其次，要建立可交易的生态资源产权制度和平台，完善相关法律法规，稳步推进生态资源的确权、交易和监督工作。只有清晰界定产权，完善相关法律制度，保障各方利益，才能促进生态产品价值实现，实现绿水青山向金山银山的转化。

（三）生态产业化模式

生态产业化是践行“两山”理论的重要方式，也是对生态经济学和产业经济学理论的实践。在农村部分区域，企业或个人利用资金获得土地经营权，通过集聚各种生产要素、利用当地生态资源发展生态农业获得经济效益；还可以通过三产融合，开发生态旅游、生态观光农业等业态，形成生态产业化模式。在此种模式下，生态产品具有排他性和竞争性的特点，接近私人生态产品，主要依靠市场力量进行销售从而实现生态产品的价值。因此，这种模式要特别注重打通生产、分配、流通和消费四个环节，借助互联网平台销售生态产品，打造相关生态品牌，最终实现生态资源向经济价值的转化。具体的实践案例有“稻渔空间”、林下经济、文化康养等。生态产业化模式能够统筹生态环境保护与经济发展，对于建设美丽乡村、实现乡村生态振兴具有重要意义。虽然生态产业化模式已在全国部分地区实践，但仍需要大力普及。一方面要加强规划，合理布局国土空间，构建绿水青山生态空间；另一方面，要转变传统农业发展模式，推进生态农业建设，发展文化康养、生态旅游项目，促进产业融合发展，最大限度地发掘生态红利和推动经济发展，为建设宜居宜业和美乡村和美丽中国助力。

第四节　生态环境导向的开发模式

生态环境导向的开发（EOD）模式，是以生态保护和环境治理为基础，以特色产业运营为支撑，以区域综合开发为载体，采取产业链延伸、联合经营、组合开发等方式，推动公益性较强、收益性较差的生态环境治理项目与收益较好的关联产业有效融合、统筹推进、一体化实施，将生态环境治理带来的经济价值内部化，是一种创新型的项目组织实施方式。EOD 模式是践行习近平生态文明思想的重要开发模式，对于实现环境保护和经济发展的协调前进具有重要意义。

一、EOD 模式的理论基础

EOD 模式的理论基础体现在如下几方面，一是符合生态学的价值理念。生态学研究表明，生态系统具有调节气候、涵养水源、保持水土等方面的作用，生态服务功能对人类社会生存具有重要价值，能为人类社会提供多种效益和福利。EOD 模式的基础是生态保护和环境治理，是将生态环境治理与经济发展结合的开发模式，既能改善生态环境又能实现经济效益，因此，符合生态学的价值理念。二是符合产业经济学理论。EOD 模式是以特色产业运营为主要支撑，延伸产业链，推动经济效益好的产业发展与收益性差的生态环境治理项目结合的开发模式，能有效推动开发片区的产业链条延伸，实现经济效益创收。三是符合外部性理论。EOD 模式是将公益性较强的生态治理项目与收益较好的关联产业有效融合、将生态环境治理带来的经济价值内部化的一种项目组织方式，体现了经济外部性的原理。四是符合系统思维。EOD 模式是统筹推进、一体化实施，体现了项目推进过程中多部门协同的作用，符合系统治理观。五是符合人与自然和谐共生的价值理念。EOD 模式的本质是以项目制的方式推动生态导向的开发，对生态破坏地区进行修复和保护，打造良好的生态环境，这符合人与自然和谐共生的价值理念。

二、EOD 模式的实施意义

EOD 模式是践行“两山”理论的重要探索，实施 EOD 模式对中国生态文明建设和乡村振兴具有重要意义。第一，EOD 模式拓展了生态产品价值实现方式。EOD 模式通过关联产业开发，建立健全生态产品价值实现机制，是推动中国生态保护与经济发展相协调的重要制度创新，也是实现中国式现代化的创新开发之路。EOD 模式以生态环境保护和修复为基础，注重将生态优势与特色产业结合，实现产业增值溢价，推动生态资源价值化的实现。第二，EOD 模式减轻了地方政府财政压力，拓展了开发金融来源。EOD 模式通过生态环境治理和产业发展获得收益，反哺生态治理项目的支出，实现了项目内部的收支平衡，有利于减少地方政府财政资金的投入，这在一定程度上减轻了地方政府财政压力。第三，EOD 模式创新了开发模式。与以往先开发后治理的模式不同，EOD 注重将收益周期较长且外部性较大的环境治理项目与具有长期投资回报的产业运营项目结合，在开发中保护，在保护中发展，创新了开发模式，对实现人与自然和谐共生具有重要的实践意义。

三、EOD 模式的实践现状

EOD 模式是一种重要的项目制组织开发模式，它的特点表现为：投入资金需求量大、项目实施时间长、投资财务回报周期长、需要进行长期运营和维护。目前全国范围内已经展开 EOD 模式试点。2021 年 4 月，生态环境部办公厅、国家发改委办公厅和国家开发银行办公室联合发布了《关于同意开展生态环境导向的开发（EOD）模式试点的通知》，确定了 36 个项目开展 EOD 模式试点。2022 年 4 月，又发布了《关于同意开展第二批生态环境导向的开发（EOD）模式试点的通知》，确定了 58 个项目开展 EOD 模式试点。截至目前，全国各地已有 94 个 EOD 试点项目。根据各地对 EOD 模式的组织和开展情况来看，EOD 模式的典型案例主要包括以下四种，即城市环境综合整治与土地利用产业结合、矿山修复治理与存量资源经营结合、农村环境综合整治与生态种养产业结合、荒山荒地与清洁能源产业结合。[①] 在关联产业上，具体表现为包括生态农业、生态旅游、健康养生项目等符合当地社会资源禀赋的产业，还包括洁净医药等与环境关联度高的产业、生物质能等项目收益能力强的产业。在试点政策支持上，由国家开发银行对试点项目进行评估，在资金支持上给予政策倾斜和优惠力度，评估标准涉及项目的实施主体评级、市场化运作、可行性、项目收益来源等方面。

四、EOD 模式的价值转换

从 EOD 模式的价值转换特点来看，首先，EOD 模式是将收益性较差的公益生态治理项目与特色产业相关联，实现生态治理和

① 赵云皓、徐志杰、辛璐等：《生态产品价值实现市场化路径研究——基于国家 EOD 模式试点实践》，《生态经济》2022 年第 7 期。

产业发展相融合，通过培育生态产品，诸如生态产业、生态文化、生态服务等生态关联业态获取收益，从而保证项目的收益。其次，EOD 项目将产业运营获得的收益用于补贴生态治理项目的费用，力求实现 EOD 模式的收支平衡，减少对地方政府财政资金的需求压力。EOD 的价值转换模式与其他生态产品价值实现模式的显著不同在于，它由一个市场主体统筹实施，所得收益由实施主体获得，具有明确的运营主体；同时，EOD 模式是以项目制的形式开展，力求实现项目内的收益与支出的持平。因此，EOD 模式是生态产品价值实现形式的拓展形式，在未来应根据实际发展情况有序推进。

五、EOD 模式的未来开展

EOD 模式目前在全国已进行了两批试点，实现了多种模式并行的局面，初步取得了预期效果。但普遍面临开发收益较高的关联产业难度大、企业缺乏长期运营的耐心资本等问题，因而产业配置和招商引资难度较大，项目实施的长期效果还有待科学评估。在未来开展 EOD 模式时，应该注重以下方面：第一，要因地制宜，精准施策。EOD 项目类型众多，需要根据当地的实际情况，寻找与当地社会经济契合度高、生态环境关联度高、收益能力较强的产业进行关联识别，对每一类 EOD 项目进行精准施策，做好统筹规划，确定项目边界，完善社会资本的参与方式。第二，要因时制宜，分批次、分阶段有序开展。EOD 模式目前还处于试点阶段，尚不成熟，要根据项目实施情况分批次、分阶段逐步推广。此外，EOD 项目需要先探索出具体模式、总结经验，探索 EOD 模式的适用条件、存在问题和解决对策。第三，做好 EOD 模式的项目考核评价工作。EOD 是一种综合性的项目开发模式，工程较大，涉及的部门较多，需要构建科学的评价体系来对项目的开展、实施过程和结果做出全过程的考核评价、绩效评估等工作，以平衡各方利益。第四，加强项目的监督管理。EOD 模式是一个系统工程，要明确 EOD 项目实施过程中各部门的工作职责，完善监督管理机制，对项目实施过程中的施工质量、资金投入、收益去向等进行严格把控，确保项目的稳定实施。

乡村生态振兴与绿色低碳发展是乡村振兴的重要内容，对于建设美丽中国和实现人与自然和谐共生的现代化具有重要意义。乡村生态振兴是遵循习近平生态文明思想的指导开展的重要工程，从修复生态、打好污染防治攻坚战，到厚植生态资本、实现生态产品价值转化，再到未来的开发模式，它涉及生态环境保护与修复、农村人居环境整治、生态产品价值实现、生态环境导向的开发模式等多个方面，是我国生态文明建设的重要探索。

第七章　乡村组织振兴与基层治理现代化

基层治理是国家治理的基石，统筹推进乡镇（街道）和城乡社区治理，是实现国家治理体系和治理能力现代化的基础工程。加强党的基层组织建设，健全基层治理党的领导体制，加强基层政权治理能力建设，健全基层群众自治制度，推进基层法治和德治建设，加强基层智慧治理能力建设，是实现乡村全面振兴的组织保障。本章第一节阐释推进乡村组织振兴的理论基础与时代要求，第二节阐释加强党的领导与基层组织建设，第三节论述促进自治、法治、德治有机结合，第四节讨论全面推进乡村数字治理。

第一节　推进乡村组织振兴的理论基础与时代要求

新中国成立以来，我们党始终高度重视乡村治理工作并积累了丰富的乡村组织建设经验。1982 年中央一号文件明确指出“落实党在农村的一切方针、政策和完成各项工作任务，都必须依靠农村基层组织。否则，一切工作都会落空”。[①] 存在于乡村的各类组织如基层党组织、村民自治组织与社会组织等为建设美丽乡村、实现乡村全面振兴提供了有力支撑。组织是社会发展到一定阶段的必然产物。乡村组织是乡土社会的细胞，乡村组织振兴是乡村治理现代化的基础，旨在通过健全和发展乡村组织体系推动乡村的全面和可持续发展。2021 年 2 月 4 日，习近平总书记在贵阳市观山湖区金阳街道金元社区考察期间指出，“基层强则国家强，基层安则天下安，必须抓好基层治理现代化这项基础性工作”。

一、组织振兴是乡村振兴的根本保证

组织振兴为乡村振兴提供了重要的政治保障。组织振兴在乡村产业、人才、文化、生态、组织的全面振兴中具有统领作用。第一，乡村组织振兴是促进乡村产业振兴的动力源泉。产业兴旺是实现乡村振兴的经济基础。在我国脱贫攻坚战取得全面胜利、亟须扩大内需和形成强大国内市场以解决好发展不平衡不充分问题的时代背景下，将乡村生产有机融入现代产业体系、实现农村产业结构转型和融合发展具有重要意义。而这其中必然涉及乡村生产关系的调整乃

① 中华人民共和国国务院公报：《全国农村工作会议纪要》，人民出版社 1982 年版。

至变革，乡村组织振兴则能够凭借强大的组织力量来统筹各类生产关系、吸纳各类高效合理的生产要素，发挥上层建筑的积极作用。第二，乡村组织振兴是促进人才振兴的有力保障。乡村组织振兴通过加强党对乡村工作的领导，完善村民自治制度以及培养优秀的基层组织带头人、党员先锋队伍等系列举措吸引和留住人才，引领乡村人才振兴。第三，乡村组织振兴是推动文化振兴的重要法宝。乡村组织振兴能够充分发挥各类乡村组织自身的优势，实现资源共享、多元主体协作与组织机制联动，助力挖掘乡村文化资源、培育乡村文化人才与发展乡村文化产业，推动乡村文化传承和乡风文明建设，从而助推乡村文化振兴。第四，乡村组织振兴是实现生态振兴的关键途径。随着美丽乡村建设的逐步推进，打造一支支负责农村“生态宜居”建设的队伍显得尤为重要，为推进乡村生态振兴提供坚强的组织保障。组织振兴既是乡村振兴的有机组成部分，也是乡村产业、人才、文化、生态振兴的根本保障，是推进乡村全面振兴的基石。只有建设好以基层党组织为核心的各类乡村组织，充分发挥各类组织在乡村振兴发展中的作用，才能凝聚各方智慧和力量，推动乡村振兴战略的顺利实施。可以说，组织兴则乡村兴，组织强则乡村强。

二、组织振兴是推进基层治理现代化的必然要求

乡村振兴的关键在于组织通过有效分配和整合各类资源以形成乡村发展的内生动力。乡村组织振兴以兼具稳定性与系统性的组织为依托，通过健全基层组织、协调组织间的联动机制等举措激发内

生动力，吸纳外部资源，为推进乡村全面振兴提供组织保障。

一方面，乡村组织振兴是推进基层治理体系现代化的必然要求。乡村是我国社会治理的前沿阵地和重要领域，有效的乡村治理是乡村振兴的重要方面之一。党的十九大报告中明确指出要“健全自治、法治、德治相结合的乡村治理体系”。传统的治理方式已完全不能适应当前农村的发展需要，在新时代背景下的乡村治理中，必须通过自治、法治和德治“三治”融合以共同助推乡村善治目标的实现。健全“三治”有机融合的治理体系，是推进基层治理体系现代化的关键。在基层党组织的引领下依法治村，切实让国家各项战略、方针、政策在乡村落地生根，不断推进民主协商、民主决策、民主管理、民主监督的乡村自治，充分发扬新时代“枫桥经验”，发挥乡村德治的作用，及时化解矛盾纠纷、解决各类问题共建维护乡村的团结和秩序。

另一方面，乡村组织振兴是推进基层治理能力现代化的必然要求。组织是助力乡村治理走深走实的关键，而基层党组织是领导乡村治理的核心力量。没有坚实有力的基层党组织作支撑，组织振兴就无法实现，乡村振兴也只能是无本之木、无源之水。从能力建设来看，首先，要加强基层党组织的能力建设，宣传执行党的“三农”路线、方针和政策，组织党员、干部下沉参与基层治理，密切联系群众；其次，提高村集体组织、合作组织和其他自治组织解决发展问题、化解社区矛盾、激发内生动力等方面的能力；第三，加强乡村数字基础设施和公共服务以及人才队伍建设，提高乡村智慧治理能力。

三、乡村组织振兴面临的主要问题

（一）农村基层党组织体系不够健全

党的十八大以来，农村基层党组织体系建设取得显著成就。根据中组部统计数据，2022 年全国 29619 个乡镇、490041 个行政村已建立党组织，基层党组织覆盖率均超过 99.9%。但是，在推动基层党建网络与社会治理网络“双网结合”的过程中，出现“两网”未能有效融合的现象，不能做到网络划分到哪里，党的组织就建到哪里，党组织的领导作用就发挥到哪里。加之，农村人口结构相对复杂，流动人口规模巨大，流动人口的党建工作面临较大挑战。农村留守妇女占常住人口比例较高，但农村女性党员比例却较低。在一些地方，基层党员结构失衡，年龄结构不合理。工作中存在责任边界模糊、重点任务不明的问题，导致基层党组织体系统计数据覆盖率提高，但工作效率上却较低的问题，覆盖人口也不够全面。

（二）农村基层党组织政治领导和群众组织能力与乡村全面振兴的时代要求不匹配

党的政治建设是党的根本性建设，决定党的建设方向和效果。①政治领导功能是乡村基层党组织的“魂”。然而，当前部分农村基层

① 《决胜全面建成小康社会　夺取新时代中国特色社会主义伟大胜利——在中国共产党第十九次全国代表大会上的报告》，《人民日报》2017 年 10 月 28 日。

党组织“弱化、虚化、边缘化的问题没有解决”。[①] 部分组织中存在重视经济建设、轻视党建工作的“虚化”现象。基层党组织的政治领导能力缺乏统筹产业、人才、文化、生态、组织全面振兴的能力，缺乏人才、文化、生态振兴的政治意识和长远目光。特别是面对文化振兴、生态振兴等新的工作内容，难以发挥好基层党支部的政治引领和群众组织功能。农村基层党组织的凝聚力和战斗力有待提升，农村基层党群关系淡化问题逐渐突出。部分党组织带头人忙于事务性工作，无暇顾及群众需求，甚至把主要工作用于紧盯乡村振兴项目的实施，从中谋取个人经济利益。在乡村事务决策时“拍脑袋”，并未站在群众的角度考虑问题，这些都直接损害了村干部在农民群众中的形象，加剧了党群关系的紧张。

（三）村民自治组织不够完善，存在异化现象

第一，村民自治组织中存在权力异化现象。在一些村民委员会中领导层权力高度集中，权力结构不平衡，决策过程不够透明。选举程序存在暗箱操作、非法干预等问题。这导致村民无法有效监督和参与决策，容易使自治组织出现权力异化现象。村务公开程度不足、缺乏透明度也会导致村民对决策过程、村级财务等关键信息了解不足，影响群众监督效果，容易滋生腐败问题。第二，村民自治组织中存在功能异化现象。功能异化即村民自治组织的自治功能被

① 《习近平关于防范风险挑战、应对突发事件论述摘编》，中央文献出版社 2020 年版，第 132 页。

行政功能和经济功能所取代。自治组织功能被行政功能取代使村民自治组织陷入“附属行政化”和“过度经济化”的困境，造成了自治组织的功能异化；[①] 自治组织功能被经济功能取代则导致忽视文化振兴、生态振兴等方面的建设。第三，村民自治组织中存在主体异化现象。理论上村民自治应当是村民自主管理的过程，村民自治的主体本是村民，但在实践中存在村民参与度不高的问题。

第二节　加强党的领导与基层组织建设

在新时代背景下，加强党对乡村治理的全面领导是实现乡村全面振兴的关键，也是全面建设社会主义现代化国家新征程上的重要任务。

一、加强基层党组织建设

“地基不牢，地动山摇”，乡村的稳定与振兴关系着全国的稳定与发展。可以说，乡村是国家治理的“神经末梢”与“前沿阵地”。而农村基层党组织作为党在农村全部工作的根基和发挥战斗力的堡垒，其功能的发挥直接影响着乡村振兴工作的进程与成效。

---

① 方明：《新农村建设背景下村民自治的困境与思考》，《江苏社会科学》2016 年第 6 期。

首先，强化党组织在乡村治理中的核心作用。中共中央于 2019 年 1 月印发的《中国共产党农村基层组织工作条例》规定村党组织在乡村处于领导核心地位，领导本村的社会治理，对乡村治理起着核心作用。因此，基层党组织首先要转变思想观念，增强政治意识，加强党对农村工作的全面领导。要加强和改进思想政治工作，突出政治功能；要发挥组织优势、组织功能与组织力量，发挥党员的先锋模范作用，将党组织建设与乡村经济社会发展、生态文明建设等具体工作紧密结合起来，引导乡村多元主体协同治理。

其次，推进基层党组织的完善与变革。一方面要优化基层党组织设置，确保基层党组织的全面有力领导。要创新探索基层党组织的设置模式，变革传统的“一村一支部”架构，综合考虑党支部或党小组对乡村企业、农民专业合作社等新型经营主体的全覆盖。另一方面要充分考虑乡村人口结构的变化，既要注意党员队伍的年轻化，也要注入妇女、老人、返乡创业者等不同群体的代表性。要健全党内民主，开展定期的党内民主生活会和组织生活会，利用村“两委”联席会议研究村内的重要事务，促进决策民主和高效。落实村级组织向党组织报告制度，依法公开乡村工作进展和各类应公开的事项，特别要加强乡村振兴专项项目投资、建设和运营的决策透明度。要强化内外部监督机制，监督基层党组织按章办事、规范运行。

再次，创新党建工作方式方法。基层党组织在加强自身建设的同时要紧密结合乡村实际持续创新工作方式方法，以有效解决乡村发展中的实际问题。要鼓励和支持基层党组织采取更加开放和灵活的思维方式，根据自身实际探索适合本地区发展的创新做法，以不断适应新时代农村发展的新要求。一些乡村积极探索“党支部＋合作社”“党支部＋德育银行”等新型治理模式，也有的乡村党支部利用数字治理技术，开展“智慧党建”，促进服务到位、信息透明、决策公开。把党建引领与产业发展、乡村治理等结合起来，提高治理成效，越来越得到乡村基层组织建设的重视。

二、加强乡村党组织带头人队伍建设

习近平总书记强调：“推动乡村组织振兴，打造千千万万个坚强的农村基层党组织，培养千千万万名优秀的农村基层党组织书记。”村民富不富，关键看支部；村子强不强，要看“领头雁”。乡村党组织带头人是推动农村各项工作的核心力量，他们不仅是党的政策传播者，更是乡村振兴的实践者和推动者。故而有必要加强乡村党组织带头人队伍建设。

首先，选优配强村党组织带头人。明确选任标准，把思想政治素质好、带富能力强、协调能力强的“一好双强”优秀党员选拔为村党支部书记。拓宽选人渠道，可以内部培养选拔和外部引进并举。一方面，主要从本村优秀现任村干部、致富能手、农民经纪人、农民专业合作组织负责人、复员退伍军人、外出务工返乡的农民党员中培育选拔村党支部书记；另一方面，可以从驻村干部、科技特派员、到农村的创客、投资农村的企业家中培育选拔。采取多种措施、多个渠道，推行“党建＋人才”培养模式。2022 年 4 月，农业农村部办公厅印发《关于实施“耕耘者”振兴计划的通知》，“耕耘者”振兴计划是政企合作推进乡村人才振兴的新探索，其中，乡村治理骨干培训重点面向村“两委”干部，把党组织领导下的自治、法治、德治相结合的乡村治理理论、方法以及“积分制”“清单制”“枫桥经验”“村民说事”等实践经验作为培训内容的重点。

其次，完善乡村党组织带头人管理制度体系。加强对乡村党组织带头人的政策理论培训，定期开展思想政治教育，提高他们对党的理论和国家政策的理解和掌握，不断增强其政治素质。明确乡村党组织带头人的工作职责和工作任务，压紧压实乡村振兴工作责任，确保乡村振兴战略各项政策在“最后一公里”的有效执行。建立健全激励保障机制。保证合理的经济待遇，拓展发展空间。健全乡村党组织带头人晋升和奖励机制，调动党组织带头人投身乡村治理的积极性。建立科学的绩效评估体系，并将评估结果作为其晋升、培训和奖惩的重要依据。

三、加强农村党员队伍建设

首先，完善农村新发展党员培养机制，助力党员队伍年轻化。要进一步增强年轻人才吸引力度，通过公务员考试、“三支一扶”、大学生“村官”等途径发展理想信念坚定、群众威信较高、具备灵活的发展思维的年轻同志，为乡村振兴提供动力源泉与新鲜血液。针对本乡在外学习的大学生，要加大联系与宣传动员力度，增强其乡村归属感，并通过争取政策优惠、健全待遇保障等吸引其回乡工作或创业，让年轻党员无后顾之忧。

其次，组织政治理论教育和实践活动，全面提升党员队伍素质。一方面必须兼顾上级指示和乡村具体需求，通过问卷调查和谈话等方法准确掌握党员的思想动向和他们所关心关注的问题。基于这些信息精选符合需求的政治理论教育内容，增强教育的针对性。另一方面要持续创新政治理论教育的方式，邀请先锋人物和专家学者开展前沿讲座，并组织乡村党员参观学习模范单位，增强教育的吸引力和有效性。除了强化政治理论教育外，乡村还应积极开展各类实践活动。创设党员服务日、党员示范岗等，围绕乡村振兴需要与群众的诉求期盼积极引导广大农村党员主动亮明身份并参与公益服务，提升党员队伍的服务意识和实践能力。理论和实践双管齐下以推进农村学习型党员队伍建设，促进党员队伍知识化。

第三节　促进自治、法治、德治有机结合

2017 年 12 月 28 日，习近平总书记在中央农村工作会议上指出："健全自治、法治、德治相结合的乡村治理体系，是实现乡村善治的有效途径。"2021 年中国共产党第十九届中央委员会第六次全体会议通过的《中共中央关于党的百年奋斗重大成就和历史经验的决议》将"健全党组织领导的自治、法治、德治相结合的城乡基层治理体系"作为新时代在社会建设上所取得的历史性成就的重要

组成部分。[1]这为乡村组织振兴与基层治理现代化指明了政治方向，必须坚持党的领导，牢牢把握自治、法治、德治相结合的重要抓手。

一、深化村民自治实践

首先，要发挥党的领导核心作用。为了保障农村村民实行自治，由村民依法办理自己的事情，发展农村基层民主，维护村民的合法权益，促进社会主义新农村建设，1998年第九届全国人民代表大会常务委员会通过《中华人民共和国村民委员会组织法》，并于2010年修订，2018年修正。村民委员会组织法规定，村民委员会是村民自我管理、自我教育、自我服务的基层群众性自治组织，实行民主选举、民主决策、民主管理、民主监督。村民委员会办理本村的公共事务和公益事业，调解民间纠纷，协助维护社会治安，向人民政府反映村民的意见、要求和提出建议。村民委员会向村民会议、村民代表会议负责并报告工作。中国共产党在农村的基层组织，按照中国共产党章程进行工作，发挥领导核心作用，领导和支持村民委员会行使职权；依照宪法和法律，支持和保障村民开展自治活动、直接行使民主权利。在法律规定中，明确了党在农村的基层组织发挥领导核心作用，村民依法自治。

其次，村民要依法完善自治机制。如何开展依法自治，《浙江省

---

① 《中共中央关于党的百年奋斗重大成就和历史经验的决议》，《人民日报》2021年11月17日。

省级民主法治村（社区）创建指导标准》(2022)，提供了一个基本框架。包括九个方面：（1）围绕全面实施乡村振兴战略，积极推进基层治理创新，依法完善民主选举、民主协商、民主决策、民主管理、民主监督和村务公开、党务公开、财务公开机制。（2）村（社区）党组织领导核心作用明显，依照宪法和法律法规，支持和保障村民开展自治活动，其他村（社区）组织自觉接受党组织领导。（3）村（社区）组织选举依法规范、民主有序、选风良好。村（社区）党组织书记通过法定程序担任村（居）民委员会主任、合作经济组织负责人。（4）对涉及村（社区）集体和村（居）民利益的重大事务，积极征询村（社区）法律顾问意见建议，按照“五议两公开”程序和民主集中制原则，实行民主决策，程序规范、记录完整。尤其是对村（社区）工程项目、征地拆迁等村（居）民关注的问题，必须通过开展民主恳谈会、民主听证会等方式进行民主协商，协商过程有记录、协商结果有运用、协商工作有档案。（5）依法制定和修改村（居）民自治章程、村规民约（居民公约），程序规范，内容合法，符合实际。自治章程、村规民约（居民公约）入户率、知晓率均达到100%。（6）村（居）民会议和村（居）民代表会议制度健全，村（居）民代表会议原则上每季度不少于1次，一年不少于4次，有不少于三分之二的村（居）民代表参加，所作决定应当经到会人员的过半数同意，会议记录、工作资料完整、规范。（7）建立健全村（社区）组织权力运行监督体系，村（居）务监督委员会认真履行职责，村（居）务决策、财产管理、工程项目等情况得到有效监督，作用发挥明显。制定村级小微权力事项清单，建立事项流程图。权力清单、规章制度、运行程序、运行结果等应当予以公开。（8）严格履行民主评议。村（居）民委员会成员每年至少一次接受村（居）民会议或者村（居）民代表会议对其履行职责情况的民主评议。（9）健全党务、村务、财务公开制度，设有“三务”公开栏。一般事项至少每季度公布一次；涉及村民利益的重大事项应当及时公布。

再次，要增强村民自治意识。增强村民自治意识，才能提高村民的自治参与度。村民参与乡村治理不仅有利于培育现代公民精神、完善基层民主建设，还有利于降低乡村治理成本。第一，定期举办村民大会和村民小组会议，收集村民意见并在决策时予以充分考虑，确保村民能够直接参与到乡村的规划和治理中来。第二，通过提高宣传力度、加强教育与培训，增强村民对自治的认识和参与热情，使其明白参与自治的重要意义；强化激励机制，对积极参与村民自治的村民给予一定的物质或精神激励；丰富村民的自治知识和技能，提升村民的决策能力和管理技能，确保自治活动的有效开展。第三，借助信息技术手段创新村民自治参与方式，如通过手机 APP、微博、微信公众号等网络平台发布乡村自治相关信息，拓宽村民参与自治渠道。

二、推进乡村法治建设

北宋知名政治家王安石曾言：“立善法于天下，则天下治；立善法于一国，则一国治”，阐明了善法之于国家治理的重要意义。法律是治国之重器。实现良法善治，良法是前提，善治是关键。在中国特色社会主义法律体系形成且不断完善的时代背景下，有了良法，还需善治。1997 年党的十五大正式提出依法治国是党领导人民治理国家的基本方略。2014 年党的十八届四中全会首次以全面推进依法治国为主题，明确提出“建设中国特色社会主义法治体系，建设社会主义法治国家”的基本方略和战略目标。法治指的是根据法律治理国家和社会。乡村法治建设是实现社会治理现代化的关键环节。在乡村振兴过程中，法治不仅是维护社会秩序的基石，也是保障乡村发展的重要手段。2021 年召开的第十三届全国人民代表大会常务委员会通过《中华人民共和国乡村振兴促进法》，为全面实施乡村振兴战略提供了法律依据。

首先，要树立法治的底线权威，加强乡村基层组织的法治建设。只有在法治框架下，自治和德治才能有真正发挥作用的空间。要健全乡村法治治理机制，发挥乡村各类组织的积极作用。建立健全村民议事协商委员会、村人民调解委员会等组织，依法解决纠纷；健全法治监督机制，确保法律法规在农村地区得到有效执行。可以通过配备乡村法治监督员等方式，监督乡村法治的实施情况并定期评估总结，及时发现并纠正乡村法治实践中的问题。例如浙江省安吉县余村除了以专业化的法律团队为法治化管理筑牢基础外，还创新性采取了“调解员联村、法官驻村、家园卫士护村”模式，深入开展上门调解、送法下乡、巡逻守护等工作，实现群众办事、矛盾调解、法律服务、信息咨询、致富求助“五不出村”；在余村党群服务中心创设共享法庭，使法官下沉到村，在萌芽阶段掌握并化解纠纷隐患，形成独具特色的“余村经验”，为自治、法治、德治相结合提供了一种治村之道示范。①

其次，加强对村民与村干部的法治宣传教育和实务操作培训。探索开展案例研讨，强化村干部的法律责任意识，使村干部能够在日常工作中更好地运用法律知识和方法，引导农民办事依法、遇事找法，解决问题用法、化解矛盾靠法，提高村民对不正之风的监督和抵制能力；要通过多种渠道，如在乡村学校、村委会等地利用广播、电视和网络等媒体普及法律知识，定期举办法律讲座、法律咨询日等活动，并且可以结合乡村文化建设创造性地通过乡村本土特色的戏剧、歌曲等文艺形式传播法治理念，多措并举着力提高农民法律意识。例如山东省诸城市通过“百场普法戏剧进百村”，打造法治文化“诸城品牌”。该市将普法宣传与传统艺术有机结合，创新编排《礼赞民法典》《有典不一样》等法治文艺作品，穿插改编古装戏《墙头记》《小姑贤》等诸城茂腔经典剧目，由村民自编、自排、自演，向群众普及法律知识；通过“炫艺龙城”全民综艺大赛舞台、法治戏剧乡村行等平台传递法治能量；通过法治有奖答题、发放法治彩页等形式拉近与村民的普法距离，受到村民的一致好评，为法治乡村建设营造了浓厚氛围。②

再次，要完善农村法律服务体系，提升公共法律服务水平。建

① 《浙江湖州：加强法治乡村建设　夯实乡村治理根基》，载人民网2023年8月15日。

② 李飞：《诸城市创新普法宣传形式　改编传统茂腔戏剧巡回演出》，载潍坊文明网，2020年12月4日。

议村政府加大政策扶持和经费支持力度，在村委会设置法律咨询服务中心，配备法律专业人员为农民提供法律咨询、纠纷调解等服务。加强农民工法律援助，保护其合法权益。这有助于解决农民法律问题，降低农村地区的纠纷发生率。此外，基层法律服务工作者要聚焦村民所急所想所盼的问题，倾听村民的意见和需求，定制乡村公共法律服务的形式。要结合当地习俗加大村规民约的制定和完善力度，结合互联网信息技术推进乡村法律服务网同法律服务业务、政务服务智能终端等对接，例如上海的“一网统管”“一网通办”，将法律原则融入乡村治理，确保治理的法治化、规范化。

三、推进乡村德治建设

2016年12月9日，习近平总书记在十八届中央政治局第三十七次集体学习时强调“法律是准绳，任何时候都必须遵循；道德是基石，任何时候都不可忽视。在新的历史条件下，我们要把依法治国基本方略、依法执政基本方式落实好，把法治中国建设好，必须坚持依法治国和以德治国相结合，使法治和德治在国家治理中相互补充、相互促进、相得益彰，推进国家治理体系和治理能力现代化”。由此可见，德治建设在乡村治理中的重要意义。德治是以道德规范来约束人们的行为从而形成社会秩序的治理观念和方式，是一种非正式的制度约束。[①] 在乡村振兴的背景下，德治不仅有助于

① 郁建兴:《法治与德治衡论》,《哲学研究》2001年第4期。

提升村民的道德素质，还能促进乡村社会的和谐与稳定。通过推进德治建设，可以在乡村社会中形成积极向上、诚信友善的良好风尚。

首先，要在实行自治和法治的同时，注重发挥好德治的作用。乡土中国强调循环往复、落叶归根的观念某种程度上塑造了传统地方社会的治理形态，依靠传统教化、纲常伦理来维系社会的稳定。然而，在人类文明演进中，“德”和“善”的内涵也在不断演进深化。乡村治理结构与治理规则也要与时俱进，向现代化治理实现成功的转型。因此，要继续进行乡村德治的探索和创新并不断总结推广，推动礼仪之邦、优秀传统文化和现代法治社会建设相辅相成。乡村组织通过道德来约束、规范乡村社会，能够形成良好的秩序。在村干部选拔和培训中要强调德治能力，选拔品行端正、深受村民信赖的人担任村干部。此外，乡村组织在德治的过程中若允许村民参与，则会在良好的秩序下形成“参与型善治”。① 要建立健全乡村道德评议规则，发掘乡村中的道德模范和身边好人作用，使他们成为德治宣传的主角、加强道德示范，同时由村民参与评议处理不道德的行为。

其次，要增强道德教育和文化传承，培育乡风文明。一方面可以在乡村学校设置专门的道德教育课程，结合乡村实际传授相关的道德知识和行为规范；定期邀请道德模范和专家学者在乡村举办公

① 邓大才:《走向善治之路：自治、法治与德治的选择与组合——以乡村治理体系为研究对象》,《社会科学研究》2018 年第 4 期。

共道德相关讲座，促进村民对道德问题、德治的认识和理解；在乡村举办系列宣讲活动，普及社会主义核心价值观，将德治理念融入村民日常生活中。文化是乡村道德建设的灵魂。另一方面可以积极挖掘和利用乡村的传统文化资源，通过组织乡村系列文化活动，如村晚、戏剧、书画展览、民俗活动等，在传承和发展中华优秀文化的同时宣传德治理念，增强村民对传统美德的认同，促进乡村精神文明建设。

再次，要积极探索乡村德治建设的新路子。县级政府可以尝试挑选部分村庄作为“三治”融合建设的示范点并在示范点推广良好乡风、家风和个人操行。还可以结合乡村实际情况探索乡村德治机制创新。例如浙江省余姚市于2012年开始建设“道德银行”，让参与公益慈善、爱心捐助或其他助人为乐活动的村民可以获得积分，积分保存在“道德银行”，积分可以在“爱心超市”兑换商品或服务。“道德银行”充分利用了互联网平台“积分”制的思维，以及手机APP的使用管理，将道德转化为一种可以衡量的分数，还可以流通。

四、以新时代“枫桥经验”完善乡村治理

健全自治、法治、德治相结合的乡村治理体系，是实现乡村善治的有效途径。在新时代的背景下，健全的现代乡村治理体系是实现乡村全面振兴的关键。有效的治理体系不仅能够保障乡村发展的顺利进行，还能够促进乡村社会的稳定和谐。乡村社会的复杂性、乡村治理主体的多元性，共同决定了乡村治理要在党的领导下，着

力推进“三治融合”。推进“三治融合”旨在实现乡村治理从传统政府单一管理向多元合作治理转变。

20世纪60年代初，浙江省诸暨市枫桥镇干部群众创造了“依靠群众就地化解矛盾”的“枫桥经验”。1963年毛泽东同志就学习推广“枫桥经验”作出重要批示，“枫桥经验”由此走向全国。① 党的十八大以来，习近平总书记就坚持和发展新时代“枫桥经验”作出一系列重要指示。“枫桥经验”的主要内容包括：第一，坚持自治为本，激活乡村自治内生动力。第二，坚持法治为纲，加强乡村法治建设投入。枫桥镇以制度建设为保障，依托不断完善的村民自治章程与村规民约依法治村。枫桥区泉四大队早在1977年就围绕提升群众安全感而制定《治安公约》；1999年枫溪村结合本村实际制定了《村规民约实施细则》；2008年枫桥镇陈家村以“平等”“民主”“法治”为原则制定了体系庞大、内容多元的《陈家村村规民约》，为建设法治型新农村奠定了扎实的制度基础，营造了良好的法治氛围；村里还配备了专门的法律顾问以进行普法和法律援助服务，率先尝试调解化解矛盾纠纷，② 实现“小事不出村，大事不出镇，矛盾不上交”。第三，坚持德治为根，筑牢民风道德墙。枫桥镇枫源村充分利用枫桥、诸暨乃至绍兴的优秀德治资源，树立以“枫桥三贤”为代

---

① 蔡晓娴、刘会柏：《从“枫桥经验”到“西畴新现象”——边疆民族地区乡村治理的创新实践与探索》，《文山学院学报》2024年第6期。

② 余钊飞：《新时代“枫桥经验”：乡村治理中的“三治融合”》，《人民法治》2018年第14期。

表的乡贤典范，同时评选出治村型乡贤以主导乡村治理。① 可以探索有效地将“枫桥经验”融入现代乡村治理体系中，从而推动乡村治理的现代化和系统化，提升乡村治理的整体效能。

新时代“枫桥经验”以在党的领导下充分发动人民群众完善基层社会治理为核心，以回应社情民意和时代需求、坚持以人民为中心的发展思想和法治精神为目标，引领着新时代中国基层社会治理的发展，具有至关重要的现实价值。新时代“枫桥经验”的典型模式主要包括党建引领模式、能人治村模式与协商自治模式。

党建引领模式。即以乡村党支部为核心，发挥政治引领基层治理的动能，通过建设党的基层组织、发挥党员的先锋模范作用、实施党的群众路线等措施，推动乡村治理能力和治理水平的提升。例如浙江省绍兴市上虞区依托本地丰富的“四季仙果”资源，探索开展以“果旅兴农·合作致富”为主要特征的“党组织 + 合作社”党建模式。并基于不同产业特点探索形成“党建 + 乡贤助力”“党建 + 电商发展”“党建 + 技术培训”等不同“党建 +”模式，发挥示范点的辐射带动作用。还创新了党建组织活动形式，包括成立“红漫娥江”共富共治全域党建联盟、举行“党建统领·助跑共富”耕读管溪奇妙夜以及党建工作创新案例决赛等，同时总结提炼出了抓党建促乡村振兴“工作十法”，打造了“绍乐共富”乡村振兴党建联盟上

① 裘斌：《治村型乡贤主导下“三治融合”的拓展和创新——基于枫桥镇枫源村的探索》，《甘肃社会科学》2019 年第 4 期。

虞样板。通过强化基层党支部建设，依托党建联建机制，上虞区实现了网格化精准治理，坚持以党建带队伍、以党风强警风、以党务促警务，形成了“队伍联建、资源联享、治安联防、矛盾联调、工作联促”的警务工作新模式。民警通过常态走访广泛收集辖区群众尤其是困难群众的问题需求，建立健全矛盾纠纷研判机制。对涉及边界治理的无法现场解决的矛盾纠纷实行边界派出所每周会商机制，并对党委、政府决策提出意见建议，为社会治安稳定提供重要支撑。

能人治村模式。即以依靠乡村中具有较强领导能力、创业能力和影响力的个人（“能人”）带动乡村发展和治理。这些能人往往具备较好的教育背景、丰富的社会经验或强烈的事业心，能够有效整合资源，推动乡村经济的发展和社会事务的管理。例如安徽北部的濉溪县临涣镇以当地具有悠久历史的饮茶文化为依托，以茶馆为阵地构建法治宣讲与基层矛盾调解平台。在宣讲方式上，临涣镇邀请民间艺人以大鼓书和小品等形式传唱宣讲内容，将法治思想理论与人民群众喜闻乐见的民间艺术有机结合，淮北大鼓传承人李宝聚创作了《反邪教》《论脱贫》等作品并以茶馆为基地义务演出，在弘扬传统文化的同时宣传党和国家的好政策；调解中心主任王士宏多年潜心于调解工作，通过挖掘民俗文化并结合法学、心理学、社会学知识，总结提炼出“一杯茶调解法”。以茶为媒，通过当地处事公道、有声望的“街长”“百事通”“茶博士”等民间调解能手评理与中间说和，来化解矛盾纠纷，调解成功率超过 90%。能人治村模式立足于地方特色民俗文化、产业、资源等优势、依托能人知识素质、影响力等迅速响应村民需要，既能够有效地处理日常事务，提高乡村治理效率，又能够维持乡村和谐稳定，减少矛盾冲突。能人们在推动乡村法治建设的同时，也保护和发扬了乡村的优秀传统文化，对实现乡村治理转型具有重要意义。

协商自治模式。即基于乡村民主原则，通过村民代表协商、村民大会决策等方式，实现乡村自我管理、自我服务、自我教育、自我监督的治理模式。该模式强调村民的主体地位，通过充分发挥村民自治组织、多元主体协同治理的作用，共同解决乡村发展中的问题。例如上海市莘庄镇探索“大家讲莊”协商新机制，依托“积分管理”实现基层治理创新。“讲莊”在本地方言中是“聊天”之意。该机制以“一议”“二评”“三激励”为特点：“一议”即通过定期召开自然村组村民议事会，让村民们以闲聊的方式讨论出与乡村长效治理相关的议题。随后由村委会参与，通过“大家讲莊”党群议事会的形式，形成问题解决方案，落实到村工作人员专人负责，形成“海棠先锋”专人监督的工作模式。针对“一议”中产生的问题，由村民间形成每月第一周定期互评、“海棠先锋”每月定期督评的双评分机制，经过“二评”打分后，对自然村组各农户张榜公布。在激励方面，通过“激励+党员积分管理”“激励+礼遇积分卡”“激励+星级文明户”等方式给予党员、村民物质和精神激励，提升多元主体参与乡村治理的积极性，营造村民自治氛围，使乡村治理效能显著提升。

未来在深化推广新时代“枫桥经验”的过程中，仍需进一步健全相应的模式和运作机制，基于人民群众的生动实践探索出真正能实现基层长效治理的制度体系，力求把问题解决在基层、化解在萌芽状态，保障社会的稳定、可持续发展。

第四节　全面推进乡村数字治理

随着大数据、云计算、物联网、区块链、人工智能等新一代信息技术的发展，人类已经进入了工业 4.0 时代。新一轮的工业和科学革命正在重塑全球经济格局。数字技术的应用已经扩展到人类生活的各个领域。人类社会正在逐渐发展为万物互联和高度一体化的社会。后工业社会城市化的进程、科学技术的进步、社会阶级的分化等都对社会治理结构提出了新的挑战和要求。在信息时代，新一代信息技术的连接、整合、数据、平台等特性颠覆了传统的治理理念，迫切要求治理的数字化转型。乡村数字治理是数字治理在乡村社会的扩展和应用，主要指通过构建完备的数字化基础设施与技术规则，充分利用大数据、云计算、人工智能等数字化工具推动乡村治理主体、过程、内容等治理要素数字化的过程。[①] 中国的乡村数字治理既是中国特色数字化智能治理的重要实践形式，也是我国实施乡村振兴战略的重要驱动力量。乡村数字治理能够帮助乡村更好地应对信息化挑战，实现资源的优化配置和服务的高效提供，是提

① 冯献、李瑾、崔凯：《现状、需求与对策研究》，《电子政务》2020 年第 6 期。

升乡村治理效率和质量的关键途径。

一、推进乡村治理数字化转型

首先，树立数字治理和敏捷治理理念。在数字时代，随着数据成为国家的重要生产力，政府通过充分发挥信息资源优势能够聚集更多要素和资源，更好地调动各类社会力量。新一代信息技术助推了“万物互联”，推动着以人际互动为基础的政府治理场景的重构。因此，乡村政府必须主动转变治理理念，积极以民众需求为治理的出发点，摒弃管制思维，吸纳数字治理理念，用系统、整体和数字化的思路来提高公共服务供给效率，同时通过加强组织间的相互制约来实现监督，力求实现合作治理、敏捷治理。

其次，运用数字技术赋能乡村治理。第一，要补齐乡村数字化基础设施短板。为乡村地区建立稳定高效的数字网络基础设施是数字化转型的基础。包括部署5G网络、提升网络速度和覆盖范围、开展偏远地区宽带网络运行维护，确保乡村地区能够无障碍接入数字服务，促进数字化服务终端的普及。第二，要搭建一体化的乡村数字治理平台，构建乡村“数字大脑”。基于数字信息技术开发乡村治理综合管理平台，在平台上实现行政管理、社会服务、农业信息化等多功能集成。通过部署数据采集系统、与其他平台数据共享为平台提供数据支撑，进而使用该平台分析乡村运行中的各类大数据并基于数据进行决策。乡村“数字大脑”能够在乡村众多治理场景中发挥用武之地。例如在农业生产中，乡村“数字大脑”能够通过分析土壤、气候等数据，提供精准的种植建议，提高农作物产量和质量；在教育领域，乡村“数字大脑”能够实现远程教育资源的共享，有利于缩小城乡间的教育差距；在医疗服务方面，乡村“数字大脑”可辅助实现远程医疗咨询和健康管理，提升乡村的医疗服务水平；在社区管理方面，利用乡村“数字大脑”能够进行人口管理、公共安全监控等，提高治理效率和服务质量。因此，有必要构建乡村“数字大脑”为乡村数字化提供硬件支撑和数据基础，优化乡村资源配置，提高乡村治理的智能化水平。第三，要加快治理内容数字化，分类梯次推进乡村治理数字化。[①] 乡村治理内容数字化意味着将传统的乡村治理方式、流程和信息转化为数字形式，如电子政务服务的普及、公共资源和服务的在线管理。治理内容的数字化是推进乡村治理数字化的关键，需要将乡村治理的各项内容进行数字化改造，将农村的土地管理、社会保障、医疗卫生等公共服务数字化，以利用信息技术来提高治理效率、透明度和参与度。乡村治理内容的数字化还应充分考虑当地的文化特色和社会需求。在推进数字化的过程中应尊重和保护乡村的传统文化，避免数字化进程对乡村文化的破坏。根据不同乡村的实际情况分类制定差异化的数字化方案、梯次推进乡村治理数字化转型。对于经济基础较好、基础设施较完善的乡村，可以重点推进智慧农业、电子商务、智慧旅游等

① 冯献、李瑾、崔凯：《乡村治理数字化：现状、需求与对策研究》，《电子政务》2020 年第 6 期。

治理场景的数字化应用；而对于数字化基础较薄弱的乡村，则应优先解决基础设施建设和基础数据的采集基本问题。梯次推进即分阶段推进乡村数字化进程。推进初期的重点应在建立基础的数字化设施和数据采集系统；中期则转向数据的整合与应用，如通过数据运算优化资源配置；后期则更加注重开发可以提高治理质量和效率的数字化应用。在推进的过程中，可以先开展试点工程，总结成功经验后再逐步推广到其他发展水平相似的乡村，不断优化和调整数字乡村推进策略。

再次，通过制度赋权推进乡村数字治理多元主体的协同参与。乡村治理数字化转型需要多元主体的参与和合作，制度的作用在于通过制度赋权明确农民等多主体在数字治理中的地位，即通过制度供给的完善来保障公众参与治理的权利资源与参与资格的过程。① 在乡村治理实践中赋权的过程指向主要表现在政府赋权社会组织与农户个体，激发乡村社会自主性与农户参与能动性，从而维系乡村治理秩序，建构乡村政治认同，最终实现乡村治理效能与乡村可持续发展内生动力的提升。近年来，各级政府通过制定规则、配置资源、政治宣传、考核监督等手段来控制和促进组织内外部依据政策要求配合实现政策目标②，取得了显著成效。如在基层实践中涌现出

① 牛磊、原璐璐、丁忠民、赵一夫：《制度赋权与技术赋能：乡村内生性治理主体何以重塑——基于参与式治理视角的双重案例分析》，《电子政务》2023 年第 4 期。

② 刘俊祥、曾森：《中国乡村数字治理的智理属性、顶层设计与探索实践》，《兰州大学学报（社会科学版）》2020 年第 1 期。

的积分制，其实质是一种基于规范的干预，借助行政与规则赋权，调动村民对参与公共事务内在价值动机的重视，进而提升其参与主动性。因此，基层政府可以通过制定村规民约，赋予村民更多关于数据使用和共享的决策权，增强他们在数字平台上的代表性和话语权，增强村民对数字化治理理念的认同感；另一方面着手建立并不断健全村民在数字乡村建设中的参与机制、激励机制、跨部门和跨区域多元主体的合作机制以及监督和评估机制，确保各主体在数字治理中的行为符合公共利益，防止数据滥用和权力寻租。

二、以数字包容弥合数字鸿沟

在全面推进乡村数字治理的进程中，乡村数字化转型存在的数字鸿沟问题亟须引起重视。数字鸿沟是指给定社会中不同社会群体对互联网等信息技术工具在可及和使用上的差异。[①] 数字鸿沟问题会加剧发展不平衡性，强化社会不公平感，诱发“信息孤岛”问题，进而阻碍公共服务均等化的实现。[②]

数字乡村语境下数字鸿沟扩大再生的原因主要体现在资金、设备、消费与能力方面。[③] 首先，资金是推进乡村数字包容的首要条

① Nicoletta Corrocher and Andrea Ordanini, “Measuring the Digital Divide: A Framework for the Analysis of Cross-Country Differences”, *Journal of Information Technology*, Vol.17, No.1, 2002.

② 胡春艳：《公共服务如何跨越“数字鸿沟”》，《人民论坛》2020 年第 23 期。

③ 陈潭、王鹏：《信息鸿沟与数字乡村建设的实践症候》，《电子政务》2020 年第 12 期。

件。乡村政府需要在供给端制定特定的财政政策，包括税收优惠、直接补贴和低息贷款等以刺激和引导私人资本在数字化方面的投入。同时，鼓励通过公私合作伙伴关系（PPP）模式，让政府和私营部门共同承担风险和收益，从而更加高效地利用有限的资源，促进乡村地区的数字化进程。其次，设备普及是实现乡村数字包容的关键环节。政府应当采取措施降低村民获取数字设备的成本，通过制定财政补贴或回收旧设备的优惠政策，鼓励村民购买和使用智能设备。同时要在生产端重点关注设备的易用性和适应性，确保这些设备能够满足村民的实际需求。例如鼓励企业增强数字设备的友好性，优化数字内容的可获取性，开发和推广更易于操作、适合老年人使用的用户界面等，以提高乡村地区对数字技术的接受度。提供定制化的数字服务和产品，如针对农业生产的智能管理系统、远程医疗咨询服务等，直接回应村民的实际需求。第三，村民的数字消费习惯培养是数字包容的重要方面。可以通过教育和宣传活动，增强村民对数字产品和服务的认识和兴趣。例如可以举办数字技术体验活动，展示数字技术在农业、教育、医疗等领域的应用，在消费端激发村民对数字技术的兴趣和需求，激发数字经济的新动力。第四，村民的数字能力提升是实现长期和可持续数字包容的核心。政府应推动教育资源向乡村倾斜，通过线上和线下相结合的方式提供多样化的数字技能培训。可以开展面向不同年龄段和不同需求群体的定制化教育项目，从基本的电脑操作技能到更高级的信息处理能力、网络安全意识等，使村民们能够有效地利用数字工具和服务。例如针对老年人提供定制化的数字教育和培训，更加关注实用性和易理解性，帮助他们学习基本的数字技能，如使用智能手机、上网浏览、使用社交媒体进行在线沟通和信息搜索等。

三、加强乡村数据安全与隐私保护

万物互联时代背景下乡村在持续吸纳先进智能化技术、丰富治理工具和方式的同时还需要注意防范过度依赖技术带来的风险。首先，要树立安全底线思维，加强数据安全保障。包括细化数字资源采集、流通、利用各环节规范。在数据流通环节，完善数据安全保护制度，建立数据流动安全评估机制；在数据利用环节，健全数据安全防护体系，对公共数据脱敏、加密、匿名化后开放应用；在监管环节，完善安全监管机制，提高安全态势感知分析和异常监控能力，为技术深化应用和数字治理提供关键支撑。例如浙江省杭州市建立覆盖云、网、台、系统、数据的“多维联动、主动防御”数据安全管控平台，优化数据实时感知功能，加强数据全生命周期安全管控。在以数据安全与隐私保护为原则的基础上，构建起政务信息基础设施、政务云平台、政务信息系统和政务数据的立体安全防护体系，激发数据潜能、实现数据红利。①

其次，要加强数据安全意识教育，推广安全的数据管理实践。

① 资料来源：杭州市数据资源管理局：《杭州市发展和改革委员会、杭州市数字政府建设“十四五”规划》，载杭州市人民政府网，2021 年 10 月 18 日。

村民们往往缺乏关于数据安全和隐私保护的基本知识。因此，开展有针对性的教育活动至关重要。乡村政府和社会组织可以联合举办培训班，向村民介绍数据保护的基本原则和日常应用，推广有效的数据管理实践。例如，可以教授村民如何识别网络诈骗、定期更新软件和系统、安全使用社交媒体以及保护个人数据安全等。这些教育活动应使用易于理解的语言和实例，以确保所有村民都能充分理解和应用所学知识。

最后，要加强与专业机构的合作，建立应急响应机制。乡村应加强与地方执法部门、专业的数据安全机构和网络安全专家的合作。一方面，为乡村地区提供专业的培训与技术支持和咨询服务、定制化的安全解决方案以及进行定期的安全审核与风险评估，帮助乡村获取最新的安全技术和知识。另一方面，能够探索构建全面的应急响应体系，如建立应急响应团队，以快速有效地应对数据泄露和网络攻击等安全事件。

第八章　区域协作促进西部地区乡村振兴

改革开放以来，中国在实践中形成了对口支援、东西部协作、革命老区对口合作以及省内“山海协作”（山区与沿海协作，泛指省内发达地区与欠发达地区间的发展协作）四种具有中国特色的区域协作制度。这种协作关系通常建立在协作双方的政府、企业、社会组织之间，旨在通过协作探索出互学互助、共同发展、促进区域间均衡发展的新路。本章第一节阐释区域协作促进乡村振兴的制度创新，第二节分析上海市对口支援促进乡村振兴的经验模式，第三节讨论东西部协作促进乡村振兴的实现机制，第四节总结山海协作促进乡村振兴的福建、浙江经验。

第一节　区域协作促进乡村振兴的制度创新

一、四种区域协作制度建立的历史背景

区域协作在国家八七扶贫攻坚计划、脱贫攻坚战，以及全面建

成小康社会的阶段任务中都发挥了重要作用。作为由国家主导（除山海协作制度为省委省政府主导）的一项公共政策，既来自中华民族共同体意识的历史文化基因，又形成于中国改革开放以来的伟大实践。

（一）对口支援

一方面，党的十一届三中全会召开后，针对全国“共同贫穷”的状况实行改革开放；另一方面，针对边疆地区和少数民族地区发展落后的状况，组织内地省市对口支援边疆地区和少数民族地区。对口支援是在共同富裕实现路径的指引下由中央提出的，其主要目的是增强民族团结，巩固边防，加快少数民族地区的经济文化建设。1979年中央召开全国边防工作会议，确定全国支援西藏。2023年，习近平总书记在听取新疆维吾尔自治区党委和政府、新疆生产建设兵团工作汇报时强调，牢牢把握新疆在国家全局中的战略定位，扭住工作总目标，把依法治疆、团结稳疆、文化润疆、富民兴疆、长期建疆各项工作做深做细做实，稳中求进、绵绵用力、久久为功，在中国式现代化进程中更好建设团结和谐、繁荣富裕、文明进步、安居乐业、生态良好的美丽新疆。①

（二）东西部扶贫协作

对口支援的实践为东西部扶贫协作制度的提出积累了经验。

---

① 《习近平在听取新疆维吾尔自治区党委和政府、新疆生产建设兵团工作汇报时强调：牢牢把握新疆在国家全局中的战略定位　在中国式现代化进程中更好建设美丽新疆》，中华人民共和国中央人民政府网，2023年8月26日。

1996年中央扶贫开发工作会议决定，在全国开展东西部扶贫协作；同年召开全国扶贫协作工作会议，确定东部9个省市和4个计划单列市对口帮扶西部10个省、区。在2016年的东西部扶贫协作银川座谈会中，习近平总书记指出，东西部扶贫协作和对口支援是推动区域协调发展、协同发展、共同发展的大战略，必须长期坚持。①在共同富裕的大背景下，2021年4月，全国东西部协作和中央单位定点帮扶工作推进会在宁夏银川召开，会议明确提出将“东西部扶贫协作”扩展升级为“东西部协作”。

（三）山海协作

山海协作首次在中共福建省委六届九次全体会议（1998年10月）中被提出。习近平同志在福建省工作期间，非常关注闽东北山区的贫困问题，以及福建省内山区和沿海地区发展不平衡问题，做出“推进山海协作，在发展中努力缩小山区和沿海地区之间差距”的战略部署，旨在通过山区与沿海地区之间人、财、物的交流、结对与协作，实现优势互补、共同发展。为了推进山海协作制度的建立，福建省建立了山海协作对口帮扶制度，习近平同志担任召集人并设立全省山海协作联席会议制度。②之后，习近平同志主政浙江省工作时，推动了浙江省的山海协作。

---

① 《习近平关于社会主义经济建设论述摘编》，中央文献出版社2017年版，第231页。

② 中央农村工作领导小组办公室、福建省委农村工作领导小组办公室:《习近平总书记“三农”思想在福建的探索与实践》,《人民日报》2018年1月19日。

（四）革命老区对口合作

2022年5月，国家发展改革委印发《革命老区重点城市对口合作工作方案》，建立发达省市与革命老区重点城市对口合作机制。《“十四五”特殊类型地区振兴发展规划》明确了赣州、吉安、龙岩、三明、梅州、延安、庆阳、六安、信阳、黄冈、百色、巴中12个革命老区重点城市的建设任务，旨在支持革命老区巩固拓展脱贫攻坚成果，激发内生动力和发展活力。

二、四种区域协作制度促进乡村振兴

在巩固拓展脱贫攻坚成果的现阶段，区域协作是全面推进乡村振兴的重要制度安排。2021年8月27日，中央农村工作领导小组办公室和国家乡村振兴局发布《关于公布国家乡村振兴重点帮扶县名单的通知》，公布了国家乡村振兴重点帮扶县名单（160个）。160个国家乡村振兴重点县经济发展水平低、资源条件差，无法靠其自身能力巩固拓展脱贫攻坚成果并全面推进乡村振兴，区域协作成为促进乡村振兴的重要制度安排。2021年，农业农村部、国家乡村振兴局等部门印发的《关于支持国家乡村振兴重点帮扶县的实施意见》的通知中就提出区域协作在乡村振兴工作中的重要性，“全面推进乡村振兴的任务还相当艰巨。组织东部8省市的经济较发达县市区结对帮扶国家乡村振兴重点帮扶县，在帮扶资源安排上予以倾斜支持”。区域协作的地区范围广，基本覆盖了国家乡村振兴重点县名单，为通过区域协作促进乡村振兴提供了实践基础。

以北京市与内蒙古自治区的东西部协作为例，内蒙古的国家乡村振兴重点县都与北京市确立了协作帮扶关系（表 8-1）。在这种背景下，支持对口支援和协作地区巩固拓展脱贫攻坚成果、实施乡村

表 8-1　内蒙古国家级乡村振兴重点县与京蒙协作关系

<table>
<tr><th>内蒙古国家乡村振兴重点县</th><th>京蒙协作结对关系</th></tr>
<tr><td rowspan="16">鄂伦春自治旗
科尔沁右翼中旗
扎赉特旗
科尔沁右翼前旗
巴林左旗
库伦旗
正镶白旗
商都县
化德县
四子王旗</td><td>东城区——乌兰察布市化德县、兴安盟阿尔山市</td></tr>
<tr><td>西城区——赤峰市喀喇沁旗、呼伦贝尔市鄂伦春自治旗</td></tr>
<tr><td>海淀区——赤峰市敖汉旗、兴安盟科尔沁右翼前旗、兴安盟科尔沁右翼中旗</td></tr>
<tr><td>朝阳区——乌兰察布市卓资县、乌兰察布市察哈尔右翼后旗、通辽科尔沁左翼右旗</td></tr>
<tr><td>丰台区——赤峰市林西县、兴安盟扎赉特旗</td></tr>
<tr><td>石景山区——赤峰市宁城县、呼伦贝尔市莫力达瓦达斡尔族自治旗</td></tr>
<tr><td>通州区——赤峰市翁牛特旗、通辽市奈曼旗</td></tr>
<tr><td>大兴区——乌兰察布市察哈尔右翼前旗、锡林郭勒盟正镶白旗</td></tr>
<tr><td>房山区——乌兰察布市察哈尔右翼中旗、兴安盟突泉县</td></tr>
<tr><td>门头沟区——呼和浩特市武川县</td></tr>
<tr><td>顺义区——赤峰市巴林左旗、通辽市科尔沁左翼中旗</td></tr>
<tr><td>昌平区——赤峰市阿鲁科尔沁旗、锡林郭勒盟太仆寺旗
平谷区——乌兰察布市商都县</td></tr>
<tr><td>延庆区——乌兰察布市兴和县</td></tr>
<tr><td>怀柔区——乌兰察布市四子王旗</td></tr>
<tr><td>密云区——通辽市库伦旗</td></tr>
<tr><td>经济技术开发区——锡林郭勒盟苏尼特右旗、赤峰市巴林右旗</td></tr>
</table>

资料来源：北京市支援合作办公室与中央农村工作领导小组办公室、国家乡村振兴局官网。

振兴战略成为北京市支援合作工作领导小组的主要工作。同时，除国家级乡村振兴重点县外，各地区还确立了省级乡村振兴重点县。按照“巩固拓展脱贫攻坚成果，全面推进乡村振兴”的新阶段目标，福建省也相应调整了山海协作重点工作领域，要求每个帮扶县每年落实不少于1200万元对口帮扶财政资金，其中对口帮扶财政资金的60%必须用于乡村振兴示范村建设，乡村振兴已成为省内山海协作的重要工作领域。①

三、四种区域协作制度的比较

四种区域协作制度在协作的发起者、协作的范围、协作规模、结对形式等方面体现出不同的特征（如表8-2所示）。山海协作制度由省委省政府发起，对口支援、东西部协作、革命老区对口合作则都是由国家规划形成。对口支援为省际的帮扶，现阶段由17省（市）对口支援西藏、19省（市）对口支援新疆以及7省（市）对口支援川滇甘青涉藏州县。东西部协作在脱贫攻坚期间为东部9个省（直辖市）结对帮扶西部14个省（自治区、直辖市）、东部13个城市结对帮扶西部20个市（州）。脱贫攻坚结束后，2021年，中共中央办公厅、国务院办公厅印发《关于坚持和完善东西部协作机制的意见》，将东西部协作调整为东部8个省结对帮扶西部10个省。

① 资料来源：《中共福建省委扶贫开发成果巩固与乡村振兴工作领导小组关于印发〈省领导挂钩联系乡村振兴重点县及欠发达老区苏区县方案〉的通知（闽委振兴组〔2022〕4号）》，2022年4月20日。

表 8-2　四种区域协作制度的比较

	对口支援	东西部（扶贫）协作	山海协作	革命老区对口合作
开始时间	1979 年	1996 年	1998 年	2022 年
协作发起者	国家	国家	省委省政府	国家
协作范围	省际	省际	福建省内、浙江省内	城市间
协作规模	17 省（市）对口支援西藏、19 省（市）对口支援新疆、7 省（市）对口支援川滇甘青涉藏州县	东部 8 个省（直辖市）与西部 10 个省（自治区、直辖市）	福建省：32 个经济较发达县（区）对口帮扶 38 个县；浙江省：省内发达地区结对协助山区 26 县	15 个发达市与 20 个革命老区重点城市对口合作
结对形式（现阶段）	多对一、一对多	一个东部省份结对帮扶一个西部省份的长期固定结对关系	主要为一对一，部分一对多	主要为一对一，部分一对多

资料来源：作者根据政策文件自制，2024 年。

山海协作则是由省委省政府主导，在省内建立起的结对帮扶关系，目前实行山海协作制度的省份主要为福建省和浙江省。在协作规模上，福建省为 32 个经济较发达县（区）对口帮扶 38 个县；浙江省为省内发达地区结对协作帮扶山区 26 县。革命老区对口合作则为城市（含直辖市）间的协作，2022 年确立了 15 个发达市与 20 个革命老区重点城市的对口合作关系。

在结对形式上，对口支援为“多对一、一对多”的结对关系，蕴含了举全国之力帮扶西藏、新疆和四川、云南、甘肃、青海涉藏州县的特征。例如，“多对一”体现为日喀则地区由上海市、山东省、黑龙江省、吉林省进行对口支援；同时，“一对多”体现为上海市还需承担对口支援新疆喀什地区莎车县、泽普县、叶城县、巴楚县的工作任务。对口支援呈现出复杂的网络状结对关系。2021年，为加强相关资源调配的效率与互补性，国家对东西部协作关系进行了调整，将“一对多、多对一”的结对关系调整优化为“原则上一个东部地区省（直辖市）结对帮扶一个西部地区省（自治区）的省际长期固定结对帮扶关系”。山海协作与革命老区对口合作主要为一对一的结对关系，少数施援方会根据经济发展现况帮扶多个市、县。

四、区域协作的制度框架

从1979年至今，四种区域协作制度在实践中不断完善，形成了多层次、多领域、多形式和多方参与的协作格局。

（一）多层次体现在协作的政府层级逐渐下移

在我国单一制国家结构形式下，政权层次从上到下分为五级：中央—省级—市级—县级—乡镇级，上下级之间有着明确和严格的指挥、隶属关系。科层组织中的行政任务通过自上而下的渠道传达给各地方，逐级向前推进。如东西部协作由中央政府牵头进行制度设计，1996年东西部扶贫协作启动时，中央政府制定了东部地区9个省（市）、4个计划单列市与西部地区10个省（自治区）的结对协作帮扶关系。各省（市）根据辖区内各区县的经济发展实力、资源禀赋特征等因素，将协作任务根据“行政发包”的机制[①]再发包给各个区和县，结对关系下沉，形成了区/县间的层层结对关系。[②]县级政府掌握更多的基层信息，在情况摸底、帮扶计划设计与实施等过程中发挥关键作用。在福建省内的山海协作制度中，协作帮扶结对关系更是下沉至村级关系，如2019年石狮市的10个村（社区）与政和县的10个贫困村签订村级协作帮扶协议，实现了对政和县村级帮扶的全覆盖。[③]这样的任务下发形式和结对关系有利于信息反馈机制的形成和优化，受援地区有充分的渠道反馈需求和问题，形成横向加纵向的信息反馈机制。由此形成了由高层级政府牵头进行制度设计，各地方政府分层执行具体政策，按行政级别督促协作项目落实的多层次协作格局（如图8-1所示）。同时伴随着信息反馈，区域协作制度不断优化调整。

（二）多领域体现在协作帮扶的内容广泛

区域协作制度建立之初，已提及科技、教育等多个领域的协作。但在实际执行过程中，协作帮扶主要集中在资金扶持和基础设施建设领域，目的是通过结对帮扶补齐欠发达地区的基础设施短板、优化经济结构，为欠发达地区的经济快速发展提供先行资本和通道。

---

① 周黎安：《行政发包制》，《社会》2014年第6期。

② 王小林、谢妮芸：《东西部协作和对口支援：从贫困治理走向共同富裕》，《探索与争鸣》2022年第3期。

③ 金冉、王小林：《区域协作促进共同富裕的治理框架、运行机制与行动模式——福建省山海协作案例研究》，《公共管理学报》2023年第4期。

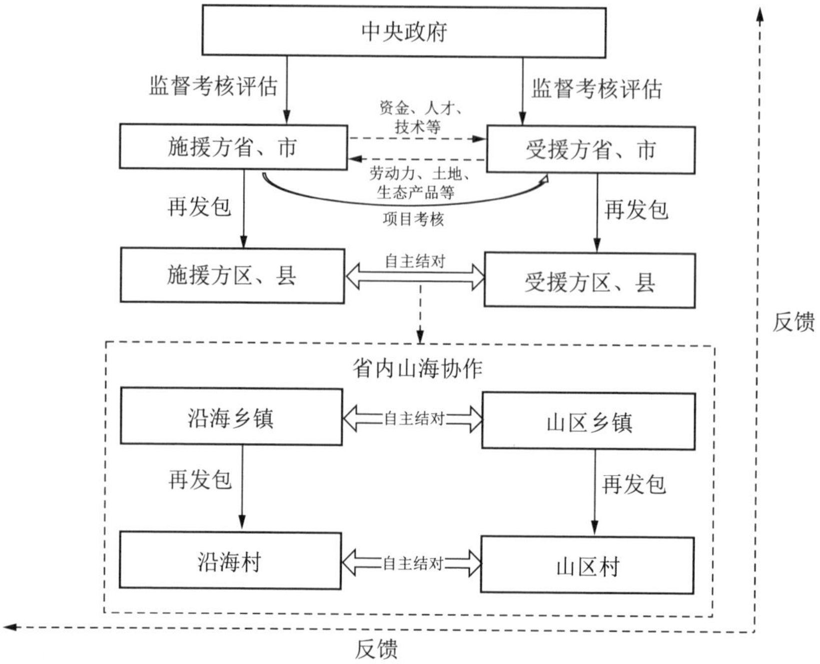

图 8-1　多层级协作格局

随着基础设施建设取得阶段性的成果，制度中对教育、医疗、科技等领域的资金支持增加，协作内容更加丰富。习近平总书记在参加山东代表团审议时为乡村振兴战略指明五个具体路径，即推动乡村产业振兴、乡村人才振兴、乡村文化振兴、乡村生态振兴和乡村组织振兴的“五个振兴”。区域协作现阶段的工作任务则聚焦于推进欠发达地区的乡村产业、乡村人才队伍、乡风文明、乡村生态宜居、基础治理有效性的建设。

（三）多形式体现在协作帮扶的工作方式不断优化与丰富

首先，优化行政沟通机制，实行前方指挥与后方工作组相结合的工作形式。通过联席会议不断加强协作帮扶双方的相互联系与沟通是区域协作中双方政府实施协作的重要形式。联席会议是由一方或多方牵头自愿发起、自由参与的会议，以召开会议的形式，在充分发扬民主的基础上，相互学习借鉴经验，达成共识，形成的规范性意见。但此种方式被认为是不具有强制约束力的协作关系。① 为了增加协作的权威性，通过“一竿子插到底”的形式落实协作项目，对口支援和东西部协作的施援方地方政府基本建立前方指挥部工作机构。前方指挥部为常驻于受援方的“前方”工作机构，主要负责援建项目的实施，并将项目进展的情况实时向施援方反馈。“后方”工作机构“领导小组”常驻于施援方地区，负责援建工作的规划、统筹和协调督办。

其次，在助力乡村产业发展进程中，实行共建产业园区的协作形式。乡村振兴重点县的经济基础薄弱，发展重点县的经济需要以增加县域产业规模为抓手。由于重点县的产业链上下游配置和产业相关基础设施的限制，仅靠资金支持无法实现对市场的有效激励，完成产业转移。为此，区域协作在促进乡村振兴与乡村产业发展的过程中，由施援方地区提供的园区开发资金、企业的技术、设备、运营管理人才和受援方地区提供的土地、劳动力等资源被整合在“新实体”产业园中，共同作用产生收益。

同时，在公共服务领域，实行组团式帮扶的协作形式。支医支教是政府“激活社会机制”参与区域协作的重要举措，而“组团式”

① Richard C. Feiock, “The institutional collective action framework,” *Policy Studies Journal*, Vol.41, No.3, 2013.

帮扶一改过去“短期化”“分散化”的援助模式，实现从“单兵作战”向“组团作战”的转变，帮扶内容从支医、支教到管理的转变，帮扶结果从输血到献血的转向，培养本土教育、医疗人才队伍，将发达地区的学校、医院先进管理模式引入受援方地区。国家卫生健康委员会2022年报告，医疗人才“组团式”对口援藏援疆以来，已向西藏、新疆选派高水平医疗人才2500余名，为西藏、新疆帮带医疗团队千余个、医务人员5800余名，精准培养不同层次医疗骨干1万余名。①

拓展帮扶领域的同时，需要健全帮扶机制，优化帮扶方式。除上述的协作形式外，区域协作在实践中还创新形成了劳务协作、人才交流、消费帮扶、生态补偿等多种协作形式，在实践中促进了协作双方协调发展、协同发展、共同发展。

（四）全方位参与体现为政府、市场、社会多元主体参与协作帮扶的格局

伴随着协作领域与协作形式的多样化，更多的协作执行主体参与到区域协作中，演化出“政府”“市场”“社会”多元主体参与的格局。执行主体的演进反映在三个方面：一是由各级政府间的协作帮扶，到医疗、卫生、科研等机构的组团式帮扶，后逐渐增加了各部委、省级领导挂钩帮扶、省直牵头单位和协作单位挂钩帮扶。二是参与协作的市场主体由主要为国企参与，演变为国有企业与民营企

① 资料来源：《国家卫生健康委员会2022年8月26日新闻发布会文字实录》，国家卫生健康委员会网，2022年8月26日。

业共同参与。除参与企业性质的多元化，参与企业的业务也逐渐多样化，既涉及传统的建筑、机械、加工、食品等行业，也包含了部分银行、保险公司等金融企业。三是由社会参与力量薄弱到社会组织、公民个人、乡贤、海外侨胞等的广泛参与。丰富的执行组织可以弥补单一执行组织的失灵，多主体协作保证了以区域协作促进乡村振兴的可持续性。如东西部协作省份认真贯彻落实党中央、国务院决策部署，截至 2023 年 11 月底，围绕年度帮扶协议的目标任务，东部 8 个省市向西部 10 个省区市投入财政援助资金 231.9 亿元，动员社会力量捐助款物 28.5 亿元，协作双方互派党政挂职干部 3045 人、专业技术人才 2.5 万人。东部 8 个省市与西部 10 个省区市共建产业园区 741 个，新增引导 2510 家企业投资 1268 亿元。协作双方的多元主体共同努力，在推动全面实现乡村振兴中发挥了重大作用。①

第二节　上海市对口支援促进乡村振兴的经验模式

上海市对口支援工作 40 多年来从未间断，为推动区域协调发展、助力贫困地区加快发展步伐以及推进乡村振兴的进程方面做出了重要贡献。现阶段上海市对口支援的地区分别是新疆喀什 4 县和克拉玛依市，西藏日喀则 5 县，青海果洛藏族自治州 6 县，探索形

① 资料来源：《东西部协作取得新进展新成效》，中华人民共和国农业农村部网，2023 年 12 月 29 日。

成了五种具有代表性的经验模式："三链联动"产业支援模式、"职教联盟"就业支援模式、平台驱动消费支援模式、数字技术助力公共服务支援模式、资源整合鼓励社会组织参与支援模式。本节以上海市的对口支援为例，总结上海市对口支援的经验模式，旨在通过对口支援助力重点县全面推进乡村振兴的进程中，提供借鉴意义。

一、"三链联动"产业支援模式

为了助力欠发达地区产业升级，夯实增收基础，上海市对口支援提出延长产业链、提升价值链、完善利益链的"三链联动"产业援助理念。旨在充分利用市场机制，提升对口支援地区的农业产业的价值创造能力，推动形成依托产业增收促进欠发达地区振兴发展的长效机制。

发挥市场优势与科技优势，以价值链提升受援地区产业链。针对欠发达地区农产品生产标准、品牌建设、物流水平、网络营销等相对落后的状况，上海市在开展对口支援时，把产业协作和市场对接作为重点，以价值链带动产业链整体提升作为切入点，帮助受援地区农业产业链整体延长，形成可持续减贫的产业基础。在市场培育环节多管齐下，主要运作方式有：一是"大订单生产＋原产地检测＋第三方物流＋主渠道直供＋高收益共享"；二是"线上销售＋线下生产＋小众客户＋目标订制＋源头直供＋分时配送"；三是打通"最后一公里"消费型协作，对于对口支援地区成熟的有一定规模的特色产品，定期组织社区推广活动，让欠发达地区的产品为更多的社区群众所熟知和接受。通过上述形式多样的生产、市场、风险控制手段，上海市产业支援模式充分体现了对口支援的市场主导理念，以克服过度强调政府主导所产生的内生动力和造血能力不足的问题。

案例：市场优势与科技创新赋能新疆巴楚留香瓜产业发展

新疆喀什地区的巴楚留香瓜是当地特有品种，口味清甜，水分充足，受到当地人的喜爱。然而，由于受到产品区域性的限制，以及落后的收储技术和缺乏标准化种植管理流程，留香瓜的商品化率较低，无法进行深加工，致使农产品价格不佳。为此，援疆干部结合当地实际情况和内地需求，与海南种瓜专家对接，发挥科技优势，建立种植标准，并与中检集团合作，建立了可追溯体系和标准体系，对接国家标准，有助于产品形成产地标识，并在全国范围进行销售。通过援疆项目的科学系统化设计，从种植、分选、冷链物流仓储、品牌营销、农业保险等各个环节入手，为巴楚留香瓜特色产业的长期发展打造了一套完整的产业链。

资料来源：人民网，2017年6月27日报道。

二、职教联盟就业支援模式

教育、健康等人力资本低下是导致贫困的主要原因之一。职业教育不仅是见效最快的教育帮扶方式，更是助推受支援地区产业发展的重要支点，为培育欠发达地区内生动力提供可持续生长力。因而，综合考量受支援地区环境、人口、教育状况等因素，上海市树立了职教联盟新理念，联合上海市与受支援地区相关职业院校、企事业单位、行业协会等自愿组成的职业教育联合体与利益共同体。职教联盟的支援的任务确定为通过职业教育对口支援，改善欠发达地区的职业教育水平，提高受支援地区的就业率。职教联盟接受上海市教育委员会、受支援地区的教育部门、人力资源和社会保障部门共同指导。

上海–喀什职教联盟于2014年正式成立，由70余家包括职校、企事业单位以及行业协会等自愿组成联合体，标志着两地教育和人社部门创新了工作机制，共同推进职教援疆工作。上海–果洛职教联盟于2015年成立，集结两地58家单位的力量，为青海学生搭建成长成才的平台。职教联盟的核心在于更好地整合两地资源，实现校校合作、校企合作，建立长效机制，为未来发展助力。在实际运作中，一是各职教联盟可结合受援学校实际需求，搭建桥梁、建立平台，通过结对式跟学、浸润式体验等方式，着力提升师资队伍水平。二是职教联盟积极探索专业共建支援，立足当地资源条件和经济发展水平，加强专业建设，以促进区域产业发展为目标进行“专业适配”的人才培养。

案例：沪喀联盟组织教师援疆送教与专业共建支援

利用沪喀联盟平台，上海交通职业技术学院多次组织师资前往新疆开展教育援助，派遣教学名师进行实地考察和指导。将最新的上汽通用汽车青年教育培训课程（AYEC）内容传授给当地教师与学生，并协助指导莎车二职毕业生创业。共同打造了喀什地区首个“汽车服务就业创业孵化中心”，成为该地区首个符合职业教育校外标准的实训基地。

喀什所在的南疆地区，天然气的使用非常普遍，然而相对应的技术人才却十分稀缺，缺乏专门的技术培训学校。沪喀职教联盟成立后，上海市奉贤中等专业学校和上海电子信息职业技术学院等单位多次前往新疆进行调研，从专业申报、师资培训以及实训室建设等方面，为喀什地区中等职业学校提供全方位指导，协助开设了喀什地区首个燃气专业。

资料来源：上海市人民政府合作交流办公室官网。

三、平台驱动消费支援模式

上海市在对口支援中，努力构建“消费扶贫”新理念，即购买欠发达地区、贫困人口的产品和服务，借助电商平台促进产销对接。在平台驱动下，消费扶贫实现从传统的“产销对接”、“一二三”供给驱动模式向“四三二一”需求驱动模式转型。“产销对接”主要利用行政手段，对相关机关单位、事业单位的产品采购进行定点援助。与传统的“产什么销什么”的供给导向的产销模式不同，上海市正在向以需求为导向的产销模式转变，旨在实现最大范围内的供需匹配与资源的最优配置。“四三二一”需求驱动模式主要指的是由第四产业（“互联网 +”产业）的大数据、云计算技术精准分析和评估产品需求，在产品需求基础上，引导和驱动一二三产业的种植/养殖、加工和销售。发挥新型科技与网络平台的优势，帮小农户对接大市场，实现消费端“最后一公里”直连原产地“最初一公里”，创新商业模式和技术应用，重构商品流通环节，同时为最广大用户提供物有所值的商品和有趣互动购物体验。通过平台驱动为中国农业突破小规模作业、分散化的制约，走出一条全新道路提供了可能。

四、数字技术助力公共服务支援模式

欠发达地区的教育、健康大都存在设施薄弱、人力资源水平偏低等老大难问题。大规模开展教育、健康对口支援可以有效缓解受援地区基本公共服务能力不足的局面。由于受地理位置所限，丰富的教育资源、医疗资源难以及时辐射到边远的欠发达地区，上海市充分利用数字技术提升教育、健康援助能力。“互联网 + 教育”“互联网 + 医疗”技术的不断提升，为优化教育资源、医疗资源共享，促进公共服务均等化提供了新途径。

案例：数字技术助力西藏日喀则市公共服务水平提升

日喀则市上海实验学校、日喀则市人民医院等是数字技术助力公共服务支援模式的典型案例。日喀则市上海实验学校以“1 + 5 + x”远程教育平台实现沪藏教育资源共享，推进智慧校园建设，为校际远程互动创造条件。上海市在采用“组团式”医疗援助模式帮扶日喀则市的过程中，利用现代互联网技术实施了远程影像诊疗中心帮扶，使得日喀则市人民医院远程影像诊疗中心成为对口支援工程的至关重要的中枢节点。

资料来源:《“新基建”助力两地“共振”——上海积极探索“智慧援藏”》，新华网，2020 年 5 月 17 日。

五、资源整合鼓励社会组织参与支援模式

上海市的社会组织是对口支援的重要力量。近年来，上海市通过出台指导意见、加大政策支持、引导资源流动、健全平台保障、发挥示范引领等措施，积极引导社会力量参与对口帮扶工作，得到了国家相关部委的高度肯定和社会广泛好评。以捐款捐物、智力支持、志愿服务等不同形式为对口地区乡村振兴、人民致富提供了坚强助力。

上海市积极引导社会组织从原来的资金和物质援助提升到公共服务和智力援助，覆盖助困、助医、助学、助残等众多领域。上海市在动员社会组织参与对口协作中，通过前后方工作互动机制，形成了独特的模式。首先是前方援助干部深入欠发达地区识别需要社会组织帮扶的项目，根据贫困村的需求，向后方的上海市合作交流办公室领导小组提交项目需求信息，后方与上海市民政部门的社会组织（各种基金会）进行项目对接，发挥平台的作用，基金会精准提供项目资助。这种模式既使前方一线援助干部在帮助项目上有资源，又显著降低了基金会寻找项目的成本，显著提升了项目的成效。

第三节　东西部协作促进乡村振兴的实现机制

在精准扶贫期间，随着党中央进一步加强东西部扶贫协作促进西部地区消除绝对贫困的部署力度，地方政府、私营部门、非政府组织、企业家及个人等多个主体共同参与，并形成了复杂紧密的协作网络。迈入新阶段，2021 年“东西部扶贫协作”扩展升级为“东西部协作”，东西部协作治理目标转变为推动欠发达地区全面实现乡村振兴，促进区域协调发展并逐步实现共同富裕。

作为东西部协作的成功典范，2021 年 2 月闽宁对口扶贫协作援宁群体被党中央、国务院授予“全国脱贫攻坚先进集体”称号。脱贫摘帽不是终点，如今的闽宁协作已踏上乡村振兴的新征程。2021 年，福建省对县县结对关系进行了调整和优化，安排综合实力较强的 10 个县（市、区）与宁夏 9 个县（区）以及闽宁镇开展结对帮扶。2023 年，福建省安排了总额为 6.25 亿元的财政援助资金，向宁夏国家乡村振兴重点帮扶县倾斜，共实施了 278 个有利于持续增收的产业项目。同时，协助宁夏劳动力在福建就业 3799 人，实现了就地就近就业 7729 人，并帮助销售宁夏特色农产品 17.70 亿元。[①] 本

---

① 资料来源：《山海情更长，打造闽宁协作“升级版”》，福建省人民政府官网，2023 年 8 月 22 日。

节以闽宁协作为案例，分析其在实践中形成的协作机制，为通过东西部协作推进乡村振兴提供有益借鉴。

一、互学互助机制确保集体行动过程中的目标一致性

互学互助主要通过两地间的干部互派来实现信息和发展经验交流，以确保协作过程中两地的协作目标保持一致，并提升双方的项目执行能力。互学互助带来了信息成本的大幅下降，并为西部地区的政府官员学习东部地区的发展理念提供了成本极低的学习平台。东部地区的政府官员通过在西部地区工作，也能够更加深入理解西部地区的发展需求。闽宁协作之初，政府间相互学习作为协作的主要内容，主要包括互派干部挂职与公务人员培训。第一次联席会议中（1996 年），双方确定了宁夏的 8 个贫困县每个县每年选派 1—2 名县级干部和 2—3 名乡镇干部到福建省结对县（市）挂职，并提出希望福建省选派 8 个熟悉经济工作的县处级干部到宁夏的贫困县担任副县长和副乡长，帮助发展经济。1997 年，闽宁双方开始互派干部，宁夏的 8 个贫困县选派 32 名县、乡、企业干部到福建省挂职。同时，根据宁夏的需求，福建省选派 8 位从事经济工作的干部到 8 个贫困县挂职，挂职时长达 6 个月。随后，派驻干部的工作时间增加到至少两年，且可以根据个人意愿自主延长。[①] 截至 2020 年，福

---

① 李文录、徐永富主编：《携手铸辉煌会议卷：闽宁互学互助对口扶贫协作十年回望》，宁夏人民出版社 2006 年版。

建省共派出 11 批 183 名援宁干部到宁夏挂职帮扶，宁夏共派出 20 批 380 多名挂职干部前往福建省学习交流。互学互助的领域逐渐从经济发展拓宽至经济社会发展。1996—1997 年的联席会议明确指出，福建省选派的干部要实际从事与经贸发展相关的工作，福建省选派到贫困县的干部需要了解经济工作，这与当时宁夏的经济发展需求相匹配。经济发展可能为贫困治理带来“涓滴效应”，但人力资本在贫困治理中同样具有重要作用，包容性社会发展可以对提升贫困人口的发展能力产生积极影响。因此，相互学习与帮助逐渐拓展至社会合作领域（如医疗、教育、妇女工作等），以优化西部地区在公共服务中的管理方法和工作能力的提升。

二、产业协作强化利益联结机制，促进益贫性经济增长

产业协作作为促进经济增长的有效措施，对形成益贫性经济增长格局发挥了积极作用。闽宁产业协作历经农业协同发展，农业、工业和服务业协同，产业转移以及产业融合等多个阶段。初期，福建与宁夏两地立足宁夏的农业产业资源，提出应培育扶贫农业支柱产业并促进农业综合开发。如鉴于宁夏的马铃薯产量较高，福建省相关部门搜寻相关企业，通过两地政府与企业三方之间的谈判制定优惠政策，吸引并促成企业在宁夏当地投资建厂进行淀粉加工。在 1996—2010 年期间，闽宁双方陆续围绕以菌草、马铃薯特色种植为主的设施农业、生态农业、草食性畜牧业、饲草产业等，通过引入企业以延伸产业链。如 2004 年，福建投入闽宁协作资金 3347 万元，

建设32个农业示范园区助力宁夏发展特色种养业。此外，部分协作资金用来改善农业基础设施建设，优化基本生产条件。在产业基础条件达到一定水平后，福建、宁夏两地开始开展旅游与文化的产业协作。虽然早在1996年的联席会议中就提出两地应合作开发旅游市场和特色旅游资源，但直到2005年厦门市至银川市旅游包机的正式开通，才为两地推动旅游合作提供了基础条件。专线开通涉及各级政府及文旅相关部门、航空公司等多个主体协作，市级政府之间横向协作机制的完善对推动项目发挥重要作用。

三、人才交流提升公共服务供给能力，促进包容性社会发展

人力资本积累不仅是促进经济增长的重要因素，也是缓解贫困的关键变量。宁夏的人力资本结构普遍面临两项短板：一是当期产业发展人才培育不足；二是长期教育、医疗人才的匮乏并可能引发贫困代际传递。因此，为满足宁夏产业发展的人才需求以及围绕“义务教育、基本医疗有保障”的多维脱贫目标，闽宁人才交流主要包括农业科技人员、教师医生人才支援。截至2020年，多达2000名以上的福建支农、支教、支医工作队员和专家院士、志愿者赴宁工作，前往宁夏工作的教师、医生、农业技术人才等仍由福建省各工作机构支付工资、奖金和福利待遇。宁夏共派2011名专业技术人员赴闽挂职交流，两省区累计组织19205名专业技术人员开展培训。在当前的乡村振兴进程中，通过东西部协作的资源优势，培育储备了一批高素质人才队伍，为推动宁夏重点县的乡村人才振兴作出了

贡献。同时，东西部协作着重在卫生医疗、文化教育、产业扶持和技术提升等领域加强人才帮扶，进而间接促进了乡村产业和乡村文化的振兴。

总之，西部地区乡村振兴的动力一方面来自其内生，另一方面则来自外部协作。区域协作是一项具有中国特色的制度安排，不仅可为西部地区乡村振兴提供资金、技术、人才、数据等要素支持，也可为东西地区高质量发展提供协作资源，形成双向赋能的新发展格局。充分利用区域协作的制度优势，可以为西部地区全面推进乡村振兴注入新动能。在产业协作方面，要把东西部地区的产业链向西部地区的乡村延伸，助力西部地区产业升级转型，也提高东部地区的产业链韧性；在人才协作方面，充分利用东部地区在产业、教育、医疗等方面的人才优势，促进西部地区乡村人才建设；在文化振兴方面，充分利用东部地区文化产业竞争力优势，挖掘西部地区乡村文化资源，开发乡村文化产业，为西部地区乡村振兴注入新动能；在生态振兴方面，借鉴东部地区“绿水青山就是金山银山”的生态价值实现经验，“千村示范、万村整治”工程等方面的先进经验，为西部地区生态振兴提供对口协作解决方案；在组织振兴方面，可以通过对口协作推广东部地区新时代“枫桥经验”，提升西部乡村治理水平。此外，在数字化时代，利用东部地区的数字经济优势，在加强区域协作地区的乡村产业数字化转型升级、培育乡村新质生产力也大有可为。

第四节　山海协作促进乡村振兴的福建、浙江经验

一、福建省内山海协作的发展演进

1998年，山海协作制度建立初期正值《国家八七扶贫攻坚计划》实施期间（1994—2000年）。此时山海协作面临的政策环境为如何解决闽东北山区的贫困问题。在中央的战略部署下，山海协作的阶段性目标为协助福建省内扶贫开发工作，帮助山区欠发达县发展。2012年党和国家开始实施脱贫攻坚战略，这一阶段的山海协作需要与精准扶贫统筹推进，山海协作是实现精准扶贫的手段，相应的阶段目标调整为确保扶贫开发重点县全部摆脱贫困，实现全面建成小康社会目标。在2020年全面建成小康社会后，党中央对国民经济社会发展的目标调整为全面推进乡村振兴，加快实现全体人民共同富裕，此时山海协作的重点转变为：通过山海协作促进乡村振兴，重点县及欠发达老区苏区县巩固拓展脱贫攻坚成果并全面推进乡村振兴。

随着阶段性目标的调整，协作帮扶的目标群体数量、类型增加，名称发生转变。2003年首次从县域层面确定了对口帮扶关系，确定了福建省沿海14个较发达县（区）对山区14个欠发达县实行结对帮扶。[①]2012年，确定23个沿海县（区）和23个省属扶贫开发重

① 资料来源：《中共福建省委、福建省人民政府〈关于拓宽山海协作通道加快欠发达地区发展的若干意见〉（闽委发〔2003〕13号）》，2003年10月28日。

点县的对口帮扶关系。[①]2020年再次调整了协作的结对关系，增加了对水土流失治理重点县以及经济欠发达老区苏区县的帮扶，调整为32个经济较发达县（区）对口帮扶38个乡村振兴重点县及欠发达老区苏区县。[②]随着阶段性目标的调整，受帮扶地区的名称由最初的“经济欠发达县”转变为“扶贫开发重点县”，后转变为“乡村振兴重点县及欠发达老区苏区县”。

二、山海协作促进乡村振兴的福建经验

山海协作在福建省实施了以各种不同项目为代表的集体行动，如山区的交通水利及应急等基础设施建设，助推县域经济发展的产业协作、消费协作，农村人居环境整治项目，生态产业链延伸及生态补偿项目，释放革命老区禀赋的文化振兴项目，农村文旅融合发展项目，乡村公共服务水平提升项目，科技教育医疗及企业管理领域的人才交流项目，行政干部互相挂职交流项目，招商对接劳务协作项目等。对于纵向考核目标的精确程度和横向利益联结的紧密程度不同的项目，集体行动在互惠形式和组织形态上呈现出不同的行动特征，实践形成了四种不同的协作行动模式。

---

① 资料来源：《关于深化山海协作的八条意见（闽委发〔2012〕10号）》，2012年9月29日。

② 资料来源：《中共福建省委扶贫开发成果巩固与乡村振兴工作领导小组关于印发〈省领导挂钩联系乡村振兴重点县及欠发达老区苏区县方案〉的通知（闽委振兴组〔2022〕4号）》，2022年4月20日。

（一）自上而下统筹推进的协同增效型协作行动模式

自上而下统筹推进的协同增效型协作行动模式是在上级政府的推动下开展的，具有精确的计划、目标和自上而下的逐级考核评估体系。同时，协作各方的利益联结紧密程度高。资源的相互依赖使得各执行机构需要共同努力，各自付出资源，双向互利互惠。如共建产业园项目中，福建沿海和山区共同建设、共同管理、增量收益分成，项目为沿海地区的产业转移缓解了用地压力和用工压力，同时提高了山区县域的经济发展水平，增加了就业机会。通过协作可以创造更多的效益，实现了单一一方无法实现的目标。同时，政府自上而下的统筹推进的项目使协作双方达成正式的契约关系，通过制度化的手段可以打破行政壁垒，消除地方保护和市场分割，解决利益分配问题。

案例：协同增效型——政和县与石狮市的共建产业园项目

福建省政和县与石狮市的山海协作共建产业园使用的是政和县的用地指标，石狮市提供人才支持，双方就产生的税收签署协议，当地方留成的税收金额不超过7500万元时，将全额税收留给政和县，超过7500万元的部分则由合作双方按五五分成的原则共享。此时协作的关键驱动力在于制度化的契约保障，如就共建产业园税收分配、土地使用价格等签订协议来保障利益的合理分配。制度化的作用在于使协作具有约束性，以减少协作中的背离风险和交易成本，削弱协作的阻碍，理顺多方利益关系。

资料来源：作者2023年2月实地调研。

（二）命令实验的融合共生型协作行动模式

由于各地区资源禀赋存在差异，部分协作项目暂未形成定量化和全省统一的考核评价方法。这赋予了地方自主权，不同于上述的自上而下统筹推进的协同增效型协作行动模式会在全省各协作地区同步实施，此种协作行动模式由基层政府自主制定项目的协作细则，允许地方在山海协作的大框架下，根据当地资源禀赋，分类型分部门建立示范点，着力打造精品工程。在没有精确的考核目标时，建立稳定的利益联结机制是推动执行机构协作的关键。通过互补性的资源需求在帮扶方与被帮扶方之间形成纽带，实现闲置资源价值向经济价值转换、协作双方互惠互利的协作模式，因此称其为命令实验型的融合共生型协作行动模式。

案例：融合共生型——优先购买对口帮扶县的林业碳票交易制度

如福建省三明市推进的林业碳汇制度，将林业碳汇作为“山海协作”的支持内容，通过签订帮扶方可以优先使用被帮扶方碳汇权资源、沿海可调剂使用山区的排污总量指标等的相关协议，林业碳汇通过山海协作交易到对口协作县，构建起协作双方的利益联结，使双方协作的紧密程度增强。依托山海协作制度框架，通过建立沿海能够优先购买对口帮扶县的林业碳票实现碳中和的方式，实现协作双方融合共生及生态和经济的双赢。

资料来源：作者 2023 年 2 月实地调研。

（三）基层干部创新开展的服务购买型协作行动模式

对于部分协作项目，山海协作政策中没有明确的政策指向、资金使用规划和考核指标等，并且协作双方资源依赖性低，仅表现为被帮扶方对帮扶方的依赖，无法实现双方利益共享，缺乏利益联结的激励机制。在考核目标精确度和双方的利益联结紧密度“双低”的情况下，有效的协作案例多来自当地基层政府和社会组织自发性的实践，基层干部的创新精神作用凸显。但仅靠基层干部自身无法实现项目的运作，此时只能依赖帮扶方转移支付的资金等资源，将项目任务向专业的第三方企业购买服务，以提升项目运作效率和效果，从而形成了基层干部创新开展的服务购买型协作行动模式。

案例：服务购买型协作行动模式——上杭县人居环境整治

人居环境整治是乡村建设的重点内容，也是山海协作资金使用和项目立项的重点领域。如福建省上杭县由县住建局牵头，使用施援方的帮扶资金和当地政府的配套资金，引入第三方公司，基于整县谋划农村人居环境整治方案。以县域统筹乡村规划建设布局，可立足各乡村的乡土特征、地域特点和民族特色，整体提升全县村庄风貌，优化全县乡村功能布局。通过党员干部带头和村民参与，创新了“零补偿”拆旧、“两治一拆”[①]等做法，促进项目运行规模化、有序化，降低了农村人居环境整治的成本。人居环境焕然一新，建

① 两治一拆，指治理空心房、治理裸房、拆除违法建筑。

设了一批功能齐全的宜居宜业和美乡村，获“全国文明城市”“全国农村人居环境整治工作成效明显激励县”“全国村庄清洁行动先进县”等多项荣誉。

资料来源：作者2023年2月实地调研。

（四）由点及面的多重援助型协作行动模式

在由点及面的多重援助型协作行动模式中，双方的利益联结紧密程度虽然较低，但双方认可对方的行为，并在同一目标价值导向下开展合作，形成多形式、多领域、全方位的协作。协作项目多来自各地区的实践，后由省市级政府出面，出台正式的规则，并在全省复制推广。协作过程中，地方政府围绕上级部门交办的具体任务开展各项工作，以完成政治任务为工作的重点，不计较协作成本。

案例：多重援助型协作行动模式——科技人才协作

如对山区的科技帮扶工作，最先始于南平市在1999年率先推出的科技特派员制度，后由点及面很快辐射推广到全省乃至全国各地。现如今的科技协作形成了多形式、多领域、全方位的多重协作模式。通过技术培训、科技下乡，以及书籍入户等多种形式给基层群众送技术、送服务，不断提高基层群众获得技术的针对性和实效性，增强低收入人口致富的内生能力。服务范围也不再局限于单一的技术服务，而是延伸至技术推广、经营管理、政策宣传等多个领域。科技特派员在实践探索中还分化出“科特学、科特问、科特卖”等多种协作服务模式，推动了对受帮扶地区产业链全过程的帮扶与提升。其中，“科特学”提供技术的专业整合与充分共享；“科特问”提供供需信息的整合、对接，实现有效服务；“科特卖”则延伸到增值最多的销售端，用专家影响力推动产业发展，解决产品与市场认识间的信息不对称问题。山海协作中，省级部门每年统计沿海地区派出的专技人员数量作为协作考核的依据。为满足山区基层对科技人员的需求，2022 年全省山海协作派出专技人员 1022 人次，深入村屯、农户家中，把技术送到基层人员手中。双方的利益联结紧密程度虽然较低，但由于上级政府清晰的量化考核指标，并且双方认可对方的公共服务目标，在同一目标价值导向下开展合作，形成了现如今由点及面的多重援助型科技人才协作行动模式。

资料来源：作者 2023 年 2 月实地调研。

三、山海协作促进共同富裕的浙江经验

浙江省“山海协作”工程于 2002 年提出，是浙江省“八八战略”① 的重要组成部分，旨在推动省内海岛和山区等欠发达地区协调发展，解决区域发展不平衡问题。此后浙江历届政府一以贯之，坚

① 2003 年，时任浙江省委书记的习近平同志作出了“发挥八个方面的优势”“推进八个方面的举措”的决策部署，简称“八八战略”，“八个方面的优势”是指浙江的体制机制优势、区位优势、特色产业优势、城乡协调发展优势、生态优势、山海资源优势、环境优势和人文优势，“八个方面的举措”是指进一步发挥上述八个方面的优势采取的措施。

持陆海统筹思路，坚持山海协作助推欠发达地区发展。2021 年浙江省农业和农村工作领导小组办公室印发《关于加强山区 26 县结对帮扶工作　促进巩固拓展脱贫攻坚成果同乡村振兴有效衔接的指导意见》，要求紧扣高质量发展建设共同富裕示范区目标，在保持“帮户扶村、联乡带县”帮扶机制总体稳定的前提下，进一步拓宽帮扶领域、整合帮扶资源、创新帮扶机制，加快推动帮扶工作由以民生改善为主向更加注重产业帮扶转变、由以部门结对帮扶为主向同步激发社会参与的开发式帮扶转变，构建政企协同、山海联动、高端要素扩容下沉、社会力量广泛参与的新型帮共体，推动山区 26 县跨越式高质量发展。

（一）帮扶对象和帮扶主体

帮扶对象：山区 26 县、乡村振兴重点帮促村、低收入农户。帮扶主体：A 类（256 个），即省级机关 106 个、省内院校 41 个、三甲医院 10 个、国有企业（含央企驻浙企业）70 个、金融机制 29 个；B 类（264 个）：民营企业。

（二）结对帮扶机制

一县一团。实行山区 26 县组团式结对帮扶制度，每个山区县确定一个帮扶团组，每个团由 A 类 + B 类的若干帮扶主体组成。各帮扶团组联动山海协作支援县，聚焦重大改革、重大政策、重大平台和重大项目，充分发挥各种优势，指导结对县制定实施跨越式高质量发展五年行动计划，助力结对县基础设施、重大产业发展、医疗教育水平等方面跨上新台阶。到 2025 年，每个团组帮扶推动结对县“产业飞地”落地建设，通过各类渠道帮扶筹措资金1亿元以上。此外，还实施了“一村一组”“一户一策”结对帮扶措施，下沉到村到户。

（三）重点专项帮扶任务

浙江省紧盯缩小地区、城乡、收入三个差距，聚焦产业项目、重大平台、公共服务、人才技术、销售渠道等重点，分类实施专项帮扶，推动各类优质资源向山区26县倾斜。重点专项包括：实施高效生态农业帮扶，实施重大项目招引和推进帮扶，实施山海协作帮扶，实施交通水利建设帮扶，实施金融帮扶，实施农文体旅融合帮扶，实施科技帮扶，实施消费帮扶，实施医疗卫生帮扶，实施教育结对帮扶，实施国企结对手拉手行动，实施民企结对行动，实施社会慈善帮扶。

庆元县忠诚践行“八八战略”，先后与湖州市长兴县（2003年结对）、嘉兴市嘉善县（2016年结对）、宁波市海曙区（2018年结对）等地形成结对关系，聚焦“产业、平台、要素”，做好“飞地建设、乡村振兴、产业升级、援建共赢、基础保障”等几大工作。特别是2016年《浙江省人民政府办公厅关于进一步深化山海协作工程的实施意见》发布之后，打造山海协作工程升级版再次成为工作的重点，产业园建设、飞地经济、乡村振兴示范点创建、产业项目合作等成为山海协作工作的重要领域。山海协作工程实施为庆元县跨越式高质量发展和打造共同富裕示范区山区范例提供了强劲支撑。

案例：庆元县山海协作飞地建设

庆元县与结对帮扶主体探索建设产业飞地、科创飞地、消薄飞地。2021 年 7 月，庆元县、湖州南太湖新区成功创建“产业飞地”，成立合资公司——浙江南庆投资管理有限公司，招引产业项目 11 个，均为高新技术产业项目，“产业飞地”的土地开发利用率达到 72.2%。合资公司购买的中节能万马智谷产业园的四幢厂房已出租，累计年租金约 140 万。科创飞地：庆元（海曙）“人才科创飞地”系海曙区政府将位于海曙的科创大厦约 1600 平方米场地免费提供给庆元县使用，并已入驻了 4 家企业。消薄飞地：2019 年建成的嘉善–庆元–九寨沟“消薄飞地”已经入驻企业 9 家，总计返还 4980 万元至庆元县强村联合发展有限公司，实现庆元县 111 个集体经济薄弱村消薄任务。

资料来源：作者团队 2024 年 12 月庆元县调研。

第九章　企业与社会组织参与乡村振兴

乡村全面振兴是在党的引领下，以农民为主体，企业和社会力量充分参与的一个长期建设过程。企业和社会组织都是中国式现代化中参与乡村振兴的重要力量。本章分四节，第一节讨论企业社会责任与环境、社会和公司治理（企业 ESG 理念），第二节分析企业 ESG 实践与乡村振兴，第三节分析社会组织参与乡村振兴，第四节讨论互联网时代的公益创新。

第一节　企业社会责任与环境、社会和公司治理

一、企业社会责任

学者们普遍认为企业社会责任（CSR）的概念最早可以追溯到霍华德·鲍恩（Howard R. Bowen）在 1953 年出版的《Social

Responsibility of the Businessman》一书中提出概念，企业作为一个有着深远社会影响的市场力量，有义务在追求经济利益的同时将其经营活动与公众或社会的期待相结合。[①]沿着鲍恩给出的观点，阿奇·B. 卡罗尔（Archie B. Carroll）[②]在1979年提出了CSR的金字塔模型。该模型将企业的社会责任分成了四个层级，第一个层级为企业的经济责任，第二个层级为企业的法律责任，第三个层级为企业的伦理责任，第四个层级是企业的慈善责任。这四个层级的责任是相互关联且层层递进的。换句话来说，企业应首先承担其经济责任，确保自身的生存和发展。其次，企业在其经营活动中应遵守法律法规，并承担相应的伦理责任。最后，其应最大可能地参与到慈善事业当中，以回馈社会。

随着时代的发展与进步，CSR这一概念也在发展和更新。目前学界普遍使用的CSR的概念，是1996年唐纳德·C. 莫斯利（Donald C. Mosley）等提出的，即企业社会责任是指在法律规定的责任和义务外，企业应对社会承担的责任。虽然这一概念能够应用于CSR相关的理论研究当中，但由于其对CSR的界定相对模糊，因此对企业在实际中履行社会责任存在一定的困难。此外，由于

① Howard R. Bowen, *Social Responsibilities of the businessman*. Iowa: University of Iowa Press, 2013, pp. vii—viii.

② Archie B. Carroll. "A three-dimensional conceptual model of corporate performance". *Academy of Management Review*, Vol.4, No.4, 1979.

CSR 这一概念直到 20 世纪 90 年代才被正式引入我国，① 因此，我国在 CSR 的国民认知度上与西方国家存在着一定的差异，对企业是否履行社会责任的包容度也相对较高。

二、企业 ESG 理念

企业 ESG 的概念最早可以追溯到 2004 年。在时任联合国秘书长安南与数十家顶级金融机构共同编纂的《Who Cares Wins》报告中，首次明确提出了 ESG 相关概念的表述，即企业在开展其经营活动过程中将环境（Environment，E）、社会（Social，S）和治理（Governance，G）三方面因素纳入企业管理及决策过程中。② 这份报告不仅为 ESG 理念奠定了基础，同时也向全球各国金融机构和投资者发出了一个明确的信号：企业的成功不再仅仅取决于其经济利润，还需要看其在环境、社会和治理方面的表现。自那以后，ESG 理念逐渐在全球范围内得到了广泛的传播和应用。越来越多的企业和投资者开始将 ESG 理念纳入其投资决策中，以期望能够在获得经济回报的同时，也为社会的可持续发展做出贡献。在我国，随着"双碳"目标的提出，ESG 理念逐渐成为公众关注的焦点之一。2018 年 9 月，证监会在修订《上市公司治理准则》时增加了利益相关者、

① 肖华、李建发、张国清：《制度压力、组织应对策略与环境信息披露》，《厦门大学学报（哲学社会科学版）》2013 年第 3 期。

② 方先明、胡丁：《企业 ESG 表现与创新——来自 A 股上市公司的证据》，《经济研究》2023 年第 2 期。

环境保护与社会责任章节，标志着我国上市公司ESG信息披露体系得到了初步的确立。

三、CSR与ESG的区别与联系

由于企业ESG理念的相关概念兴起较晚，因此无论是学者还是大众，对ESG和CSR的概念之间还存在着一定的混淆。需要说明的是，企业ESG实践与CSR履行之间存在一定的共性，但本质上企业ESG与CSR是两个不同的概念。企业ESG与CSR的共性在于它们强调的都是企业的非财务表现，且企业ESG实践与CSR履行都为社会作出了有益的贡献。但是，CSR主要是基于利益相关者的角度展开的，因此履行CSR其实是要求企业做出“利他”行为。而企业ESG主要是从企业如何维持自身和社会长期可持续发展的角度展开的，因此企业ESG实践其实是企业与社会间的一种“共赢”行为。其次，从利润分配的角度来讲，履行CSR意味着企业需要从自身利润中拿出一部分去回馈社会，因此属于事后的“分蛋糕”行为。而企业ESG实践则是始于企业的战略行为，从行动初始阶段就将环境、社会和治理的因素纳入考虑范围，因此属于事前“做好蛋糕”行为。最后，从企业本身的行动动机来讲，企业履行CSR主要是为了回应社会及公众对其“利他”行为的期待，因此是一种被动行为。而企业进行ESG理念实践主要是出于对企业长期发展的考量而做出的选择，因此是一种主动行为。

综上所述，从履行企业CSR到践行企业ESG理念，是企业从被动“利他”走向与社会的“合作共赢”。而随着越来越多的企业参与到ESG实践活动当中，企业与社会也会形成一种更好的相辅相成的良性循环，进而切实有效地助力国家长期可持续发展。

第二节　企业ESG实践与乡村振兴

在脱贫攻坚期间，我国政府动员了大量的企业参与精准扶贫，并且实施了“万企帮万村”行动。脱贫攻坚取得全面胜利之后，进入推进乡村全面振兴的新阶段，是否可以大规模动员企业参与乡村振兴，以及企业如何参与乡村振兴，都是值得深入研究的课题。根据现有研究结果，作为市场中坚力量的企业在扶贫和防止返贫工作中的作用，是存在一定争议的。其主要原因在于，传统概念里，企业作为市场力量，参与扶贫及防返贫工作主要是依赖企业的社会责任的承担，而在经典的CSR定义中，贫困并不包含在其中。① 根据过度投资假说，企业履行社会责任可能只是为了提升企业名誉而对企业价值造成负面影响。② 此外，虽然企业承担社会责任能够一定

---

① Rüdiger Hahn, Inclusive Business, Human Rights and the Dignity of the Poor: a Glance beyond Economic Impacts of Adapted Business Models. *Business Ethics: A European Review*, Vol.21, No.1, 2012.

② Hoje Jo, Maretno A., Harjoto Corporate Governance and Firm Value: The Impact of Corporate Social Responsibility. *Journal of Business Ethics*, 2011, Vol.103.

程度缓解社会问题，但是企业与其利益相关者之间在企业管理上的矛盾也会造成社会福利的降低，进而挤压弱势利益相关者的利益，①从而违背了企业的性质。

与传统的CSR不同，企业ESG行为的重点在企业保证其经营活动正常进行之余，将环境、社会和治理纳入企业的管理及决策中。因此，企业的ESG实践可以视为企业自发的投资行为，旨在实现企业自身长期稳定发展并助力社会实现高质量可持续发展。已有研究显示，企业对农村地区的投资能够为农村地区的资本注入、人才输送、知识传播以及组织供给提供支持，进而促进农村的全面发展。②此外，市场主体、社会成员与政府协调配合也能够显著提升扶贫工作的质量及效率。③因此，随着我国脱贫攻坚工作的结束，在防止返贫和乡村振兴工作中，企业ESG理念实践活动开展对实体经济的作用将被放大，而企业ESG投资对推动乡村振兴的潜力也会被进一步挖掘。为了更好地平衡企业ESG实践活动与乡村振兴的关系，达成企业投资与助力国家重要国策落实"双赢"，企业ESG实践活动可以尝试从以下几个方向展开：

---

① Bobby Banerjee, "Transnational Power and Translocal Governance: The politics of corporate responsibility", *Human Relations*, Vol.71, No.6, 2018.

② 李先军：《乡村振兴中的企业参与：关系投资的视角》，《经济管理》2019年第11期。

③ 阎坤、于树一：《公共财政减贫的理论分析与政策思路》，《财贸经济》2008年第4期。

一、支持绿色创新，助力农业产业绿色化转型

创新是驱动企业进步助力企业可持续价值创造的基础。支持企业绿色技术的研发工作，促进企业的绿色创新，进而推动企业绿色转型，是一种集企业 ESG 理念实践与企业战略投资相结合的行为。而完成企业绿色转型，是助力企业高质量可持续发展及我国“双碳”目标实现的有效手段之一。

在企业绿色转型过程中所产生的各类绿色专利和新型技术，不仅对企业自身的生产经营产生的显著的环境和经济效应，从更广阔的应用前景出发，这些技术和专利也完全具备在乡村和农业领域的推广潜力。因此，企业可以考虑将这些绿色专利和新型技术有针对性地引入乡村，助力农业生产的现代化和绿色化。这不仅能够为乡村带来新的发展机遇，促进农业可持续发展，同时也能够进一步推动企业 ESG 实践活动的深度和广度，实现提高企业投资回报及助力乡村振兴“双赢”的局面。

案例：国家能源集团推动乡村绿色能源发展

作为一家以能源见长的中央企业，国家能源集团在推进 ESG 实践活动助力乡村振兴的过程中一直秉持着“绿富同兴”的理念，通过落实新能源相关建设，为当地提供清洁能源，助力乡村绿色生态建设，与当地人民一起共创宜居的现代化乡村。

2022 年，在四川省凉山州，国家能源集团与布拖县政府合作，

投资约1500万元用于布拖县的光伏电站建设。考虑到布拖县当地的环境和建筑布局，国家能源集团设计了在建筑屋面上搭建分布式光伏电站的方案，让光伏电站的建设既保证当地的宜居性，同时也保障了当地的电力供应。通过分布式光伏电站的建设，国家能源集团让清洁能源成为支持边远地区发展的基石，让建设绿色现代化乡村这一目标落到实处。

2023年，在西藏尼玛乡桑瓦玉泽，国家能源集团试点推广了“零碳”美丽乡村项目。与其他地区不同，西藏的电力设施发展十分落后，冬季用电短缺的问题常年存在。作为我国西南重要边陲，西藏一直保留着独特的自然风光，植被覆盖率高，且动植物常属国家重点保护范围，使得西藏的能源建设必须慎之又慎。国家能源集团的工作组在对当地进行了深入调研后，利用西藏光照强度和日照强度大的特点，设计了“光伏＋采暖”的运行模式，在解决牧民群众冬季用电及采暖的问题同时，利用清洁能源的优势降低了碳排放问题，在发展的同时保护了当地的生态环境。

资料来源:《布拖县园区屋顶分布式光伏电乡村振兴示范项目正式开工》布拖县融媒体中心，2022年6月25日;《国家能源集团 在鼓荣建设“零碳”美丽乡村项目》,《西藏日报》，2024年4月22日。

二、支持人才培养，助力新型人才队伍建设

人才的培养和人才队伍的建设是乡村可持续发展的关键。在此

背景下，企业 ESG 理念的实践成为社会各界讨论和关注的焦点。然而企业 ESG 这一概念在我国仍属于推广阶段，因此培养或引进具有 ESG 理念的人才，是助力企业 ESG 理念实践，提升企业 ESG 表现的重要途径之一。而在企业进行 ESG 人才队伍建设过程中，势必涉及相关的专业培训。

这些专业培训不仅对企业自身的人才建设具有重要意义，更可以通过与地方政府和高校的联动，将其推广至乡村。通过与地方政府及各大高校的联动合作，企业可以将 ESG 理念和相关的培训资源引入乡村，帮助当地培养一批具有 ESG 理念的人才。这些人才可以在乡村地区发挥重要作用，推动当地产业的绿色转型和可持续发展。同时，他们还可以将 ESG 理念传播给更多的人，提高整个社会对 ESG 的认知度。

2021 年 2 月印发的中央一号文件提出全面推进乡村振兴是新发展阶段下“三农”工作的重心。随着乡村的振兴和我国农业现代化水平的不断提高，新农村的人才需求也在不断增大，对人才质量的要求也从曾经的单一型转为复合型。在此大背景下，农业龙头企业、平台公司等响应国家号召，创新企业 ESG 实践，为乡村振兴培训新型人才。

案例：十万绿领新农人培训计划

为适应乡村全面振兴需求，新希望集团对其人才培训项目进行了全面的升级，旨在通过集团大量人力、物力、财力的支持为我国新农村人才培训提供更优质的平台，并为我国乡村输送更高质量的复合型人才。目前，新希望集团的“绿领”人才培训项目主要分为两个部分，一个是针对农村专业技术人才培训的“十万绿领新农人培训计划”，另一个是针对基层治理人才培训的“村长班”。

“十万绿领新农人培训计划”主要面向的是新希望集团的合作农户。针对新农户主要以学习能力强的年轻人为主的这一特点，新希望集团利用企业自身优势组织各类农业专家及技术人员为学员进行理论及实践指导，帮助农户理解现代养殖原理，掌握现代化养殖技术，进而促进我国从传统养殖模式向现代化养殖模式转型。同时，为了使更多的农户从“十万绿领新农人培训计划”中受益，从而更好地推动我国的现代化新农村建设，实现乡村振兴。新希望集团为培训管理流程制定了一套标准化方案，并将其应用在了数十个县、市的培训当中，让“绿领”计划做到真正的可复制、可推广、可普惠。

与“十万绿领新农人培训计划”不同的是，“村长班”培训主要面向的是村长、村委会主任等我国最基层的乡村治理者。通过“名教授”大班授课与学员间的“小班研讨”相结合的教学模式，旨在助力乡村带头人更好地理解乡村振兴的内涵并对新发展阶段下的乡村治理进行从理论到实践的探索。截至2023年，新希望的“村长班”已成功举办三期，为全国20余个省份的骨干村干部提供了学习和交流的机会。

资料来源：《新希望：不断为企业履行社会责任注入新活力　多维度注入乡村振兴》，《投资时间》，2023年10月16日。

三、支持数字化赋能，助力乡村现代化建设

随着科技的进步和数字化的普及，以数字赋能现代乡村建设已成为必然趋势。2021 年《中华人民共和国国民经济和社会发展第十四个五年规划和 2035 年远景目标纲要》明确指出要加快推进数字乡村建设。随着科技的进步，数字技术已经深入各行各业当中。在乡村振兴的大背景下，企业，特别是那些拥有先进技术和数字化优势的企业，可以通过企业投资的方式，与当地政府进行联动，在乡村现代化生态建设中发挥关键作用。企业不仅可以以投资的方式为乡村引入高效、智能的农业生产设备，还可以提供与之配套的技术支持和服务。这些先进技术的引入，将极大地提升农业生产的效率，减少人力和物力的浪费，同时，精准农业、智能农业等新型农业模式的推广，也将显著提高农产品的产量和质量。

更重要的是，企业的数字化赋能投资，将有力地推动农村产业升级和创新发展。我国传统的农业生产方式往往受限于技术、信息和资源，而企业的数字化赋能投资将打破这些限制，为农村带来全新的产业模式和商业机会。因此，通过数字化赋能乡村的方式不但可以完成企业 ESG 理念的实践，同时还可以引领和推动农村产业的升级和创新发展，为乡村全面振兴和可持续发展做出积极贡献。

案例：中国建行援建 · 安康智慧治理

“越是欠发达地区，越是需要顺应信息技术革命发展的潮流，把

握智慧社会发展的趋势，在提升治理水平、增强发展能级、服务改善民生等方面彰显后发优势”，这是2018年5月中国建设银行高管层在对安康市进行调研时与安康市政府达成的共识，也是启动“中国建行援建·安康智慧治理”服务平台项目的初衷。

随着2019年7月“中国建行援建·安康智慧治理”服务平台的正式上线，安康市的区域治理能力得到了质的飞跃。在服务平台上线之前，安康市的市级相关部门的数据系统有136个，且各个部门的数据不相同、不兼容，给“放管服”改革造成了巨大的阻力。而中国建设银行通过数字赋能的方式帮助安康市政府破除了“信息孤岛”的问题，让全市各个政府部门的信息流通、共享，真正实现了全市一张网。此外，大数据平台的上线极大地简化了政府部门工作的审批流程，同时也降低了纸质材料的使用率，切实有效地推动了无纸化绿色办公的模式。

2021年，中国建设银行在“中国建行援建·安康智慧治理”服务平台上线了智慧村务综合服务平台。该平台包括了村委管理、村务管理在内的多个功能模块，让“互联网＋政务”“互联网＋党务”的治理模式落地到乡村基层，打通了安康市乡村治理中的“最后一公里”。

中国建设银行利用其在数字化方面的优势，帮助安康市的数字乡村治理完成了从无到有，从有到精的转变，切实让数字技术赋能乡村振兴这一目标得以在“老少边穷”地区落地。

资料来源：《建设银行：安康扶贫路上践初心》，《经济参考报》2019年12月12日；《中国建设银行：推进乡村振兴　共建幸福安康》，《学习时报》2023年4月6日。

四、绿色金融创新，助力乡村振兴

2022 年 6 月 1 日，原中国银保监会印发的《银行业保险业绿色金融指引》一文中明确指出，银行保险机构应努力提升其自身在环境、社会和治理方面的表现，从企业战略层面出发推动以绿色发展为底色的新金融体系建设，进而促进我国经济社会的全面绿色转型。虽然随着时代的发展和社会的进步，我国的农业金融体制一直在不断地改革和完善，但其依然存在着如供给机制不完善、金融资金配置不均衡等问题。而随着金融业的绿色转型的深化、商业银行 ESG 实践活动的展开，我国农业金融体制中存在的问题得到了切实的改善，进而有效地推进了我国的乡村振兴战略。中国建设银行股份有限公司（下称：中国建设银行）就是积极履行企业 ESG 理念，助力乡村振兴的一员。

作为一家大型国有商业银行，中国建设银行一直秉持着“服务大多数人而不仅是少数人”的服务理念，并将企业 ESG 理念融入企业的战略、经营和企业文化当中。在明晟（MSCI）ESG 评级报告中，中国建设银行的企业 ESG 表现在 2020 年至 2022 年连续三年被评为 A 级，并在 2023 年跃升至 AA 级。根据中国建设银行 2023 年 8 月 23 日公布的 2023 年半年度经营业绩，截至 2023 年 6 月 30 日，中国建设银行涉农贷款余额为 3.62 万亿人民币，涉农贷款客户增至 358 万户。这组数据背后，是中国建设银行通过开展多种企业 ESG 实践活动对乡村振兴工作的助力。

案例：金融支持，助力“老少边穷”地区的产业链增补

坐落在秦岭深处的陕西省安康市，作为“老少边穷”之一，虽然从地理位置上来讲，安康是连接西南和西北的重要枢纽地带，但落后的基础设施建设和金融服务，很大程度上限制了安康的发展。作为安康市自然条件最差、贫困程度最深的县，紫阳县有着历史最悠久的茶叶产业。然而，由于茶叶生产的准入门槛相对较低，因此虽然紫阳县拥有超过25万亩的茶园，但是其茶叶产业长期处于“小而散”的状态，此外，紫阳茶的品牌效应也十分欠缺。

为了能更好地帮助紫阳县完善茶叶产业建设，2018年5月，中国建设银行对紫阳县进行了深入的调研活动。面对紫阳县茶叶产销难的问题，中国建设银行通过将当地茶企与建行善融商务电商平台有机结合的方式，推出了多种银企（茶）农合作项目，真正地让购买力反哺“老少边穷”地区，实现乡村的产业振兴。此外，通过与紫阳县政府及中茶公司协调沟通，2022年1月，中国建设银行通过设立“紫阳茶叶产业振兴慈善信托”以股权投资的方式与中茶公司、紫阳县政府一起成立了中茶紫阳茶叶有限公司。依托中国建设银行的资金支持、中茶公司优良的品牌效应及丰富的消费渠道，紫阳县的茶叶产业链建设得到了有效的完善，结束了曾经“小而散”的茶叶产业格局。而新形成的“企业＋合作社＋基地＋农户”的产业发展模式将助力紫阳县实现一二三产业融合，让茶叶产业成为推动紫阳县高质量发展的动力源泉。

资料来源：《从可持续发展出发，看建行如何种好乡村振兴“示范田”》，中国建设银行官网ESG专栏，2023年1月6日。

第三节　社会组织参与乡村振兴

社会组织是参与乡村振兴的重要组成部分。在学术研究、政策文件、宣传作品中，社会组织、第三部门、非政府组织（Non-governmental Organization, NGO）、非营利组织（Non-Profit Organization, NPO）等都用来表示除政府以外从事公益事业、社会发展的非政府组织或民间团体，但其侧重点和使用范围各有区别。社会组织是社会力量参与公益的重要形式。从全球视角看，在联合国千年发展目标（MDGs）的引导下，社会组织的数量不断增加，活动范围不断扩大。千年发展目标设定了减贫、教育、健康等八个目标，同时鼓励社会组织与政府、国际组织发展合作伙伴关系。此后，社会组织在减贫、生计、教育、医疗、健康等领域开展的活动逐年上升。目前，全球范围内的社会组织主要集中在健康与治理领域。健康领域的社会组织主要从事儿童健康、孕产妇保健、HIV 及其他流行病防治等。在治理领域主要从事弱势群体赋权、社区治理、弱势群体关怀等。

一、社会组织及其运营模式

中国的社会组织并不是完全与 NGO 的定义对应，在运营模式和组织方面有其自身特点与重点内容。

我国的社会组织具有非营利性、公益性、志愿性、草根性的特点。公益性是指社会组织从事的领域主要是为了社会上不特定多数人的利益或社会全体的利益。[①] 非营利性是社会组织与企业、公司的根本区别。非营利性强调了社会组织的运营不以营利为目标，不将收入进行分红，其资产不属于个人，也不能通过任何形式将其转变为私人财产。目前对社会组织有偿服务的标准仍未统一，因此非营利性与有偿服务经常成为社会组织的舆论焦点。志愿性是指社会组织的组织形式、服务方式、活动内容都基于志愿原则。社会组织的成立、运营、服务等都是基于参与者的志愿精神而不是行政力量，社会组织的壮大有赖于大量志愿者的参与。草根性是指社会组织服务的人群主要是社会大众，从群众中来到群众中去，让社会组织能够更好地发挥社会治理中的毛细血管功能。另外，我国的社会组织还强调了非政治性、非宗教性要求。

目前中国从事社会公益事业的组织大体上可以概括为四种类型（图 9-1）：即单位组织、自营组织、公益平台和社会企业。

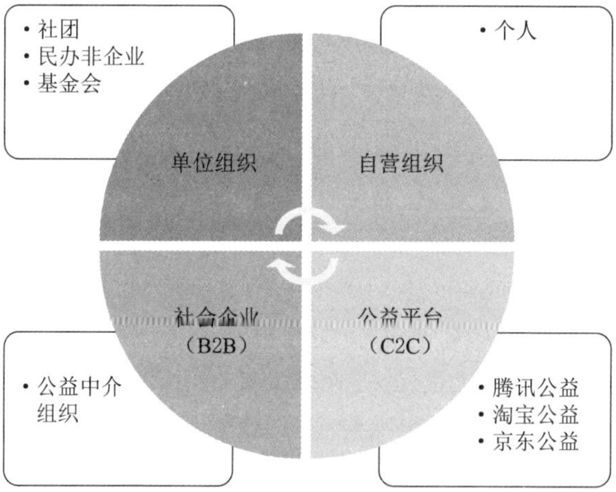

图 9-1　中国社会公益组织运营模式

① 王名、贾西津:《中国 NGO 的发展分析》,《管理世界》2002 年第 8 期。

第一种：单位组织型。大多为中央或地方政府部门作为发起人的社会公益组织，包括社团、民办非企业单位或基金会，即政府部门或人员运行的社会组织（GONGO，government-operated NGOs），如中国乡村发展基金会、中国红十字会、中华慈善总会、友成企业家乡村发展基金会等。此外，还包括由企业、社会个人等发起并经民政部门批准设立的公益组织，如联劝公益、南都基金会、上海生命绿洲公益发展中心等。

第二种：自营组织型。大多由热心社会公益事业的青年自发组织，成立公益基金会或民办非企业单位，针对扶贫济困、应急灾害救助、生态环保、疫情防控等公益需求，开展公益活动。如上海真爱梦想公益基金会、微笑图书室等专门从事教育公益事业。

第三种：公益平台。根据《中华人民共和国慈善法》《公开募捐平台服务管理办法》有关规定，2016 年以来民政部先后遴选指定两批慈善组织互联网公开募捐信息平台（简称互联网募捐信息平台）。当前，共有 20 家互联网募捐信息平台可为慈善组织提供募捐信息发布服务。平台的功能是将需求方与供给方在平台上进行匹配。

第四种：社会企业（Social Enterprise）。社会企业注册为企业，但旨在通过企业运营保持收入上的可持续，从而可以不断地解决社会问题。中和农信项目管理有限公司是一家专注服务农村小微客户的综合助农机构，宗旨是为县域客群提供方便快捷、经济实惠、安全可靠的小额信贷、小额保险服务。

基于以上特征，社会组织对乡村经济的增长、社会服务改善、环境保护、弱势群体关怀都具有重要作用。在经济增长领域，社会组织可以参与农民生计改善、技能培训、就业辅导等项目。在社会发展领域，社会组织可以通过支医、支教、培训等形式改善项目地的教育、医疗、健康服务水平。在环境保护方面，社会组织开展的活动包括自然生态修复、环境保护、农村人居环境整治等。社会组织在灾害应急处置、防灾减灾方面也具有独特的优势。在特殊群体关怀领域，社会组织主要针对留守儿童、妇女、老年人等弱势群体开展生活、心理及其他关怀和救助，同时也针对少数民族地区、边远地区开展帮扶。

二、社会组织与参与式发展

20 世纪 90 年代，参与式发展（participatory development）理念经过世界银行、UNDP（联合国开发计划署）等国际组织和国内社会组织的推广进入中国。由此衍生出参与式规划、参与式决策、参与式行动等诸多农村发展的实操方法。参与式农村发展理念对之后农村发展的理念转变、项目规划等发挥了重要作用。一方面，这种规划理念强调重视农民和贫困农户的参与，增加了农民的参与感与主体责任感，激发了村民用本土知识（Indigenous knowledge）改善生计的作用；另一方面打破了原有的、单一的自上而下的计划管理模式，对当地的政府部门、基层干部的工作方式转变都有所启发。但随着参与式项目的不断增加，其中的问题也逐渐暴露。在实际操作过程中，由于参与式发展强调各利益相关者在协商与决策过程的参与，因此低效是参与式发展暴露出的第一个问题。

三、社会组织与小额信贷

小额信贷（micro finance）也称微型金融，是最早由社会组织引入中国的一种农村金融模式。民间的互助型借贷很早就存在，现在常说的农村小额信贷来源于20世纪70年代在孟加拉发展起来的格莱珉银行（Grameen Bank）。这种乡村银行的最大特点是针对穷人，尤其是妇女发放贷款。贷款由银行工作人员上门发放。格莱珉银行的创始人穆罕默德·尤努斯认为，对于穷人而言，只要一笔金额不大的贷款就能帮助他们找到改善生计的方法，那些还不起钱的穷人不是没有信用，而是穷人要面对很多突发事件，因此，小额多次的还款能够保证穷人按时还完贷款。尤努斯因此被称为穷人银行家，并于2006年获得诺贝尔和平奖。

小额信贷理念在20世纪90年代中期进入中国，其中时间较早、规模较大、管理规范的是中国社会科学院开展的包括中国社会科学院“扶贫社”项目，UNDP在四川和云南的项目，世行在四川和陕西的项目等。[①] 这些项目最初主要是借鉴格莱珉银行的小额信贷模式，由半官方半民间机构实施，强调运营管理的规范化。随着小额信贷的规模、范围不断扩大，这种新的金融模式引起了政府的重视。陕西省以中国社会科学院在陕西开展的扶贫小额贷款项目为基础在

① 杜晓山：《中国农村小额信贷的实践尝试》，《中国农村经济》2004年第8期。

全省开展了由政府主导的小额信贷试点。1996年，中共中央、国务院召开中央扶贫工作会议，后出台《关于尽快解决农村贫困人口温饱问题的决定》，其中提出要将扶贫资金投入到村到户。1998年《中共中央关于农业和农村工作若干重大问题的决定》要求总结推广小额信贷等扶贫资金到户的有效做法。

1996年，中国扶贫基金会（2022年更名为中国乡村发展基金会）承接世界银行在华的贷款项目，开始从事小额信贷业务，最初是由“西部人力资源中心”以项目办公室的形式运作。2001年国务院扶贫办正式批准中国扶贫基金会与地方政府合作开展小额信贷业务。2004年国家颁布《基金会管理条例》，允许基金会在地方单独成立分支机构，中国扶贫基金会将负责小额信贷的合作社组织转变为民办非企业单位，2008年正式成立中和农信农业集团有限公司。随着我国普惠金融的发展，中和农信最初只开展助贫小额信贷，后来逐步将业务扩展到中小企业发展、农业服务领域，同时随着市场的发展，推出了数字金融业务。脱贫攻坚结束后，银保监会、财政部、中国人民银行、国家乡村振兴局联合发布《关于深入扎实做好过渡期脱贫人口小额信贷工作的通知》，针对脱贫户继续给予特惠型金融帮扶政策。

四、社会组织与社会工作

社会组织是社会工作（Social Work）的承担主体之一。在教育、医疗、健康等领域，社会组织逐渐发展成为重要且活跃的行动者。

（一）社会组织与教育、医疗服务

在社会发展领域，社会组织主要集中在教育、医疗、健康三大领域。在教育领域，社会组织促进了非学历教育的发展。这里的非学历教育既包括以技能提升为目标的生产性技能培训，例如种养殖技术、病虫害管理技术等；也包括了以适应新就业需求为目标的能力提升培训，例如电商、家政、餐饮培训等；也有针对基层干部的治理能力提升项目，例如友成企业家乡村发展基金会开展的女性电商培训等。

在正规教育方面，针对农村义务教育及留守儿童的教育，非政府组织也作出了积极的贡献。由团中央、中国青少年发展基金会于1989年发起的“希望工程”是最早进入大众视线的乡村基础教育公益项目，“大眼睛”海报更是唤醒了无数人对贫困地区失学儿童的关注。截至2022年底，全国希望工程累计接受捐赠收入210.76亿元，资助困难学生692.9万名，援建希望小学20992所。① 希望工程只是全国基础教育类公益项目的缩影。由民政部发布的《2023年全国性社会组织评估等级公告》的五家5A等级的基金会几乎全部开展了以支持农村基础教育为目标的公益项目。② 社会组织在发展乡村教育的项目中，除了关注学生的教育还关注教师培养，通过各种教师培养项目、大学生支教、城市教师反哺项目等向落后地区输送人力

① 来自中国青少年发展基金会网站。

② 分别是中国妇女发展基金会、中国儿童少年基金会、中国青少年发展基金会、东润公益基金会、中国红十字基金会。

资源，促进发达地区和欠发达地区的教师开展交流，开阔教师的眼界、提升教师能力，例如2023年教育部等十部门发布的《国家银龄教师行动计划》，主要是鼓励退休教师继续投身教育事业，提升中西部地区教育水平。事实上在教育部正式发文之前，很多社会组织已经开始尝试引导退休教师到偏远地区开展教学及其他能力提升活动。此外，社会组织在农村基层医疗服务方面做了大量的社会实践，为打通乡村医疗的"最后一公里"发挥了重要的作用。除了组织医生、医师开展义诊以外，社会组织还开展了大量的医师培训、营养保健。针对女性、儿童等脆弱群体，一些社会组织还开展了大量的孕产妇保健、两癌筛查①类项目以提升女性健康保健水平。

（二）社会组织与环境保护

环境保护一直是社会组织活动的重要领域。社会组织是环境保护的重要倡导者和实践者。1972年，第一次国际环保大会——联合国人类环境会议在瑞典斯德哥尔摩举行，会议通过的《人类环境宣言》(也称《斯德哥尔摩宣言》)。1992年，首届联合国环境与发展大会在巴西里约热内卢召开，通过了《21世纪议程》等一系列重要的文件。我国于1994年成立中国21世纪议程管理中心，以推进《中国21世纪议程》实施，促进国家实现可持续发展。在环境保护领域，社会组织监督政府、企业的保护，在这种强大的监督和社会动员过程中，企业开始尝试通过企业社会责任（CSR）的方式抵消其

① 指宫颈癌、乳腺癌。

造成的环境破坏，政府逐步开始制定更加严格的政策和惩罚机制。随着企业社会责任的普及和政府公共政策的增加，环保类的社会组织逐渐从号召环保、社会监督，转变为通过企业社会责任或公私合作伙伴（PPP）项目的形式与企业、政府共同开展环境保护。社会组织的特性决定了其在环保知识宣传、项目落实、组织动员等方面具有天然的优势。

案例：中国乡村发展基金会生态林建设项目

中国乡村发展基金会在环境保护与农村人居环境改善方面也做了很多的探索。针对我国部分地区植被不足、土地荒漠化、生态脆弱、群众收入低的现状，中国乡村发展基金会于2018年发起生态林建设项目。该项目通过在有造林需求的地区开展生态修复工作，逐步提高区域植被覆盖率；通过为包括低收入人口在内的当地群众提供造林育林的工作机会，拓宽收入渠道，改善经济条件，以此开展生态建设，助力乡村振兴。截至2022年底，中国乡村发展基金会生态林建设项目已在内蒙古自治区、甘肃省、山西省下辖共计26个县（区、旗）落地36个项目，涉及造林面积47.18万亩，累计惠及41.77万人次。2018年起，中国乡村发展基金会开始与蚂蚁森林合作，在内蒙古自治区、甘肃省、陕西省、山西省开展了互联网公益造林工程。

2018年，中共中央办公厅、国务院办公厅印发《农村人居环境整治三年行动方案》，也称农村厕所革命。为配合该行动，中国乡村发展基金会于2022年发起了宜居家园项目，通过开展厕所改造、污水处理、垃圾分类等基础设施援助和运维机制创新，改善乡村人居环境，目前该项目已在贵州省雷山县开展试点。

资料来源：中国乡村发展基金会。

（三）社会组织与弱势群体保护

在乡村发展的过程中，除了老人、儿童、妇女外，残疾人也是不可忽视的一个弱势群体。残疾人既是其中数量较大的一个群体，也是帮扶水平最低的一个群体。脱贫攻坚开始时，我国农村仅持证贫困残疾人就有413.5万人，占建档立卡贫困人口总数的8%左右，[①] 如果包括精神残疾、未持证残疾人的人数则数量更大。以往农村残疾人接受到的帮扶主要以低保、现金救助为主。“十二五”以来，国家先后出台《农村残疾人扶贫开发纲要（2011—2020年）》《贫困残疾人脱贫攻坚行动计划（2016—2020年）》，为推动农村地区的残疾人易地搬迁和就业发挥了重要的作用。脱贫攻坚完成后，政府和社会组织加大了对农村残疾人的就业帮扶力度，在农村电商、手工编织、食品加工等方面对残疾人倾斜，同时将残疾人就业帮扶与产业帮扶、教育帮扶、医疗帮扶等相结合，畅通了残疾人获得医疗、教育、体面就业机会的路径。同时，针对残疾人的特点，加大了对残疾人的生活和精神方面的关怀。社会组织在残疾人就业帮扶、培

① 解读《贫困残疾人脱贫攻坚行动计划（2016—2020年）》，中国发展网，2017年3月2日。

训、心理疏导、维权等方面发挥了重要作用。

案例：中国残疾人福利基金会与就业扶贫

中国残疾人福利基金会是经国务院批准于1984年3月15日成立的全国性公募基金会，目前是我国的4A评级社会组织。为了能让残疾人员体面就业，中国残疾人基金会的重要业务之一是配合国家脱贫攻坚行动，开展大量残疾人就业扶贫项目。主要是通过电商培训、手工艺培训等帮助残疾人在技能型岗位就业，同时结合特惠政策帮助残疾人创业。针对残疾人的就业需求，选择那些能够打破身体条件限制、时间限制、地域限制的技术进行推广，包括互联网技术、手工编制技术。通过“最美传承项目”“手工艺者集善之家”将非物质文化遗产、传统手工制作等与残疾人就业帮扶相结合，既实现了非遗技术的传承也实现了残疾人就业。

资料来源：中国残疾人福利基金会。

第四节　互联网时代的公益创新

随着互联网、大数据等信息技术的高速发展，“互联网＋募捐”成为公益行业的创新业态，凭借着普及面广、效率快与及时性强的特点成为公益事业新的增长点，有力补充了线下募捐的不足。互联网募捐平台搭建起了慈善组织与大众捐赠的桥梁，各大平台是网络公开招募的重要环节，承载着大量的捐赠项目信息，这些捐赠信息表明脱贫攻坚、乡村振兴和环境保护等与乡村发展直接相关的项目是资金的使用方向。

一、互联网公募类型

按照平台类型，互联网公开募捐信息平台大致可以分为三种类型：

第一种，内嵌生态型。主要为互联网流量巨头，包括腾讯公益、淘宝公益、蚂蚁金服公益、新浪微公益、京东公益、百度公益、新华公益、美团公益、滴滴公益、苏宁公益等。依靠生态内流量，内嵌生态型互联网公开募捐信息平台优势明显，具有庞大的用户规模。但内嵌生态型在募捐形式上相对不同，如新浪微公益主要依靠微博，其募捐群体主要为个人；淘宝公益基于淘宝、天猫电商平台，其募捐群体为消费者以及平台卖家；而腾讯公益的募资来源不只是微信个人用户，还包括腾讯平台每年会将其利润按照一定比例进行捐赠。

第二种，创新型。主要为移动互联网创新创业公司，包括轻松公益、水滴公益、易宝公益、支付类公益宝等。这类平台拥有独立App，一方面对接公益组织以及需要社会帮助的困难人群；另一方面对信息进行审核后，发布困难人群的求助信息，通过社会个人的捐助为被救援者提供支持。

第三种，慈善基金型。主要为慈善基金会的互联网渠道延伸，如联劝网、广益联募、善源公益、帮帮公益等。这类平台的主要用户并非社会大众，而是相对特定的群体，如公益组织曾经的捐赠人。这类平台在公益组织内部并不起核心战略作用，只是慈善组织的产品业务在“互联网 +”时代下的自然延伸，因此其创新力度较小。从流量上来看，不论是用户数还是募集资金额都相对较小。

此外，在现有的 20 家互联网募捐信息平台中，由互联网公司搭建和运营的有 13 家，是最主要的组成部分。这些互联网公司业务“基因”有别，其做公益平台的思路也各具特色。按照互联网公司核心业务的特征，可将这些公益平台分成五类：社交信息类、电商类、支付类、O2O 类和众筹类。

二、互联网公募特点

近年来，我国网络募捐平台蓬勃发展，活跃程度居世界之首。根据《互联网慈善发展报告 2021》统计显示，近 3 年来，通过民政部指定的 20 家互联网公开募捐信息平台，慈善组织募集的善款每年增长率都在 20% 以上。2020 年募集金额高达 82 亿元，比 2019 年增长了 52%。每年数以亿计人次通过网络平台进行爱心捐赠，2019 年和 2020 年，连续两年有超过 100 亿人次点击、关注和参与了互联网慈善。这表明我国慈善事业借助互联网走向大众化、平民化，推动“人人公益、随手公益、指尖公益”成为潮流，初步形成了一个鲜活的互联网慈善的“中国样本”。总体而言，与传统的捐赠方式相比，互联网公募还具有以下的突出特点：

第一，人人可公益。传统公益基本上都是由官方基金会或 NGO

牵头发起，其传播范围存在一定局限性，参与者大多为被动参与。互联网的圈层效应和涟漪式扩展，跨越了地区、行业界限，放大了共享效应，从而扩大了募捐主体和募捐范围。此外，互联网公募利用大数据精准匹配，转变了大众的信息获取方式，借助传播效应在社会迅速形成反响，为“人人公益”提供了可能性和工具平台，组织与个人均可成为发起者，参与公益者不再只是被动地信息接收者，同时也是信息传播者。

第二，小额捐赠剧增。在互联网慈善兴起之前，公益捐赠群体基本上是以富裕阶层和中老年人为主，大额捐赠占据主导。互联网以及各种移动支付平台的发展，推动一系列指尖上的微公益类项目的出现，使得公益活动的参与门槛降低，随手公益成为可能，“小额高频”捐赠成为公益新趋势。

第三，传播渠道变得更加广泛。“互联网 +”背景下，公益募捐信息的传播渠道、传播范围不受限制，能够为传统的公益组织提供低成本、广覆盖的筹款渠道。通过高频使用的软件，在短时间内让公益活动与大众建立联结，推动公益组织破圈，从而找到更多潜在的捐赠人。

第四，捐赠人话语权越来越强。传统公益中捐赠项目的发起、筹款和执行都是由公益组织主导，捐赠人很难主动表达意愿和声音。因此，在传统公益方式下少数公募基金会的影响力强，而广大募捐参与者的影响力较弱，双方也时常处于“失联”状态。互联网公募中捐赠者拥有了越来越强的话语权，不仅可以选择自身感兴趣的公益项目，并且在统一的信息披露规则下，捐赠者还可以接触到项目进展、善款去向以及捐助效果等信息，进而能够对公益项目展开监督。

第五，公益形式的多样化、场景化。在传统公益时代，公益行业所满足的主要是具有一定规模的共性需求，许多小众化的需求难以得到关注。在“互联网 + 公益”时代，不仅能够为公益需求者寻求相关资源，并提供更加丰富和便捷的途径，同时也为一些个性化的创意类公益项目提供广泛的传播空间，如“99 公益日”“公益宝贝”“蚂蚁森林”等创新型的公益形式，促使互联网募捐的场景更加多元、种类日渐丰富。

随着数字技术的发展，互联网经济、平台经济应运而生，公益的理念也在悄然变化。其中最大的变化就是从单向捐赠倡议发展到强调捐赠方与受援方的双向互动，更重视援助供给方与接受方之间的合作与共赢。

三、基金会的价值模型

基金会是为社会公益项目提供服务管理和公益价值创造的非营利性法人。供给方即捐赠资产的自然人、法人或者其他组织。需求方由公益事业的需求者构成，包括：（1）需扶贫济困助残的弱势群体和个人，（2）教育、科学、文化、卫生、体育事业，（3）环境保护、社会公共设施建设，（4）促进社会发展和进步的其他社会公共和福利事业。

高质量的基金会公益服务是由供给、需求和基金会三方价值驱动的共同结果。作为公益资产的募集者、公益项目的提供者、公共需求的发现者，基金会的服务提供需要密切监测这个供给者和需求者的循环（图 9-2）。

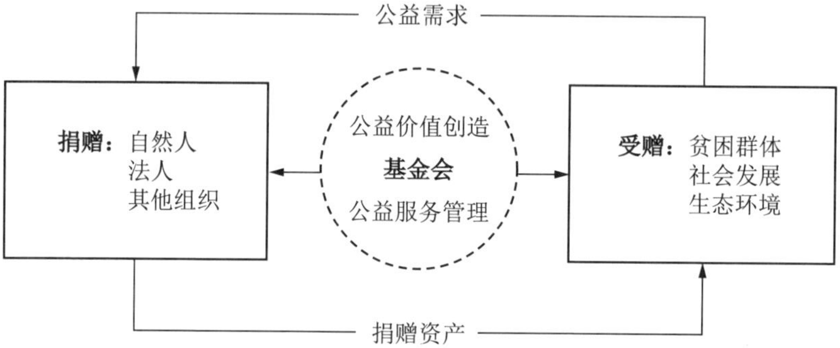

图 9-2　基金会的价值模型

随着时间的变化，社会公益项目的需求和公益资产的供给能力都会不断发生变化，基金会作为公益市场的交易场所，应满足这种持续交互作用，并不断促进供给与需求的匹配。如果公益资产的供给者和公益项目的需求方都不能得到价值，那么二者的公益市场交换关系就会终结。

公益市场的公益价值信号传递，是基金会服务管理的核心。基金会应向公益资产捐赠方和需求方提供有公益价值创新的信号传递，促进双方达成公益项目共识。因此，无论是公募基金会还是私募基金会，其高质量发展的关键取决于两个方面：一是公益价值创造，二是服务管理。公益价值创造为公益资产捐赠者提供不断增值的公益价值，为公益资产需求方提供满足其需求的公共项目；服务管理则为双方提供便捷、及时响应、持续演进的公益服务。因此，在全面推进乡村振兴战略实施阶段，应该塑造基金会投资乡村振兴项目，把促进农民农村共同富裕作为其价值理念。

四、“微公益”的兴起

随着数字技术的蓬勃发展，一种基于互联网社交媒体的新的公益模式——“微公益”正快速兴起。公益与互联网相结合，为人们提供了“人人公益”的便捷渠道，人们可以通过阅读、点赞、转发、评论、捐献传播爱心，参与公益。2007 年，世界粮食计划署（WFP）开发了一款教育游戏 App，在游戏中每正确回答一个问题，玩者都会触发一笔资金支付给 WFP，以支持其拯救和改变世界各地饥饿者的生计。在游戏中，支付的货币是“大米”，玩游戏可以赚取大米，这些“免费大米”（Free rice）100% 捐给 WFP，由 WFP 向需要者提供救济。“微公益”可以利用移动互联网平台动员众多参与者参与乡村振兴。因此，应该健全相关政策，引导“微公益”参与乡村振兴。

参考文献

《毛泽东选集》第 1 卷，人民出版社 1991 年版。

《毛泽东选集》第 2 卷，人民出版社 1991 年版。

《毛泽东选集》第 3 卷，人民出版社 1991 年版。

《邓小平文选》第 1 卷，人民出版社 1994 年版。

《邓小平文选》第 2 卷，人民出版社 1994 年版。

《邓小平文选》第 3 卷，人民出版社 1993 年版。

《习近平关于防范风险挑战、应对突发事件论述摘编》，中央文献出版社 2020 年版。

《习近平关于社会主义经济建设论述摘编》，中央文献出版社 2017 年版。

《习近平著作选读》第 1 卷，人民出版社 2023 年版。

习近平：《加快建设农业强国　推进农业农村现代化》，《求是》2023 年第 6 期。

习近平：《论“三农”工作》，中央文献出版社 2022 年版。

习近平：《论党的自我革命》，党建读物出版社、中国方正出版社、中央文献出版社 2023 年版。

习近平：《摆脱贫困》，福建人民出版社 1992 年版。

习近平：《在中央农村工作会议的讲话》，中华人民共和国中央人民政府网，2020 年 12 月 29 日。

习近平：《在文化传承发展座谈会上的讲话》，《求是》2023 年第 17 期。

习近平：《在全国脱贫攻坚总结表彰大会上的讲话》，中华人民共和国中央人民政府网，2021 年 2 月 25 日。

《决胜全面建成小康社会　夺取新时代中国特色社会主义伟大胜利——在中国共产党第十九次全国代表大会上的报告》，《人民日报》2017 年 10 月 28 日。

习近平：《努力创新农村工作机制——福建省南平市向农村选派干部的调查与思考》，《求是》2002 年第 16 期。

习近平：《推动我国生态文明建设迈上新台阶》，《求是》2019 年第 3 期。

习近平：《深入实施新时代人才强国战略　加快建设世界重要人才中心和创新高地》，《求是》2021 年第 24 期。

中华人民共和国国务院公报：《全国农村工作会议纪要》，人民出版社 1982 年版。

中央农村工作领导小组办公室、福建省委农村工作领导小组办公室：《习近平总书记“三农”思想在福建的探索与实践》，《人民日报》2018年1月19日。

国家统计局住户调查办公室:《中国农村贫困监测报告2019》，中国统计出版社2019年版，第296页。

国务院新闻办公室:《人类减贫的中国实践》白皮书，中华人民共和国中央人民政府网，2021年4月6日。

中国信息通信研究院:《中国数字经济发展研究报告（2024）》2024年版。

[印]阿巴蒂亚·森:《以自由看待发展》，任赜、于真译，中国人民大学出版社2022年版。

[美]大卫·赫斯蒙德夫:《文化产业（第三版）》，张菲娜译，中国人民大学出版社2016年版。

[美]迈克尔·P. 托达罗、斯蒂芬·C. 史密斯:《发展经济学（第12版）》，聂巧平、程晶蓉译，中国人民大学出版社2020年版。

[美]坎迪斯·琼斯、[丹]马克·洛伦岑、[英]乔纳森·萨帕斯德主编:《牛津创意产业文萃》，夏申、赵咏译，上海财经大学出版社、上海学术·经济学出版中心2024年版。

王小林、谢妮芸:《东西部协作和对口支援：从贫困治理走向共同富裕》，《探索与争鸣》2022年第3期。

王小林、李玉珍:《农村公共服务的理论基础及提供机制》，《经济研究参考》2006年第68期。

王小林、张晓颖:《中国消除绝对贫困的经验解释与2020年后相对贫困治理取向》，《中国农村经济》2021年第2期。

王小林、谢妮芸:《未来产业：内涵特征、组织变革与生态建构》,《社会科学辑刊》2023年第6期。

王小林:《结构转型中的农村公共服务与公共财政政策》，中国发展出版社2008年版，第32—39页。

王小林:《新中国成立70年减贫经验及其对2020年后缓解相对贫困的价值》,《劳动经济研究》2019年第6期。

王名、贾西津:《中国NGO的发展分析》,《管理世界》2002年第8期。

王若男、张广胜:《数字经济与农业转移人口就业质量：促进或抑制》,《农业技术经济》2023年第4期。

文一:《中国引爆工业革命的关键步骤和“诀窍”》,《毛泽东思想研究》2017年第1期。

方先明、胡丁:《企业ESG表现与创新——来自A股上市公司的证据》,《经济研究》2023年第2期。

方明:《新农村建设背景下村民自治的困境与思考》,《江苏社会科学》2016年第6期。

邓大才:《产权单位与治理单位的关联性研究——基于中国农村治理的逻辑》,《中国社会科学》2015年第7期。

邓大才:《走向善治之路：自治、法治与德治的选择与组合——以乡村治理体系为研究对象》,《社会科学研究》2018年第4期。

冯献、李瑾、崔凯:《现状、需求与对策研究》,《电子政务》2020年第6期。

刘世锦:《创新是一个试错的过程》,《廉政瞭望(上半月)》2019 年第 3 期。

刘伯恩:《生态产品价值实现机制的内涵、分类与制度框架》,《环境保护》2020 年第 13 期。

刘俊祥、曾森:《中国乡村数字治理的智理属性、顶层设计与探索实践》,《兰州大学学报(社会科学版)》2020 年第 1 期。

刘焕鑫:《实施“雨露计划 +”就业促进行动　助力巩固拓展脱贫攻坚成果和乡村全面振兴》,中国乡村振兴公众号,2022 年 7 月 5 日。

刘寅斌:《榕江村超:乡村振兴的新实验》,《商业评论》2023 年第 230 期。

刘霄霞:《发展新质生产力:六次产业理论的实践与创新——专访科技部原副部长、复旦大学六次产业研究院院长张来武》,《环球财经》2024 年第 4 期。

杜润生:《中国农村改革发展论集》,中国言实出版社 2018 年版,第 4 页。

李飞:《诸城市创新普法宣传形式　改编传统茂腔戏剧巡回演出》,潍坊文明网,2020 年 12 月 4 日。

李先军:《乡村振兴中的企业参与:关系投资的视角》,《经济管理》2019 年第 11 期。

李淑梅、宋扬、宋建军:《中西文化比较》,苏州大学出版社 2016 年版,第 4—5 页。

杨瑞:《近代中国乡村改造之社会转向》,《中国社会科学》2017年第2期。

丽娜、徐家鹏、姜志德、闫振宇:《数字经济对农村流动人口就业质量的影响》,《人口与发展》2023年第4期。

肖华、李建发、张国清:《制度压力、组织应对策略与环境信息披露》,《厦门大学学报(哲学社会科学版)》2013年第3期。

何秀荣:《农业强国若干问题辨析》,《中国农村经济》2023年第9期。

余钊飞:《新时代“枫桥经验”:乡村治理中的“三治融合”》,《人民法治》2018年第14期。

张来武:《六次产业理论与共同富裕》,《环球财经》2022年第5期。

张来武著:《生态农业六次产业化:新时代科技特派员创新创业》,社会科学文献出版社2024年版,第7页。

张焕慈:《农村人居环境向整体提升迈进》,中国农网,2021年12月8日。

陈锡文:《走中国特色社会主义乡村振兴道路》,中国社会科学出版社2019年版,第13页。

林万龙、陈蔡春子:《从满足基本生活需求视角看新时期我国农村扶贫标准》,《西北师大学报(社会科学版)》2020年第3期。

郁建兴:《法治与德治衡论》,《哲学研究》2001年第4期。

金冉、王小林:《区域协作促进共同富裕的治理框架、运行机制与行动模式——福建省山海协作案例研究》,《公共管理学报》2023年第4期。

周黎安:《行政发包制》,《社会》2014年第6期。

赵云皓、徐志杰、辛璐等:《生态产品价值实现市场化路径研究——基于国家EOD模式试点实践》,《生态经济》2022年第7期。

赵旭东:《乡村成为问题与成为问题的中国乡村研究——围绕“晏阳初模式”的知识社会学反思》,《中国社会科学》2008年第3期。

胡春艳:《公共服务如何跨越“数字鸿沟”》,《人民论坛》2020年第23期。

姜淑萍:《“以人民为中心的发展思想”的深刻内涵和重大意义》,《党的文献》2016年第6期。

黄承伟:《脱贫攻坚彰显中国共产党治理能力》,《中国领导科学》2020年第3期。

阎坤、于树一:《公共财政减贫的理论分析与政策思路》,《财贸经济》2008年第4期。

梁漱溟:《乡村建设理论》,上海人民出版社2006年版,第578—580页。

裘斌:《治村型乡贤主导下“三治融合”的拓展和创新——基于枫桥镇枫源村的探索》,《甘肃社会科学》2019年第4期。

雷明:《论习近平扶贫攻坚战略思想》,《南京农业大学学报(社会科学版)》2018年第1期。

新华社:《废除封建土地制度》,中共中央党史和文献研究院网,2019 年 9 月 5 日。

魏后凯、杜志雄:《中国农村发展报告 2021》,中国社会科学出版社 2021 年版,第 3—74 页。

Amabile Teresa M. *Componential Theory of Creativity. Harvard Business School Working Paper*, No.12-096, 2012.

Archie B. Carroll. "A three-dimensional conceptual model of corporate performance", *Academy of Management Review*, Vol.4, No.4, 1979.

Bobby Banerjee, "Transnational Power and Translocal Governance: The politics of corporate responsibility", *Human Relations*, Vol.71, No.6, 2018.

Howard R. Bowen, *Social Responsibilities of the businessman*. Iowa: University of Iowa Press, 2013, pp.vii–viii.

Hoje Jo, Maretno A., Harjoto Corporate Governance and Firm Value: The Impact of Corporate Social Responsibility. Journal of Business Ethics, 2011, Vol.103.

John Strauss and Duncan Thomas, "Health, Nutrition, and Economic Development", *Journal of Economic Literature*, Vol.36, No.2, 1998.

Nicoletta Corrocher and Andrea Ordanini, "Measuring the Digital Divide: A Framework for the Analysis of Cross-Country Differences", *Journal of Information Technology*, Vol.17, No.1, 2002.

Richard C. Feiock, “The institutional collective action framework”, *Policy Studies Journal*, Vol.41, No.3, 2013.

Rüdiger Hahn, “Inclusive Business, Human Rights and the Dignity of the Poor: a Glance beyond Economic Impacts of Adapted Business Models”, *Business Ethics: A European Review*, Vol.21, No.1, 2012.

The World Bank, *World Development Report 2019: The Changing Nature of Work*, International Bank for Reconstruction and Development / The World Bank, 2019, p.21.

World Economic Forum, *The Future of Jobs: Employment, Skills and Workforce Strategy for the Fourth Industrial Revolution*, p.13.

后　记

“三农”问题始终是贯穿于中国现代化建设和实现中华民族伟大复兴进程中的基本问题。习近平总书记指出，乡村振兴战略是党的十九大提出的一项重大战略，是关系全面建设社会主义现代化国家的全局性、历史性任务，是新时代“三农”工作总抓手。我们要加深对这一重大战略的理解，始终把解决好“三农”问题作为全党工作重中之重，明确思路，深化认识，切实把工作做好，促进农业全面升级、农村全面进步、农民全面发展。习近平总书记在党的二十大报告中进一步明确提出全面推进乡村振兴，坚持农业农村优先发展，加快建设农业强国，扎实推进乡村产业、人才、文化、生态、组织振兴。在社会主义现代化建设新征程中，全面推进乡村振兴上升为国家战略。

2022 年 12 月，在全面推进乡村振兴的时代背景下，复旦大学谋划和推进习近平新时代中国特色社会主义思想研究工程和当代中国马克思主义、21 世纪马克思主义研究工程（简称“两大工程”）

二期项目。我有幸承担“两大工程”《全面推进乡村振兴的理论与实践》一书的牵头撰写工作。全书撰写几易其稿，经过“学习小组”反复讨论，最后确定了现在所呈现的框架。即第一章主要根据习近平总书记关于“三农”工作的重要论述，阐释乡村振兴战略的理论内涵；针对“十四五”（五年过渡期）巩固拓展脱贫攻坚成果同乡村振兴有效衔接任务结束后，需完成到 2035 年低收入人口常态化帮扶机制的顶层设计，因此第二章研究讨论低收入人口常态化帮扶机制；第三至七章按照全面推进“五个振兴”的内容，分别阐释并分析产业振兴、人才振兴、文化振兴、生态振兴和组织振兴；鉴于对口支援、东西部协作、革命老区对口合作、山海协作等独具中国特色的区域协作制度的重要性，第八章解释区域协作促进西部地区乡村振兴的制度创新与实践；第九章讨论了企业与社会组织参与乡村振兴的理论与实践。

按照建设“第一个复旦”的精神和复旦大学“四立四出”，即不断在厚学立论中出思想，在铸魂立德中出人才，在咨政立言中出成果，在固本立新中出机制的要求，在“两大工程”项目办的指导下，本书写作组一边开展理论学习，一边进行实地调研，推进本书写作。作为一名研究中国“三农”问题长达三十多年的学者，我深悟习近平总书记为何反复强调始终把解决好“三农”问题作为全党工作重中之重的深刻含义。在研究与写作中，除了阅读学习党中央、国务院及各部门文件精神和学术文献外，当写作团队遇到无法想明白的问题时，就以“北坡精神”赴乡村开展“切问近思”实地调研，问计于基层干部、学习于农民群众。尽管写作过程中经历了反复学习、调研和讨论，然而当即将把这部作品呈现在读者面前时，深感本书还有许多不足之处。

本书由王小林总撰稿，撰写第一至三章、五至八章，张晓颖青年副研究员撰写第四章“乡村人才振兴与人力资本培育”并参与第五章撰写，张晓颖、石越博士后共同撰写第九章“企业与社会组织参与乡村振兴”，博士研究生常远、王正、谢昕莹、金冉分别参与第五至八章初稿撰写，博士研究生谢妮芸、史婵、杨志红参与了本书大纲讨论。金冉对全书进行了校对，王小林对全书统稿。衷心感谢“两大工程”项目办对本书写作给予的指导、关心和督促，衷心感谢在项目评审中专家们提出的宝贵意见和建议。复旦大学六次产业研究院院长张来武教授关于生态农业六产化的理论创新为本书相关章节注入农业新质生产力之火光，使我们在写作农村产业融合以及科技特派员制度创新时，有了新的理论支撑。书中不足之处在所难免，我们将在今后的理论研究和实地调查中进一步完善。希望此书能够为了解中国“三农”问题的老师和学生，对奋斗于乡村振兴工作一线的干部群众，对政策制定者以及参与乡村振兴的企业、社会组织工作者都有一定参考价值。

王小林

2024 年 3 月 30 日于光华楼

图书在版编目(CIP)数据

全面推进乡村振兴的理论与实践 / 王小林等著.
上海 ：上海人民出版社，2025. -- ISBN 978-7-208
-19414-4

Ⅰ. F320.3

中国国家版本馆 CIP 数据核字第 2025X7Y386 号

责任编辑 吕桂萍
封面设计 汪 昊

全面推进乡村振兴的理论与实践
王小林 张晓颖 等著

出　　版 上海人民出版社
（201101 上海市闵行区号景路 159 弄 C 座）
发　　行 上海人民出版社发行中心
印　　刷 上海商务联西印刷有限公司
开　　本 720×1000 1/16
印　　张 21
插　　页 2
字　　数 207,000
版　　次 2025 年 4 月第 1 版
印　　次 2025 年 4 月第 1 次印刷
ISBN 978-7-208-19414-4/D·4476
定　　价 92.00 元